夫子 过去人们对有知识有学问的长者尊称为老夫子

湘方作

《夫子》

夫人

从某种意义上说夫人的称呼是比较文雅的称呼

涌方作于庚寅华

《夫人》

先生，对那些有名望的文化女性称先生是十分得体的，我却去给冰心写，仅是称冰心为先生。

《先生》

《忘年交》

驴友 也称旅友,是说的来的几个人相聚而行,梦力能于京华

《驴友》

搭档 就是合作者一般是两个人或几个人配合完成的一档子事 溥昌于京华

《搭档》

板儿爷

京城板儿爷一般都热情豪爽能说会道身上还总有一股子爷劲儿

海萍作于京华

《板儿爷》

王老五 过去人们把娶不上媳妇的光棍男称王老五。有人编过顺口溜:三七三五真命苦,裤子破了没人补,海方住于京华南城。

《王老五》

中国人的称呼

THE APPELLATION OF CHINESE

刘一达 — 著
马海方 绘

中国出版集团
中译出版社

图书在版编目（CIP）数据

中国人的称呼 / 刘一达著；马海方绘 . -- 北京：
中译出版社，2022.11
ISBN 978-7-5001-7187-4

Ⅰ . ①中… Ⅱ . ①刘… ②马… Ⅲ . ①称谓—中国—
通俗读物 Ⅳ . ① K892.98-49

中国版本图书馆 CIP 数据核字（2022）第 171943 号

中国人的称呼
ZHONGGUOREN DE CHENGHU

出版发行 / 中译出版社
地　　址 / 北京市西城区新街口外大街 28 号普天德胜大厦主楼 4 层
电　　话 /（010）68359376　68359303　68359101
邮　　编 / 100044
传　　真 /（010）68357870
电子邮箱 / book@ctph.com.cn
责任编辑 / 顾客强　王　滢
封面设计 / 末末美书
印　　刷 / 山东临沂新华印刷物流集团有限责任公司
经　　销 / 新华书店
规　　格 / 880mm×1230mm　1/32
印　　张 / 12　　插页 / 8
字　　数 / 300 千字
版　　次 / 2022 年 11 月第 1 版
印　　次 / 2022 年 11 月第 1 次

ISBN 978-7-5001-7187-4　　定价：72.00 元

版权所有　侵权必究
中译出版社

目 录

自序　人生须知称呼人 1

第一章　人称的历史演变

1　「我」是杀人武器，您信吗 10
2　「乌鸦」的叫声变成了「吾」 11
3　「余」当初是家里的存粮 13
4　当年谁都可以称「朕」 14
5　「伊」怎么成了女性的专利 16
6　是谁让「她」变了属性 19
7　「俺」原来是个把门人 23
8　「侬」到底是谁 24
9　「洒家」是个什么家 26
10　「恁」和「您」是两码事 27

第二章 人的名儿和字号

11 「您」是北京人造的字 ... 30
12 「尔曹」让对象吹了 ... 31
13 「自个儿」怎么读 ... 33
14 「咱」来自民间口语 ... 34
15 「姆们」实际是变音 ... 35
16 「名」和「字」是两码事 ... 38
17 「名」不是「号」 ... 39
18 「别号」不是「别名」 ... 41
19 「大号」有学问 ... 43
20 「乳名」和「小名儿」 ... 44
21 「化名」不白「化」 ... 47

第三章 自己家人的称呼

22 「外号」不能随便叫 ... 50
23 「谥号」是什么「号」 ... 52
24 「堂号」里头有名堂 ... 53
25 留神「网名」的迷惑 ... 56
26 「太公」曾经是爸爸 ... 60
27 「父」怎么成了「大父」 ... 61
28 「奶奶」的满语称「妈妈」 ... 62
29 「爸爸」的称呼国际通用吗 ... 64
30 「老爸」并不「老」 ... 65
31 「椿庭」可不是树王 ... 67
32 「令尊」尊的是谁 ... 70

33 『尊公』的『公』是谁 … 71
34 称『先父』要慎重 … 73
35 『老爷子』vs『老头子』… 75
36 『郎罢』原来是『爸爸』… 76
37 爸爸也曾叫过『爷』… 77
38 『皇考』跟皇上没关系 … 78
39 『显考』是指父亲吗 … 80
40 『晚父』不是很晚才当上父亲 … 81
41 『寄父』不用『寄』… 82
42 『母亲』的伟大与平凡 … 84
43 『妈妈』的称呼,世界相同 … 85
44 『妈』的初意是『姑娘』… 86
45 『萱堂』不是堂 … 88
46 『令堂』为什么是妈 … 89

47 『高堂』确实应该高 … 91
48 不能乱叫『老太太』… 92
49 认出来的『干妈』和『干爸』… 94
50 『阿姨』不是叫出来的 … 96
51 『老丈人』有来历 … 98
52 为什么岳父叫『泰山』… 100
53 岳父曾经叫『舅舅』… 101
54 『泰水』与『丈母娘』… 103
55 『公公』应该怎么叫 … 104
56 『威姑』原来是『婆婆』… 105
57 只有两口子能互相叫『老伴儿』… 107

目录 3

第四章 千年不变的亲属称呼

58 「五服」原来有典故 ……………… 110
59 「八辈祖宗」从哪儿论 ……………… 112
60 「六亲不认」是哪六亲 ……………… 113
61 「伯父」也可称为「伯」……………… 114
62 「大了伯子」是什么亲戚 ……………… 115
63 「内兄」「内弟」咋称「舅」……………… 117
64 「娘家人」有什么说法 ……………… 118
65 「表亲」是什么「亲」……………… 118
66 「老棣」不是花 ……………… 120
67 「犹子」原来是侄子 ……………… 121
68 「妗子」就是舅妈 ……………… 122
69 「连襟」是怎么连上的 ……………… 123

第五章 厚重的男性称呼

70 「一担挑儿」有多沉 ……………… 124
71 「妯娌」的用法 ……………… 124
72 什么亲戚「打断骨头连着筋」……………… 125
73 「姑爷」是谁叫出来的 ……………… 127
74 「隔山兄弟」隔的是什么「山」……………… 128
75 「上门女婿」上的是什么门 ……………… 129
76 「弄璋」「弄瓦」是怎么回事 ……………… 130
77 有情人就是「眷属」吗 ……………… 131
78 「浑家」并不浑 ……………… 132
79 「裙带」是什么关系 ……………… 133
80 「汉子」为什么是男人 ……………… 136

81 「丈夫」不是量出来的 … 137
82 「七尺男儿」是几尺 … 138
83 「须眉」没有自称的 … 140
84 「匹夫」究竟是什么夫 … 141
85 「布衣」是真「布」 … 142
86 力可拔山的「壮士」 … 143
87 「良人」的称呼有多种 … 144
88 这个「郎」不咬人 … 145
89 「夫子」最早是丈夫 … 146
90 「官人」并不是当官的 … 147
91 「相公」是什么「相」 … 149
92 丈夫叫「老公」合适吗 … 150
93 「公子」可不姓公 … 153
94 「萧郎」的感人故事 … 154
95 「鼻子」原来是长子 … 156
96 「令嗣」说的是儿子 … 157
97 有「卿卿」没「我我」 … 158
98 「当家的」是「家长」吗 … 159
99 谁能称为「老爷们儿」 … 161

第六章 婉约的女性称呼

100 「红颜」说的不只是脸蛋 … 164
101 「粉黛」的级别有点儿高 … 165
102 「朱颜」的不同用法 … 166
103 「淑女」来自「窈窕」 … 167
104 「裙钗」指的是什么 … 167
105 「夫人」不能乱叫 … 168

106 「太太」已无界别 ... 169
107 原来「孺人」有等级 ... 170
108 「细君」是什么君 ... 172
109 「伉俪」就是夫妻 ... 173
110 干吗要叫「正室」 ... 174
111 娘娘住的地方叫「椒房」 ... 175
112 「拙荆」并不拙 ... 176
113 「糟糠」的典故有意思 ... 177
114 「贤内助」在乎的是贤 ... 178
115 「巾帼」羞辱司马懿 ... 179
116 为什么女士叫「女史」 ... 180
117 女士可以称「先生」 ... 181
118 女人能顶「半边天」 ... 182
119 「屋里的」已经过时 ... 183
120 引人注目的「亲爱的」 ... 184
121 叫声「爱人」难不难 ... 185
122 「我们那位」是哪位 ... 186
123 原来「姹女」是颜色 ... 187
124 「黄花闺女」是什么花 ... 188
125 清心玉映的「大家闺秀」 ... 189
126 「小家碧玉」也动人 ... 190
127 女孩儿为什么叫「千金」 ... 191

第七章 社会交往的称呼

128 刻骨铭心的「契友」 ... 194
129 「知音」千载难逢 ... 195
130 人生得一「知己」足矣 ... 196

- 131 「八拜之交」是哪「八拜」 …… 198
- 132 不论辈分的「忘年交」 …… 199
- 133 「总角之交」并没「角」 …… 200
- 134 终生难忘的「发小儿」 …… 201
- 135 生死与共的「莫逆」 …… 202
- 136 「袍泽」的情分不可断 …… 203
- 137 「战友」得穿过军装 …… 203
- 138 「世交」至少要两代人 …… 205
- 139 到底什么是「本家」 …… 206
- 140 「当家子」不能乱当 …… 206
- 141 「同道」就是志同道合 …… 208
- 142 「同窗」真有窗户吗 …… 209
- 143 「同学」之称意思多 …… 209
- 144 「同庚」等于同岁 …… 211
- 145 「把兄弟」怎么个「把」法 …… 212
- 146 「年兄」不是同年兄弟 …… 213
- 147 「圈友」的多样化 …… 214
- 148 「驴友」及各种「友」 …… 215
- 149 「东道主」有来历 …… 217
- 150 「座上宾」坐哪儿 …… 218
- 151 「稀客」不是从西边来的 …… 218
- 152 「嘉宾」是有说法的 …… 219
- 153 「点首之交」也属交流 …… 219

第八章 必须要懂的职场称呼

- 154 约定俗成的「官称」 …… 222
- 155 「官吏」属于旧称 …… 223

- 156 官不在位称何「官」 ... 224
- 157 「上司」的确在上面 ... 226
- 158 「顶头上司」的头在哪儿 ... 227
- 159 「首长」听着好亲切 ... 228
- 160 「长官」早已告辞 ... 229
- 161 「上头」就是上级 ... 230
- 162 「头儿」上不了台面 ... 231
- 163 能戳得住的「台柱子」 ... 231
- 164 统筹全局的「一把手」 ... 232
- 165 「靠山」来自李白 ... 233
- 166 这个「老爷」没人叫了 ... 234
- 167 「麾下」在谁之下 ... 234
- 168 经常隐身的「后台老板」 ... 235
- 169 「搭档」源于抬橱架 ... 236

- 170 「同僚」的「僚」有讲儿 ... 237
- 171 「同志」有特殊意义 ... 238
- 172 足智多谋的「智囊」 ... 240
- 173 「顾问」不能只顾不问 ... 241
- 174 「泰斗」仰头才能看到 ... 242
- 175 「耆宿」得是老人 ... 244
- 176 「翘楚」原是灌木枝 ... 245
- 177 唐代开始有「状元」 ... 246
- 178 称呼「方家」不见笑 ... 248
- 179 「大家」是什么「家」 ... 248
- 180 「把式」也有真假 ... 250
- 181 「跟包儿的」跟谁 ... 251
- 182 「白领」和「蓝领」 ... 252

8　中国人的称呼

第九章 透着讲礼数的谦称

183 "谦称"要有分寸 ………………… 254
184 "在下"在什么之下 ……………… 254
185 "高足"跟脚没关系 ……………… 256
186 "足下"来自介子推 ……………… 256
187 "小可"并不真小 ………………… 258
188 "鄙人"可不是毕人 ……………… 258
189 "不才"并非无才 ………………… 259
190 假"不敏"和真"不敏" …………… 260
191 "末学"倒数第一吗 ……………… 261
192 "晚生"并非晚上出生的 ………… 262
193 "下官"是"官"吗 ………………… 262
194 "卑职"早已谢幕 ………………… 263
195 "老夫"是真"老" ………………… 264
196 "老拙"不"拙" …………………… 265
197 "老朽"其实不想"朽" …………… 265
198 "愚兄"必须打引号 ……………… 266
199 "孤家"高处不胜寒 ……………… 267

第十章 妙趣横生的俗称

200 "行家"没有自封的 ……………… 270
201 "老手"都是高人 ………………… 270
202 "大拿"并非都拿得起来 ………… 271
203 "大了"的华丽转身 ……………… 272
204 能镇得住的"老大" ……………… 273
205 "主事儿的"真主事儿 …………… 273

9

206 「东家」才是主人 ……274
207 南北有别的「老板」……275
208 「大腕」都属名人 ……276
209 「知客」不忧大场面 ……277
210 「堂头」原来有名堂 ……278
211 掌灶的「大师傅」……279
212 滑稽可笑的「老夫子」……280
213 立德立言的「笔杆子」……281
214 此「先生」非彼「先生」……281
215 叫「伙计」得分谁 ……282
216 「大款」可是有钱人 ……283
217 京城独有的「板儿爷」……284
218 「倒儿爷」已成过去时 ……285
219 「大头」有时并不冤 ……286

220 牢不可破的「铁磁」……287
221 一专多能的「万金油」……287
222 「能耐梗」也「梗」人 ……288
223 「活宝」也是一「宝」……289
224 给人当陪衬的「灯泡」……290
225 「二百五」的来历 ……291
226 「半瓶醋」当然会晃荡 ……292
227 唐太宗与「醋坛子」……293
228 「气管炎」不一定是炎症 ……294
229 怕见人的「愫窝子」……295
230 「铁公鸡」不会长毛 ……296
231 「老八板儿」原来是曲调 ……296
232 可人疼的「憨大郎」……297
233 拿着不顺手的「二把刀」……298

234 「棒槌」其实不中用 ………………………………… 299
235 「马大哈」是真「哈」…………………………… 300
236 「二五眼」是什么「眼」………………………… 300
237 「馋涎」的味道忒难闻 …………………………… 301
238 「黄牛」为什么「黄」 …………………………… 302
239 此「牙」也会咬人 ………………………………… 303
240 「愤青」要有理性 ………………………………… 304
241 这个「虫儿」不会爬 ……………………………… 305
242 「老泡儿」成了「老炮儿」……………………… 306
243 「练家子」练的是哪一门儿 …………………… 307
244 「大妹子」不是母亲生的 ………………………… 308
245 「大妞儿」的脆生劲儿 …………………………… 308
246 「王老五」从哪儿来的 …………………………… 309
247 生涩的「青瓜蛋子」……………………………… 310

248 「老油子」腻口 …………………………………… 311
249 「爷」怎么称呼合适 ……………………………… 312
250 叫「大爷」北京人不爱听 ……………………… 313
251 「老姑娘」并不见得「老」…………………… 314
252 「师父」与「师傅」的差异 …………………… 315
253 「老家儿」不是老家 ……………………………… 316

第十一章　流行的称呼

254 「男生」「女生」不陌生 ……………………… 318
255 「粉丝」可不是吃的 ……………………………… 319
256 「男神」不是神 …………………………………… 320
257 「暖男」要的是暖意 ……………………………… 321
258 「理工男」不能一概而论 ………………………… 322

11

259 「家里人」指的是什么 … 322
260 「熊孩子」并不「熊」 … 323
261 「知性女人」有知性 … 324
262 「吃瓜群众」爱吃「瓜」 … 325
263 「谣棍」是什么「棍」 … 326
264 性格另类的「女汉子」 … 326
265 「美眉」跟眉毛无关 … 327
266 引人关注的「大妈」 … 328
267 考试称雄的「学霸」 … 329
268 「学渣」的「渣」意 … 330
269 「小白」不是人名 … 331
270 「北漂」是有故事的人 … 332
271 「网红」是怎么「红」的 … 333
272 「键盘侠」是什么「侠」 … 334

273 「猛男」不是只有「猛」 … 334
274 「小鲜肉」不招人待见 … 335
275 「谁家的大爷」也是大爷 … 336
276 「志愿者」一定是自愿的 … 337
277 「男主」「女主」是什么「主」 … 338
278 懂得吃的「吃货」 … 338
279 「大哥」的俗称 … 339
280 「大咖」的角色 … 340
281 显鼻子显眼的「C位」 … 340
282 爱搬杠的「杠精」 … 341
283 「二货」怎么就「二」了 … 342
284 「老铁」本来不姓「铁」 … 343
285 「黑客」并不是都黑 … 344
286 「美女」和「帅哥」的流行 … 345

第十二章 称呼的忌讳

287 「土豪」要「豪」得是地方 ………… 346
288 不会飞的「菜鸟」………… 347
289 青出于蓝的「后浪」………… 348
290 「青葱」不能吃 ………… 349
291 对长辈忌呼其名 ………… 352
292 称呼人别「戴高帽儿」………… 354
293 别乱充大辈儿 ………… 356
294 别随意叫「老乡」………… 357
295 师徒称呼不能乱了辈儿 ………… 358
296 什么人可以叫名不叫姓 ………… 359
297 不能逢人都叫「老师」………… 360
298 称呼「老」要有分寸 ………… 361
299 碰头好儿怎么称呼 ………… 363
300 生活中的称呼别用网名 ………… 364

13

自序
人生须知称呼人

一

人生在世有许多须知，所谓须知，就是人活着必须要知道的事儿，就像天儿冷了需要多穿衣服，肚子饿了需要吃饭，口渴了需要喝水一样，这都是人活着的基本常识。

把称呼列为人生须知，是不是说得有点儿大了？大？这得分怎么看这个问题。

人活着，总得跟人说话吧，但是没有称呼，您就没法跟人说话，比如"您过来！""您把这个东西拿走。"没有称呼，人们知道您让谁过来？您让谁把东西拿走啊？

您看，称呼对于我们每个人来说，重要不重要？

二

称呼，也就是通常人们说的"叫人儿"。当父母的都知道，教育孩子最基本的就是从小让他懂得会叫人儿。

叫人儿，谁还不会？的确，说起来，这是一个比较简单的话题，甚至可以说是不算个问题的话题。比如自己的爸爸妈妈、哥哥姐姐，谁不会叫呢？

但是，再进一步问您：您堂妹的丈夫的父亲，您应该怎么称呼？您单位领导的夫人比您小十多岁，您怎么称呼？稍微一拐弯儿，您可能就一下儿蒙圈，不知道该怎么称呼了。

是呀，人生在世，不可能是孤零零地一个人生活，要有很多亲戚朋友，要有一些社会关系，自然，您在跟这些亲朋好友来往，在社会上的交际当中，要用到各种称呼。

这些称呼用对了，自然人家会对您有好感，觉得您为人处世得体，您想办什么事儿，也会给您亮绿灯。假如这些称呼用错了，您不但容易把事儿办砸，而且还会得罪人。

朋友给我讲了这么一个事例："老拙"是个谦称，一般用来自称。有一位涉世未深的年轻人主持一个活动，他不知道"老拙"这个称呼是什么意思，在请一位老领导上台讲话时说："下面请老拙张主任讲话。"一句话惹得满堂哄笑，也让那位已退休的张主任脸上挂不住了。

您瞧，这位年轻主持人在称呼上犯了两个错误：一是把谦称当成敬称，换句话说，不能把老先生叫"老拙"；另一个错误是，称张先生为主任。虽然这位张先生在退休前是主任，但他已经退休了，不再是主任了。不是主任了，您再叫他主任，是不是犯了忌？他本人也会觉得别扭呀。

由此可见，称呼是需要学习的，尤其是年轻人，要知道称呼是有许多规矩的。乱叫称呼，就容易闹笑话，关键是会得罪人。

三

说到这儿，您也许会问：说了半天称呼的重要，到底什么是称呼呢？

所谓称呼，说得文一点儿，就是因亲属或其他关系，以本人为主体而建立起来的称谓。

称呼主要分为两类：一类是亲族成员和本人关系的称呼，也可以叫亲属称呼；另一类是亲属以外的，反映人们在社会生活中相互关系的称呼，也可以叫社交称呼。

亲属称呼就是以本人为轴心，确定的亲族成员和本人关系的称谓，分为直系和旁系、血亲和姻亲、长辈与晚辈、年长与年幼、男性与女性、近亲与远亲等。

这些称呼都有严格的规范，比如母亲的弟弟叫舅舅，不能叫叔叔；叔叔的夫人叫婶婶，不能叫姑姑。

社交称呼是指亲属以外的，反映人们在社会生活中相互关系的称谓，一般是俗称，比如老师、同志、哥儿们等。

社交称呼包括职场称呼，职场称呼是以职务、职称为主的，比如局长、主任、经理、总工等，称呼他的地位身份名称，是表示对他的尊重，这是职场的称呼规矩。

四

中国人的称呼不但是有规范的，也是有规矩的，而且规矩非常多。

老北京人跟生人见了面，有时会客气地问对方："您怎么称呼？"这儿的称呼是指姓名，而不是职务或职称，相当于"您贵姓"。

如果我问："这么问话有错儿吗？"您肯定会说："没错儿。"是的，一点儿都没错儿。

但是这种问话如果是晚辈对长辈，或者下级对上级，就有问题了，或者说欠礼了。

因为按中国人称呼的规矩，晚辈是不能直接问长辈名字的，当然也不能直呼其名，下级对上级也如此。

通常对长辈和上级领导直呼其名，有两种情况，一是轻蔑，二是厌恶。这些规矩如果您不懂，那不就失礼得罪人了吗？

所以，您不但要知道怎么称呼人，还要明白称呼人的规矩。

五

称呼，看着简单，其实里头学问挺深的，可以说中国人的称呼也是文化。

您也许会说，称呼不是老祖宗传下来的，约定俗成的吗，怎么称呼还有文化？

是的，正因为许多称呼是从古代传下来的，这里面才蕴含着很深的文化。文化是需要研究的，称呼也是这样，如果您不去研究，就会觉得称呼的事儿很简单，但假如您去深究，就会发现许多人们常说的称呼，您是知其然，不知其所以然。

比如男人结了婚，女方会称呼男方"丈夫"。为什么要叫"丈夫"呢？夫人的父亲要叫岳父，岳父又被称为"泰山"，为什么叫"泰山"，不叫华山或黄山？宋朝人对男人称呼"官人"，这是为什么？怎么"朕"就成了古代皇帝的自称？还有，怎么"王老五"成了单身男子的称呼？

跟您提的这些问题，您能一下回答上来吗？估计您得皱皱眉头，拍几下脑门儿。

所以说，称呼里头有文化，称呼也是一门学问。了解中国人的称呼，实际也是在学习中国的传统文化。

六

我是写小说的，怎么研究起称呼文化来了？聊到这儿，得从几年前我写《中国人的规矩》说起。

在搜集和整理中国人的老规矩的过程中，我发觉有些规矩跟称呼有关，比如学生不能直呼老师的名字，有些人可以只叫名，不用称呼姓等。为了弄清这些问题，我不知不觉地走进了称呼的领域。

进入这个领域之后，我才发觉中国人的称呼博大精深，不但跟历史人文有关系，而且直接反映了历史上不同时期、不同地域、不同民族的民俗风情。

同样是祖母，古代人跟现代人的叫法不一样，而且不同地区、不同民族在祖母这个称呼上也有很大区别。

再进一步研究，我发现同样的称呼在不同语境下也有很大区别，只是一直以来没有被人们所重视。

比如古代的"皇帝"有多种称呼，民间老百姓称呼他是"皇上",写到书面上是"皇帝""天子",大臣们则称呼他"万岁爷",他称自己是"朕"。您看电视剧里,皇帝跟谁说话都是"朕如何""朕怎么样"。

其实,皇帝也是人,他在上朝理政时称呼自己是"朕",回到后宫,面对皇太后(自己的母亲)和皇后也假模假式地称自己是"朕"吗?当然不会,但我们在影视作品里看到的可都是这么称呼的,显然作家、编剧们没有认真琢磨称呼在不同语境中的变化。

在现实生活中,因为不懂称呼而闹笑话的事儿更是不胜枚举,所以我觉得应该写这样一部书。

而当我到大小图书馆和各类书店,在茫茫书海中苦寻时,却惊讶地发现除了有两本词典之外,专门写中国人称呼的书几乎没有,这更坚定了我写这部书的决心。

我觉得完成这样一部书,比我写一部长篇小说更有意义,也更有文化价值。

七

中国人的称呼文化博大精深,真要把它写全写透的确很难,也非我一人之力所能完成,所以我写这部书,不能求全求透。这部书也不是中国人称呼的词典或大全,它只是中国人须知的称呼,或者说是称呼的普及读物。

这本书的特色是作者从学者和作家的角度,根据自己的人生阅历和经验,通过观察社会现象,比较全面系统地梳理和描述了中国人称呼的历史发展脉络,在浩如烟海的古今称呼中,精选出几百条在现实生活中常见的称呼,然后深入浅出地用娴熟的京味儿语言,像讲故事一样加以分析和解释，使这些称呼变得"眉清目秀"，并且好认、好记、好说。

本书的另一个特点是语言的通俗易懂，风趣幽默的大白话，使本来枯燥的学术观点变得轻松自然。

由于对您所熟知或不熟的这些称呼——溯源探究，所以会使您视野大开，在了解称呼出处的同时，也增长许多历史文化知识，可谓一举多得。

值得一提的是，这部书在解说大量现成的称呼之外，还搜集整理了我们现在所生活的网络时代下出现的那些新奇的称呼，这些由热词产生的称呼，不但更新了我们的传统观念，也增加了这部书的时代感，提高了它的应用性，可以说这是一部与我们的现实生活同步的书。

著名京味儿画家马海方得知我写此书，念及它对后人的影响，专门为这本书配画了插图，使这本书图文并茂，增加了它的可读性。

我们常说，重要的问题是教育下一代，让孩子从小就知道叫人儿，不但会叫人儿，还要知道这些称呼承载的历史文化，这是每一个身为父母，身为爷爷奶奶、姥姥姥爷的责任和使命。

由于历史上的原因，许多长辈对一些称呼也是不知其所以然了，对称呼文化更是感到陌生，出于丰富自己历史文化知识的意愿，更是出于教育晚辈的目的，大人和孩子都很有必要看看此书。

但愿这本书能成为您的良师益友，期待您能开卷受益。

是为序。

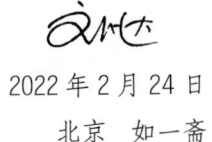

2022 年 2 月 24 日
北京　如一斋

第一章

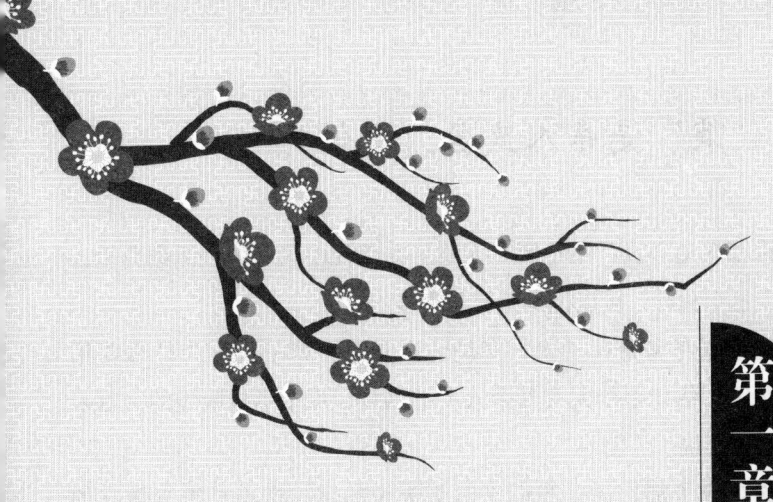

人称的历史演变

1 "我"是杀人武器,您信吗

谁都知道"我"字是第一人称。在现代中国人的生活词典里,"我"这个称呼,可以说是用得非常多的。

但如果考考您:"我"字是什么意思?第一人称为什么要用"我"字?估计十个人有九个人要摇脑袋,那个不摇脑袋的,也未必能说得准确。

这真应了那句话:我们平时天天说的字,您不见得真懂它的原意。

不过,话又说回来,您若翻阅古籍,就会发现一个现象,古代的人在用第一人称时,几乎不用"我"字。当然,汉字是非常丰富的,有许多字可以替代这个"我"字。

为什么古人在使用第一人称时,不喜欢用"我"字呢?这事儿说来话长。

敢情"我"字早在商代,就在甲骨文和金文里出现了。商代的"我"字,跟现在的"我"字,完全不是一回事儿。

最早的"我"字是什么意思呢?说出来会吓您一跳。

从甲骨文上看,"我"字由"手"和"戈"字组成的。"戈"是古代打仗的兵器,类似后来的钺。因为当初造字时,"我"是动词,有手舞大戈、呐喊示威的意思。

另有一说,"我"字本来就是杀人的武器,外形像斧子一样,带着锯齿,有把柄。

因为甲骨文的这个字,造字的方法是"会意",所以您怎么琢磨它好像都可以。但"我"字最早是杀人的武器,这是没错儿的。

许慎在《说文解字》里的解释,也是如此:"从戈从禾。禾,或说古垂字。一曰古杀字。"

怎么杀人武器变成了第一人称了呢？

这事儿得从当时的历史背景说起，因为出现在甲骨上的商代文字，大多是王室贵族的占卜、记事、文告之用，这些文字多是以第一人称的口气来说的。

所以，我们看到的甲骨文的"我"，有表达人称的功能，犹如现在的新闻发布会。

发布的新闻当然要有主体，即谁发布的。不过，发言人在发布新闻时，不用说"我"，人们也明白是他发布的。"我"作为人称，最早就是这么体现的。

到了春秋战国时期，"我"这种杀人的武器，被新出现的武器给淘汰了。虽武器被废弃了，但"我"字不能扔了呀。

人们觉得这个字挺好看，便逐渐借用来当第一人称使用。它的字音没变，但由名词变成了人称代词。

时间本身也是一种"武器"，它能把人们的记忆慢慢地抚平。随着时间这把利刃的打磨，"我"字杀人武器的原义居然愣给磨没了。

我这儿不跟您说"我"字的来历，您八成想不到"我"曾经杀过人。

2 "乌鸦"的叫声变成了"吾"

在古代的典籍和文献中，"吾"作为第一人称使用得比较多。

从这个字的造型来看，上面是一个"五"，下面一个"口"，发音是从"五"的。

许慎在《说文解字》里的解释是："吾，我，自称也。从口，五声。"

"吾"字的"五"，是什么意思呢？有人认为，"五"代表的是"五行"。

古人把地球上的万事万物，都归于金木水火土的"五行"，所以"五行"为大。作为第一人称的"吾"，用"五行"来表达，有"天下之大，舍我其谁"的寓意。

还有一种说法，"五"在"一"到"九"的个位数里居中，代表中立，"口"字代表人，人在天地间是居中的。

还有一种观点认为，"吾"字不是形声字，它的发音跟"五"没关系。

的确，甲骨文中的"吾"字，上半部是两个相对的三角，中间加了一竖，特指天地交合，阴阳契配，是君王之象。下面的"口"，代表发号施令的人。

有学者经过考据认为，远古时代，君王以"吾"自称，与古羌的鸟冠习俗有关。古羌人说的这种鸟，指的是乌鸦。

他们以乌鸦指代君王，所以发"乌"的音。"乌"跟"吾"的发音相同，所以，学者认为"吾"字跟"乌鸦"有关。

您瞧多有意思，第一人称的"吾"，在古代居然是"乌鸦"。"难道我是乌鸦吗？"当然这是一个玩笑。

考证我们现在习以为常的人的称呼，您会发现一些奇怪的现象，许多人称最初跟人没有关系，是后来人们觉得它的发音好听，或者字型好看，借用过来的。

3 "余"当初是家里的存粮

如果您喜欢看一些民国时期作家的书，您会发现他们大量使用"余"作第一人称。当然，这类文章还没有完全摆脱文言文的文体。

不用详解，您也会知道，"余"字是文言文里的第一人称。通常文言文里，第一人称很少用"我"字。

文言嘛，当然要体现"文"。不过，这一"文"，使现在的人在看古书时，常常被"余"字给弄得晕头转向。

"余"字是什么意思？按《新华字典》的解释，剩下来的，多出来的，才是"余"。难道"我"是剩下来的，多出来的吗？

其实，"余"字最初不是这个字义。您大概想不到，我们在甲骨文中看到的"余"字，最初的表意是房子，这种房子是单柱没墙的尖顶茅草屋。

这种茅草屋，其实应该叫棚子，它有圆形尖顶，四周没墙，中间只有一根柱子。所以考古学家认为，这不是住人的房子。

做什么用的呢？它只能放一般的农具、杂物、一时吃不了的粮食什么的，可以说是一个仓库性质的棚子。

后来的金文，又把这层意思强调了一下，在柱子两边加上了支撑木，而且还添了横梁，形成了后来的"余"字下半部"二小"的组合。

除此之外，又给"余"字加了"食"的偏旁，即繁体的"餘"。它的字义是剩、剩余、闲置、富余，即《新华字典》的解释。

"余"字假借为第一人称，最早是君王的专用，商代末年到战国后期的君王，常以"余"自称，后来部分贵族大夫和文人也流行以"余"自称。

比如屈原的《离骚》:"皇览揆(kuí)余初度兮,肇锡余以嘉名。名余曰正则兮,字余曰灵均。"这里的"余"就是"我"的意思。

《离骚》全诗373句,2490字,就用了53个"余"字。可见当时的文人写作,是多么喜欢用"余"来代替"我"。

在写文章时,以"余"作为第一人称的传统,一直延续到近代,一些文人墨客仍然以"余"自称。

在先秦的文献中,"余"字作为第一人称,用得比较多。其实,这个字早在秦汉时期就已经被边缘化了。后来的"余"字只是在书面语中出现,在人们的日常口语中,就逐渐淘汰了。

"余来也",您现在如果跟人这么说,人们会以为您是卖鱼的呢。

4 当年谁都可以称"朕"

您在眼下热播的历史题材影视剧里,经常会看到皇帝对大臣们说:"朕"怎么样怎么样。"朕"读音同"镇"。这个"朕"字真能把天下人给"镇"了。为什么呢?

因为作为第一人称,只有皇帝可以自己这么称呼,除了皇帝,甭管您的官儿有多大,也不管您是王爷,还是贝勒,谁也不敢称自己是"朕"。

其实,"朕"作为第一人称,当初并不是皇帝的专利。那会儿,"朕"就是一个普普通通的称呼,不分高低贵贱,人人都可以称"朕"。

甲骨文和金文就出现了"朕"字。"朕"字从舟，从灷（读zhuàn，火种）。"舟"就是船。"朕"字的本义是船上的火种。

古往今来，船民以水为生，他们要在船上吃喝拉撒睡。过日子，得烧火做饭。那会儿没有火柴，也没有打火机，只能留火种，也就是"朕"。所以，"朕"作为火种，对船民来说十分重要。

后来，"朕"字的字义，又被引申为征兆，再后来，又引申为第一人称。不过，这个第一人称是特指修船人的自称。

《说文解字》的解释是："朕，我也。"《尔雅·释诂》的解释是："朕，身也。"都是"我"的自称。

到了春秋战国时期，"朕"的称呼便走出了船舱，成为平民百姓日常口语中的第一人称，那会儿，谁都可以称"朕"。

"朕"怎么成了皇帝的"专利"呢？这得说说那位秦始皇。

秦始皇统一中国，当了历史上第一个皇帝以后，丞相李斯献殷勤，认为皇帝作为天子，就应该普天之下，唯我独尊。既然"独尊"，在称呼上也要有自己独享的词儿。

李斯喜欢摆弄文字，他把之前的大篆改为小篆，并统一全国的文字，作《仓颉篇》以为范文。这当中挑选了这个"朕"字。

他上书秦始皇，建议把"朕"作为皇帝专用的第一人称，意为"天下皆朕，皇权独尊。"整个天下都是我的，我手里的权力是唯一神圣的。

秦始皇觉得这个主意不错，自己是天下第一个皇帝，当然在称呼上也要"第一"。于是，他心领神会地采纳了李斯的建议，自称是"朕"了。

《史记·李斯列传》里写道："初，赵高为郎中令，所杀及报私怨众多，恐大臣入朝奏事毁恶之，乃说二世曰：'天下所以贵者，但以闻声，群臣莫得见其面，故号曰朕。'"

文武百官，各地的官员，不用跟皇帝见面，听到"朕"这个字，就知道是皇帝说的话。您说这个"朕"字有多大的权威吧。

既然"朕"字归了皇帝独有，天下就只有一个人可以称"朕"了。从秦始皇这儿开始，别说普通老百姓了，您的官再大，也不敢称"朕"，称"朕"，那可就真把您给"镇"了。这个"镇"，就是脑袋搬家。

不过，这个"朕"字，是皇帝书面语的自称，通常只出现在诏书谕旨等文书中。在日常生活中，皇帝一般不说这个"朕"字，在称呼上，皇帝也食人间烟火，说"我""孤""予"。

由此说来，有些影视剧里，皇帝张口闭口"朕"如何，"朕"怎么样，并非历史的本来面目。

5 "伊"怎么成了女性的专利

年轻的时候，读纳兰性德的词：

> 新寒中酒敲窗雨，残香细袅秋情绪。才道莫伤神，青衫湿一痕。
>
> 无聊成独卧，弹指韶光过。记得别伊时，桃花柳万丝。

词里的这个"伊"字,给我留下了深刻印象。"伊"到底指的是谁呢?我琢磨了很长时间。

其实,纳兰性德词里的这个"伊",跟《诗经·秦风·蒹葭》里"所谓伊人,在水一方"的"伊"是一个字义,两个"伊"字,都是"那个人"的意思。

"伊"这个字是多义词,有八九个意思。不过,说到"伊"字,人们首先想到的就是人称代词"她"。

因为五四新文化运动提倡白话文以后,人们在文章里写到女性的第三人称时,几乎都用"伊"字,当时还没有"她"这个字,"伊"成了女性第三人称专用称呼。

说起这个"伊"字,在甲骨文里是会意字,"从人,从尹"。"伊"最初是从"尹"字来的。

"尹"在甲骨文和金文中的字形,是一个人手里拿着像手杖又像笔的物件。

手杖和笔表示某种权力,表达的是能治理公事,由此引申为官职。许慎在《说文解字》里的解释是:"尹,为治也。"就是这个意思。

在商代,"尹"是官衔,相当于后来的丞相。商代的开国元勋,宰相就叫伊尹。

伊尹,姓伊,名挚,因为他是商代的丞相,所以后人叫他伊尹。伊尹也是中国餐饮业厨师的祖师爷。

"尹"到了春秋战国时期,成了官称,比如楚国的官都称"尹",汉代以后,京城的官叫"京兆尹"。

后来,"尹"加了单立人偏旁,成了"伊",意思与"尹"基本相同,《周礼·秋官伊》里明确说,"伊"是"治理合起来,治理天下者"。

"伊"字后来又成了"那"的假借字,"那个""那人""那里"等,都可以描述为"伊"。

"伊",还可以作句首语气词,加强语气或情感色彩,如"伊何"(为什么)、"伊谁"(谁,什么人)。

有一个大家都熟的成语叫"新春伊始",这里的"伊",其实就是一个语气助词,没有实际意义。

柳永的《蝶恋花·伫倚危楼风细细》里有名句:"衣带渐宽终不悔,为伊消得人憔悴。"这里的"伊"就是人称代词了,不过,"伊"用在这儿,就成了有意境的字。

也许正是由于大量的古诗里,用"伊"表示第三人称,所以,新文化运动时,年轻的文化人选择了"伊"作为女性的第三人称。

其实,"伊"作为人称代词,不只限于女性的"她"。男性的"他","彼人"的"彼",包括表示第二人称的"你",古代人都用过"伊"来替代。

比如《世说新语》里有:"勿学汝兄,汝兄自不如伊。"这里的"伊",就是第二人称"你"。"伊"在吴语、客家话、赣语里,也是"你"的意思。

随着时代的发展,人的称呼也在不断发生变化,就拿"伊"为例吧,自从人们发明了第三人称"她",这个字被广大的民众所接受以后,人们用了几千年的人称代词"伊",便走进了历史博物馆。

我们现在看到的称女性为"伊"的文章,多少都会沾个"老"字,现在的人谁还会把女性称"伊"呢?

当然,也有把女性叫 yí 的,但是"阿姨"的那个"姨",而不是"为伊消得人憔悴"的"伊"了。

6 是谁让"她"变了属性

> 天上飘着些微云,地上吹着些微风。啊!微风吹动了我头发,教我如何不想她?
>
> 月光恋爱着海洋,海洋恋爱着月光。啊!这般蜜也似的银夜,教我如何不想她?

这是著名语言学家刘半农于1920年9月在伦敦写的诗《教我如何不想她》的前两节。

这首诗被作曲家赵元任谱成曲,1925年,收入到《新诗歌集》里,广为传唱,至今不衰。

您现在读这首诗,会被诗人用优雅的语言所营造的月夜柔曼的意境所感染。

是呀,在这样美妙的夜晚,让年轻的男子怎么不牵动柔肠,想念自己心中的那个"她"呢?

没错儿,您从这首诗里看到的是美好的夜色,以及对恋人的思念,除此之外,您一定想不到诗人写这首诗的另一个目的:他在用"她"来说"她"。

这话您听着绕嘴,像绕口令,是吧?但事实真就如此。刘半农先生写这首诗的主要目的,是宣传一个字:"她"。因为"她"这个女性的第三人称,就是刘半农先生发明的。

刘半农先生为什么要发明这个"她"字呢?

首先,刘半农是近代史上非常了不起的文学家和语言学家,也是中国新文化运动的先驱。您看看他的简历,就知道他的学问有多深了。

刘半农20岁参加辛亥革命,后来参与《新青年》杂志的编辑工作,投身新文化运动,反对文言文,提倡白话文,他一直冲锋在前,留下了很多脍炙人口的白话文文章。

1920年,刘半农到英国伦敦大学学习实验语言学,后转到法国巴黎大学学习。1925年,获得法国国家文学博士学位。

这可不是一般的学位,之前,中国人到国外留学的很多,但是获得外国以国家名义授予的最高学衔的,他是第一个。他的著作《汉语字声实验录》,还获得了法国康斯坦丁·伏尔内语言学专奖。

1925年,刘半农回国,任北京大学国文系教授,他在北大建立了语音乐律实验室,致力于汉字的声调研究,记录了70余种方言,是中国实验语音学的奠基人。

1934年6月,他为完成《四声新谱》《方音字典》和《中国方言地图》,在内蒙考察方言方音时,不幸染上了"回归热"。这种病在当时属不治之症,所以,刘半农年仅44岁就离开了人世。

人已仙逝多年,但他对现代汉语研究的一些成果,我们现在仍在享用,这个"她"字就是其一。

刘半农不但是语言学家,也是一位作家和翻译家,他是第一个把高尔基的作品介绍到中国的人,也是最早把狄更斯、托尔斯泰、安徒生的作品翻译成中文的译者。

在翻译外国作品时,他碰到 she(女性的第三人称)时,往往找不到相应的汉语,有时只能译成"他女"或"那女的"。

由于女性的第三人称是常用的称呼,所以有时一页里有几十个"他女"和"那女的",让人看了眼晕,当然他也觉得别扭。

由此，刘半农萌生了找字代替"他女"和"那女的"的想法。他是研究汉语文字的，经过反复琢磨，选中了"她"字。

作为女性第三人称的"她"，是刘半农在1917年翻译英国戏剧《琴魂》中试用的。没想到"她"字作为女性的第三人称一面世，便引起文化界轰动。

一些思想保守的人坚决反对用"她"这个字，认为女性的第三人称已经有"他"和"伊"了，再造一个"她"是多此一举。

还有人认为，"她"字表面上是尊重妇女，但把它从"他"字剥离出去，就意味着对妇女的歧视。

争论持续了三年多，刘半农始终坚持自己的主张，先后发表了《"她"字问题》等多篇论文，并且在自己的翻译作品里应用。

真理是在搏杀中确立的，经过反复论争，"她"终于笑到了最后，这时官方站出来，认可了这个字，把"她"收到了《新华字典》里。

鲁迅先生是新文化运动的领袖人物，他对刘半农创造新字"她"，始终表示支持。"她"字入典后，鲁迅先生发表文章，称"她"字的确立，是打了一次"大仗"。

我们现在能用"她"来代表女性的第三人称，应该感谢刘半农先生。

我对刘半农先生久仰，一次跟朋友爬香山，在香山东面凤凰顶的山腰，意外看到了刘半农先生的墓地。

刘半农先生是1934年6月去世的，一年后的1935年，他的灵骨与1932年去世的弟弟刘天华，一起合葬于此。

这里原来是中法大学的公墓。刘半农的墓碑后来被毁坏，经过了1983年和1989年两次重修，现在看上去还算比较规整。墓的周围有苍松，庄严肃穆。墓碑是他儿子刘育伦后立的，上书"国立北京大学教授刘半农先生夫人之墓"，字由吴敬恒题写。

站在刘半农先生的墓前，我陷入沉思。刘半农先生生前创作和翻译了那么多书，但是时过境迁，人们说到他的名字，依然对他发明的那个称呼"她"津津乐道。

由这个"她"字，我想到了另一个"她"。谁？她就是当年跟"八国联军"有瓜葛的京城名妓赛金花。

刘半农生前，干了一件"出格"的事儿，就是采访京城"名妓"赛金花。一个堂堂的北大教授，居然到落魄妓女住的地方采访，也是轰动一时的新闻。

不过，她也重情重义。刘半农去世后，赛金花感念他的屈身关注，特意穿着黑衣前来吊唁。刘半农去世一年后，他的学生商鸿逵把他们的采访记录整理成《赛金花本事》一书。

刘半农的弟弟刘天华是著名的音乐大家，他创作的《良宵》《闲居吟》《空山鸟语》等民乐，至今演奏不衰。

附带说一句，我们现在使用的现代汉语里的"它"，也是刘半农的"二次"发明。"它"的古义是蛇。《说文解字》的解释是："虫也，从虫而长，象冤曲垂尾形。"

在新文化运动倡导白话文的时候，刘半农把"它"字赋予了新意。现在的"它"指的是什么，怎么应用，不用我啰唆了吧？

7 "俺"原来是个把门人

> 俺是个公社的饲养员,养活的小猪一大群儿。小猪崽儿,白蹄子儿,一个一个劲儿地直蹦起儿……

五十岁以上的人,可能还会记得这首名叫《俺是个公社的饲养员》的歌。要知道当年这首东北民歌,可是家喻户晓呀。

正是由于这首民歌传播得远,而且歌词里的"我"唱成了"俺",所以,直到现在有些人说到"俺"时,还认为它是东北的方言。

其实,"俺"作为第一人称,并不是东北人的专利,中国北方大部分地区都把"我"说成"俺",甚至北京的郊区有些地方也说"俺"。

"俺"是个非常有意思的称呼,20世纪80年代以前,一些描写华北地区农村生活的小说和电影里,大人小孩张嘴都说"俺"。

受其影响,人们居然把它作为区别城里人和农村人口音上的一个标志。城里人肯定不说"俺",说"我";农村人一定说"俺",不说"我"。

我是在北京胡同里长大的,记得当年胡同里的一个街坊,因为家里孩子多,便把小七送到河北老家,由他叔伯兄弟代养。

小七去的时候刚断奶,还不会说话,回来的时候,已经该上小学三年级了,说话满嘴的河北农村口音,特别是张口闭口的这个"俺"字,短不了被胡同里的孩子们嘲笑。

小七他妈为了纠正他嘴里的这个"俺"字,没少数落他,但他怎么也改不过来。

后来,小七的大哥想了一招儿,家里备了一把特别辣的朝天椒,只要小七一说"俺",便让他吃一个朝天椒。

但是朝天椒辣得小七满地打滚儿,他也没改过口儿来。直到后来结婚了,才让媳妇把他嘴里的"俺"改成了"我"。可见一个人改口音之难。

"俺"字的古义,并不是"我"和"我们"的意思。有学者考证,古代"奄"与"阉"两个字同义。"俺"这个字是形声字,单立人加一个"阉"字。

"阉"字的古义是掩上门的意思。"人"与"阉"组合,表示"关门人"。由此看来,"俺"在古代的意思,类似小区大门口的保安。

不过,中国古代老百姓住的多是一家一户的平房,那会儿的"门",主要是指屋门或院门,或者说是家门。谁能守家门呀?当然是一家之主了。所以,后来"俺"字就引申到第一人称"我"。

在封建社会,挑门立户的主要是男人,所以,在中原地区的民间,"俺"最初是男人的自称,后来才变成普遍的方言,甭管男女老少,都把"我"说成"俺"。

"俺"这个称呼,也可以是复数,把"我们"说成"俺们"。现在东北、河北、河南、山东、皖北、苏北等地区的人,仍然把"我"说成"俺"。

8 "侬"到底是谁

北京人到了上海,听本地人说上海话,简直如同听他们说外语。但如果他们说话放慢速度,您细听的话,还是能听懂一句半句的,特别是那个"侬"字。

"侬"这个，"侬"那个，上海人似乎"侬"不离口。我一直以为"您"是北京话里最有特征的字，而"侬"是上海话里最具经典特征的字。

上海属于吴语方言区。"侬"字在古时候的吴越一带，本义是"人"。

《乐府诗集》有这样的诗句："赫赫盛阳月，无侬不握扇。"这里的"侬"，就是"人"的意思。

"侬"在古代吴语地区，还有第一人称"我"的意思，如唐代司空图的诗《力疾山下吴村看杏花》里，有："王老小儿吹笛看，我侬试舞尔侬看。"这里的"我侬"就是指"我"。

此外，"侬"也有第三人称"他"的意思。在《乐府诗集》里，有"鸡亭故侬去，九里新侬还"这样的诗句。这里的"侬"，指的就是"他"。

现在的吴语方言区，"侬"的字义比古代要宽泛，除了指代"人""他""我"之外，还指代第二人称"你"。

当然，吴语方言的区域比较广，所以，不同的地区，这个"侬"字指代的称呼也有所不同。上海、绍兴、宁波等地的人，这个"侬"字，表示的是"你"。金华一带的人嘴里的"侬"字，表示的是"我"。

俗话说：一方水土，养一方人。由于吴语方言区在长三角的江浙一带，这里河湖纵横，是著名的鱼米之乡，水的柔情让吴语的发音也变得轻柔起来。加上那个"侬"字不离口，所以人们习惯把吴语叫"吴侬软语"。

"侬"这个称呼主要是吴语方言区的人用，北方人说"侬"就变味儿了。

"你好。"江浙人说:"侬好。"人家用"吴侬软语"说,显得那么轻柔亲切。

如果是北方人说"侬好",您没准儿会以为他说刚泡的茶,或刚沏的咖啡"浓好"呢。

9 "洒家"是个什么家

"洒家"这个称呼好玩儿。如果您看《水浒传》,常常能碰到"洒家"这称呼。《水浒传》里的鲁智深,自称是"洒家"。行者武松也称自己是"洒家"。

除了《水浒传》,在许多武侠小说里,那些会武功的和尚,也常用"洒家"这个称呼。

也许是受此影响,我们在一些影视作品里,经常能看到和尚称自己是"洒家",好像"洒家"是出家人的自称。

其实,这是一种误解,"洒家"是自称,这没错儿,问题是这个称呼跟和尚没有什么关系。

"洒"的字义跟"咱""喒"字相同,是"咱家"的意思。说白了,"洒家",就是"咱家"。

"洒家"这个词儿,在宋代流行于关西一带。这地方人的口音,就把"洒家"读成"咱家"。"洒家"是自称。

不过,这个"洒家",不是人人都敢自称的,"洒家"有特指的人群。

您如果看过《水浒传》，就知道宋代山东"梁山好汉"的厉害。

他们杀富济贫，该出手时就出手，一个个都是剽悍的草莽英雄。当初的"洒家"指的就是这些以"厮杀"为职业的"道儿"上的人。

因为这些"道儿"上的草莽英雄，在民间有许多神奇的传说，所以有些人为了显示自己的豪气，震慑对方，往往自称"洒家"，其实，他未必真是"道儿"上的人。

"家"在中国传统称谓中，属于敬词，特别是说到自己的身份时。所以，元代以后，"洒家"这个原来特指的称呼，逐渐变成了大众性的自称了。

这种带"家"的称呼，随着历史的变迁不断变化，比如府里的丫鬟，自称"奴家"，府里的小妾，也说自己是"奴家"。

这样一来，"奴家"就成了谦称。谦称在历史上曾经非常流行。人低调点儿没毛病，但是谦虚也不能太过分。

过分的谦虚就滑稽可笑了，比如妇女死了丈夫，自称是"哀家"；自己的父亲去世了，自称"悲家"；甚至连手下那么多大臣，宫里那么多嫔妃的皇帝，也自称是"孤家"。您说这是自谦吗？或许不是自谦或自怜，是自嘲吧。

当然，"洒家"这样的称呼，早已经进了历史博物馆。今天掰扯这个称呼，不过是让您知道"洒家"究竟"洒"的什么"家"。

10 "恁"和"您"是两码事

"恁"这个字，读 nèn，属于北方方言，"那"和"那么"的意思，比如："恁会儿，孩子们还小。""这棵树恁高。"

老北京人也爱说这个"恁"字，但"恁"只是发音，字是"那"或者"那么"。比如北京人的口头语"那什么"，会说成"恁什么"，但写出来的字，还是"那什么"。

因为北京人爱说"恁"，所以有人把这个字跟"您"掺和到一起，认为"您"字，是从"恁"字脱胎出来的。

其实，这是完全不同的两码事儿。

中国是礼仪之邦，在人的称呼上非常讲究这个"礼"字，所以人的敬称很多，特别是"首善之区"的京城，人们在社会交往中，发明了许多敬称，"您"就是最有代表性的一个词。

众所周知，"您"是第二人称"你"的意思。虽然除了北京人，还有一些地方的人也说"您"。但老北京人嘴里的这个"您"字，可不完全是一个称呼，还有不同寻常的内涵。

比如北京人喜欢在一句话的后面加这个"您"字："来了您。""过马路，瞧着点儿您。"

当然，有时要在"您"后面，加一个语气词"呐"，说成："来了您呐。""过马路，瞧着点儿您呐。"

这个"您呐"，就不是人的称呼，而是对您的一种敬意了。我们说话完全可以不带这个"您呐"，但带上它，就是一种温暖，一种尊敬。一种浓浓的人情味儿在这两个字里得到了充分体现。

跟老北京人聊天，听去吧，三句话不离"您"。可见"您"字，在北京人生活中是多么重要。

其实，"您"字在古代并不是第二人称的敬词，它最早是"你们"的意思。

据语言学家吕叔湘先生的考证，"您"字作为第二人称的敬语，最初是在元杂剧里出现的。他认为作为敬语的"您",是从"你老"这个词变音而成的。

元代的北京叫大都。元大都是元杂剧的发祥地。按照吕叔湘先生的解释,"您"作为第二人称,还是北京人发明的呢。

"您"字在北京话里,除了是第二人称,还是一个特殊的客气用语。"您",是一句客气话,是一句敬语。有点儿像天津话里的"你了"。

作为客气话,"您"这个敬语,有时往往作词缀,如:"进来了您。""走哇您。""东西预备好了您。"

当然,"您"字甭管是第二人称,还是客气话,是专门给长辈和外人预备的。对知己,对最亲密的人,绝对不用"您",而要用"你"。

在北京,平辈人之间说话,一般也不用"您"字。平辈人说话用"您",就拉远了距离,甚至带有调侃和讥讽的意味了。

北京的年轻人搞对象,说情话或写情书,最初都是相互称呼"您":"您好!""您多关照。"透着客气。

老北京人管这叫"探底",意思是摸摸对方的底细,是不是懂规矩,懂老礼儿。

当两个人见面说话,或者书信往来,第二人称用到"你"的时候,就说明两个人的"底"摸得差不多了,恋爱关系有了突破,开始进入谈婚论嫁的实质性阶段了。

因为,从某种意义上说,彼此距离越近,"您"字离得越远。

这个"您"的称呼,不是人人都能享用的。对同龄人、同辈人,对比你年龄小辈分也小的人,不用称"您"。

但对长辈、对师长、对尊敬的人、对单位领导的第二人称,永远是"您"。这不只是北京人的说话习惯,也是北京人的规矩。

为什么对长辈、对师长、对尊敬的人要用"您"字呢?

因为"您"字,是"心上有你"。您在我心里的位置不一般。所以这个字,不只带有礼貌、客气、尊敬的意思,还含有几分崇拜与敬畏。

11　"怹"是北京人造的字

"怹"的读音是 tān,是第三人称"他"的敬语。

"怹"是个非常有意思的字,虽然被收入了《康熙字典》,《现代汉语词典》里也有这个字,但现在许多北京人不用这个字,甚至不认识这个字了。

有学者考证,"怹"这个字作为口语,大约是在明清时期,由北京人独创的。当时,这个字主要在北方流传,东北地区的方言里有此字,但在黄河以南的方言中却查不到。

正因为"怹"在明清时代是北京人的口语,所以才被收入《康熙字典》。

"怹"字的发明,跟"您"字有关。"您"字是元大都时代,北京人发明的第二人称敬语,到了明清时代,已经被大众认可,那么为什么第三人称,不可以也有敬语呢?

"您"字,是"心上有你"。干脆,也来个"心上有他"吧,于是就有了"怹"字。

"怹"这个称呼不能乱用,通常只有长辈、老师、非常敬重的人，才可以称其为"您"。

如："您见到我老师李先生了，您老人家身体还好吧？""当年在剧团时，您待我们可好了。""原来您在东城住呀。"

在老北京，"您"字跟"您"字一样，也经常挂在人们嘴边儿。但到了20世纪五六十年代，随着普通话的普及，北京人说话逐渐向普通话过渡，"您"字也跟许多北京方言一起，淡出人们的口语了。

记得20世纪70年代，我在工厂当学徒，同车间的师傅几乎都是老北京人，他们在聊天时，还常用到这个字。

但是，后来我离开了工厂，到机关当干部，听到这个字儿的时候就不多了。现在这个字，几乎已经"作古"。不过，偶尔从六七十岁的老人嘴里，还能听到"您"字。

从"您"这个字的字义来看，确实体现着一种有底蕴的文化，所以，总觉得这个字的淘汰挺可惜的。

12 "尔曹"让对象吹了

"尔曹身与名俱灭，不废江河万古流。"这是杜甫《戏为六绝句·其二》里的名句。

"尔"，就是"你"的意思，"曹"有"你等""你辈"之意。当然，"曹"字还有官署的意思，汉代曹史，相当于郡守的总务长。

"尔曹"的意思就是"你们这一类人"。这个词儿不是杜甫发明的，早在汉代就有"尔曹"这个词，如《神童诗》："天子重英豪，文章教尔曹。"《后汉书·赵熹传》："尔曹若健，远相避也。"

显然,"尔曹"这个称呼有居高临下之感,并且带有一些轻蔑的意味。

我年轻的时候,有个姓陈的朋友,平时喜欢看书,也爱转(读zhuǎi)文。他三十大几才成家,之前,交过几个女朋友都吹了,其中一个他特别钟情,吹了之后伤心了两年多。

跟这个女朋友怎么吹的呢?说起来还是"尔曹"惹的祸。那些年,没有手机,男女青年搞对象都讲究写信,就是写情书。

这位姓陈的朋友,喜欢转文,写情书常爱引用一些古诗词,但他才疏学浅,许多文言只知其一,不知其二,所以难免闹笑话。

当然,他的女朋友也没念过几年书,知识有限,情书里引用的诗,她看了也是似懂非懂,聊博一笑。

这天,这位姓陈的朋友,写情书的时候心血来潮,在信的结尾,想问候一下未来的老丈人,写了一句:"愿尔曹善待自己,好自为之。"他以为"尔曹"是个敬词呢。

他的女朋友接到这封情书,当然也不懂"尔曹",把"尔曹"看成了"小曹"。心里琢磨"小曹"是谁呀?是不是他把我当成了"小曹"?难道他脚踩两只船?于是她为此郁闷了。

她有个闺蜜是大学生,这天来看她,见她闷闷不乐,便探问她的心事。她把姓陈的这位写的情书拿了出来。这位闺蜜看后,告诉她"尔曹"这个词的意思。其实她们在上中学时学过杜甫的这首诗。

这位闺蜜在大学是学文科的,她把姓陈的朋友的这句话给解释了一番:"你的这个男友口气够大的,他称你爸是'尔曹',等于在说你这老小子。而且后面的'善待自己,好自为之',这明显带有一种轻蔑的口气,像是警察对犯人说的话。"

让这位闺蜜这么一解释,您想姓陈的对象能不吹吗?

您瞧用词儿不当，多耽误事儿吧。

"尔曹"这个称呼，在现在的文章里还能看到，但人们在日常口语中，已经基本不用了。如果您在写文章时使这个称呼，一定要掌握分寸，用得恰到好处。

13　"自个儿"怎么读

"自个儿"，发音是 zì gěr。这是老北京人对自己的称呼，当然是一句土话。

"自个儿"这个称呼，通常是在说自己，或者说到另一个人的时候使用。如："就我自个儿去老师家。"或"平时就他自个儿去图书馆看书。"

您从这两句话里，就能看出来，"自个儿"的称呼，实际上是强调一种状态，即只有我或他一个人。

北京土话常有变音的状况，就拿"自个儿"这个词来说吧，在许多老北京人嘴里，"自个儿"，变成了"记个儿"。

北京土话里，类似的变音字有很多，比如"言语"，让北京人说，就成了 yuán yì；"一人"，会说成 yì yír；"蝴蝶"，北京土话的发音是 hù tiěr 等。

当然，作为方言土语，"自个儿"只能在日常生活的口语中使用，在正式场合或写文章时，一般都用"自己"这个词。

14 "咱"来自民间口语

"咱",是"我"的自称,如果加上一个"们",就是"我们"的意思。

虽然,"咱"跟"我"同义,但是两个字却有微妙的差异,比如在现实生活中,您跟人说话聊天,说到"我"和"我们"的时候,如果用"咱"或"咱们",是不是更亲近?

的确,一个"咱"字,一下子会拉近人与人之间的距离。因为"咱"字虽然表达的是我和你的关系,但这种关系不一般,是犹如一家人的亲密关系,是你中有我、我中有你的关系。

您看这个"咱"字的组合,这边是能说话的"口",那边是自己的"自"。这不是口中说自己吗?

古代的甲骨文和金文里,没有"咱"这个字。据语言学家考证,"咱"字是宋元时期由北方土话发展过来的。

有学者举宋代著名词人柳永的《玉楼春》里的"你若无意向咱行,为甚梦中频相见"为例,说明宋代已经有"咱"这个称呼了。

也有人考证,"咱"最早出现在山西的军队里。当时的军人,在跟长官或部下说话时,就用"咱"代替"我"了。

用"咱"显得彼此之间的关系更亲近,而且有一种归属感。对于出征打仗的军人来说,这个称呼尤为重要。

《康熙字典》里,"咱"字的解释是:"子葛切,音喳。俗称自己为'咱'。"古代"咱"的发音是 zá,这可能跟不同地域的口音有关。

元代杂剧兴起,剧本多带口语化,人物对话常有"咱""咱家"。这对"咱"这个称呼的推广和普及,起到了很大作用。

明清以后，"咱""咱家"已经成为大众化的称呼，现在依然全国通用。

15　"姆们"实际是变音

"姆们"，是北京土话"我们"的意思。很多时候，北京人说这个词儿是不带"们"的，发音就是一个字："姆"。

细分析起来，"姆们"作为北京土话是带有一定的感情色彩的，或表现心里得意，或表达对什么事儿持否定态度，或对有些事儿不屑一顾，比如："这东西，姆们那儿都有。""那地方忒远，姆们可去不了。"这里的"姆们"，其实就是"我们"的意思。当然也有的老北京人，"姆们"不离口的。

"姆们"可以算土得掉渣儿的北京话。还把"我们"说成"姆们"的北京人，年龄至少在五十岁以上。

不过，据我观察，现在还生活在胡同里的新一代北京人，在父辈的耳濡目染下，也会把"姆们"挂在嘴边。

"姆们"这个词儿纯属于来自京城民间，您在辞典里找不到这个词儿。跟许多变音的北京土话一样，"姆们"这个称呼，也是由"我们"这个词儿变音而来的。

不信您试试，"我们"说快了，再加进点鼻音，就会变成"姆们"，像"大家"的发音变成"大鸭"，"什刹海"变成"上海"一样。

类似的变音，还有山西大同话，大同话的发音也比较快，同样，他们也把"我们"说成"姆们",不过带有大同的口音。

北京土话因地区不同,发音也有差异,比如东城人跟南城人说话就不一样,南城人说"姆们",东城人一般说"我们",很少有说"姆们"的。

老北京的郊区人,也不都说"姆们",比如北部的昌平人、顺义人,把"我们"说成"婉们";东部的通州人、平谷人,把"我们"说成"俺们"。

不论"姆们",还是"婉们""俺们",都是日常生活中的口语,写出来都是"我们"。因为普通话是通用语言,通常这种土话也拿不到台面儿上来。

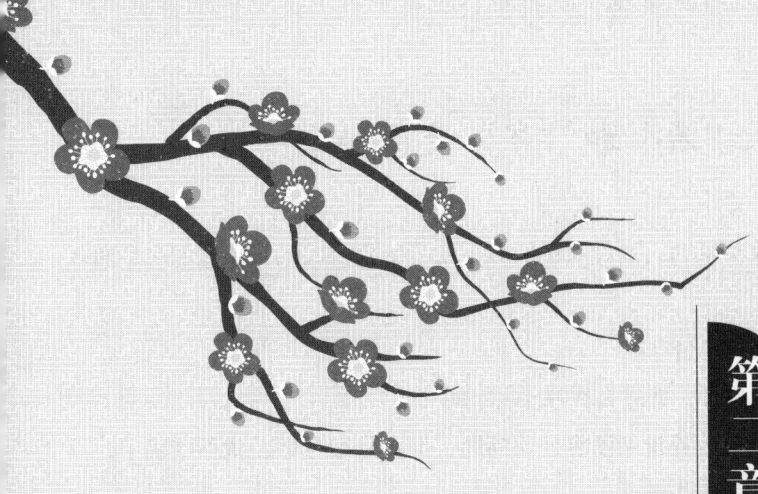

第二章 人的名儿和字号

16 "名"和"字"是两码事

现在说到人的姓名的时候,常会听到有人问:"您的名字叫什么呀?"

"我的名字?"

"是呀,您怎么称呼?名字叫什么?"

这句话听起来没有任何问题,但要是细琢磨,就不准确了,而且许多人都说错了。

说人的姓名,没错儿。但是把姓撇开,单说人的名字,就有问题了。

为什么?因为名是名,字是字,名字是两个概念。

每个人都有自己的名儿,这还用说吗?据说给人起名儿这件事始于夏代,到现在有三千多年的历史了。

自古以来,孩子出生后的第一件事儿,就是起名儿。当然,现在急性子的人多,孩子还在母亲的肚子里,名儿都起好了。

其实,古时候,人的"名"和"字"就不是一回事。而且"名"和"字"不能合着叫,也不能混着叫。

按周代立下的规矩,孩子出生后三个月,由父亲给他起名儿,所以名儿,又叫"本名",即本来的名儿。

当然,那是重男轻女的年代,起名主要是指给男孩儿起。男子到了二十岁,就算成人了。

那会儿的人有意思,帽子不是随便戴的,男人必须得到二十岁,即成人了,才可以戴帽子。

戴帽子还有个说法,叫"行冠礼",这时候,才可以起"字"。

《礼记·檀弓》云:"幼名,冠字。"疏云:"年二十有为父之道，朋友等类不可复呼其名。"

男子成人以后，只有他的父亲可以叫他的名儿，一般朋友或同辈的人，只能叫他的"字"。

人不但要有名儿，还要有"字"的规矩，始于商代。推翻夏朝最后一个帝王桀的是商汤。商汤原名履，又名天乙。汤是他的字。

"字"，也叫"表字"。为什么叫"表字"呢？

一是"字"可以表达您的名儿，也就是说您起的"字"，跟您的"名儿"是相关的。

比如：孟子，名轲，字子舆，轲与舆都是车；颜回，名回，字子渊，渊，回水也，意思一样；李白，名白，字太白；关羽，名羽，字云长。这些人的"字"跟"名"都有关。

二是"字"一般都有彰显德行的意思，即带有美好寓意。比如孔子，名丘，字仲尼；曹操，名操，字孟德；张飞，名飞，字翼德；杜甫，名甫，字子美等。您瞧，他们的"字"是不是透着仁义忠厚？

在古代，人们在社会交往中，通常是不能叫"名"的，只能称呼"字"。比如，曹操，一般人不能叫他曹操，要叫曹孟德；张飞，要叫张翼德。当然，对长者或有威望的人要称呼他的"号"。

17 "名"不是"号"

不论"名"也好，"字"也罢，都是一个人的符号。当然这个符号很重要，它能陪伴您终身。曾经有人说过这样一句话：对一个人最忠诚、从始至终不离不弃的只有它。谁？就是你的姓名。

现代社会，人们的生活变得简约了，传统文化的复杂与深奥，在现代人的眼里变得简单化了，人的名字就是一个例子。

如今，人们只有名儿，没有"字"，更没有"号"了。可以说，人们已经把"名"与"字"合二为一了。

当然，也有跟名儿较劲的人。

我认识一个画家，不但画画儿喜欢拟古，连名字也学古人。

他比较崇拜明末清初的著名画家朱耷。朱耷，字刃庵，号八大山人、雪个、个山、人屋、道朗等。后来他出家，还有法名（释名）传綮。

这位画家心里琢磨，朱耷有这么多"名"和"号"，我也得有啊。他还真不含糊，一气儿给自己起了两个"号"。

朱耷的"号"叫八大山人，他的"号"叫六大村人；朱耷的"号"叫雪个，他的"号"叫雨个。

我问过他，现在谁还有"号"啊？您给自己起"号"图的是什么？他淡然一笑说："图什么？这叫传承文化，继承'八大山人'的画风。"

他认为，学"八大山人"，光学他的画儿不行，还要学他身上的文气。

起个"六大村人"的"号"，就能传承"八大山人"的才气和画风了？显然这位画家丢了骨头和肉，捡了皮毛。说实话，他未见得懂古代的文人为什么要起"号"。

其实，人的"名号"，只是人的记号而已，并不是招牌。有些人附庸风雅，以为给自己起个"名号"，就能显示出自己不俗，透出自己的文雅，体现自己与众不同的身份，这种理解本身就很荒诞。

我们国家现在实行的是"一人一名"制，您在任何场合，只能用一个名儿，即身份证上面的姓名，所以您起"字"也好，"号"也罢，在正规场合根本用不上。

当然，现在有些书画家为了体现风雅，给自己起个斋号或堂号，在作品上落款也无可厚非。

但有一样，真正能代表您身份的只能是本名。您起那么多的"字号"，一个也派不上用场。

18　"别号"不是"别名"

您在填写个人履历表或个人简历时，常会看到有一栏写着"别名"。所谓"别名"，就是您的本名之外的名字。它跟"别号"是两回事儿。

什么是"别号"？其实，它就是"号"。中国的古人，在"名"和"字"之外，往往还要单起一个"号"。"号"，也叫"别号"。

起"号"的传统最早始于周代。《周礼》对"号"的解释是："尊其名，更为美称焉。"由此可知，"号"是"名"和"字"的补充。

用北京话说，古人有点儿文化可不得了，光有"名"有"字"还不过瘾，得再补一个"号"。当然这个"号"，得是"美称"。

毫无疑问，能给自己起号的，多是有头有脸儿的文化人。古代的文人多以"号"代替"名儿"。

比如：李白，号青莲居士，他写诗时，常用青莲落款；杜甫，号少陵野老,他常以少陵野老自居;白居易,号香山居士,人们常称他白香山;我们熟知的清代大画家郑板桥,板桥实际上是他的号,他名燮,字克柔,号理庵,又号板桥。

通常书画家喜欢在自己的"名"和"字"之外,单起"号",有的不只一个。比如近代著名画家吴昌硕,他的初名叫吴俊,又名俊卿,字昌硕,又名仓石、苍石。看起来比较简单,但他给自己起的"号"非常多,常用的就有十多个,如仓硕、老苍、老缶、缶道人、苦铁、大聋、石尊者等。

您肯定知道著名画家齐白石,其实白石不是他的名儿,是他的"号",他原名叫纯芝,字渭青,号兰亭,后改名璜,字濒生。

作为画家,他的"号"非常多,除了白石之外,还有白石山翁、老萍、饿叟、借山吟馆主者、寄萍堂上老人等。

按中国人的规矩,名、字、号,都应该算"大号",只是用法不同。但早年间有个规矩,出于对人的尊敬,是不能直呼其名的。

一般来说,只有父母和长辈才能以名儿来称呼您,其他人要以"字"和"号"来称呼。比如苏东坡,他的名儿叫轼,字子瞻,他的"号"是东坡居士、铁冠道人。所以,一般人都叫他苏东坡。

现在人们的姓名比较简单了,由于是全国统一的户籍制度管理,受法律认可和保护的,一般只有本来的姓名。

所以从起名的角度说,您不用为名儿之外起"字"起"号"伤脑筋了,但是对历史上什么人可以说"字",什么人可以用"号","名""字"与"号"的关系要搞明白。

19 "大号"有学问

老北京人管人的本名,叫大号,也叫大名。为什么要用到一个"大"字呢?主要是为了跟"小名"加以区别。

您看历史题材的影视作品或古代小说,会发现里面的人物都有名有姓,那些有头有脸儿的人除了"名"之外,还有"字"有"号"。

但您千万别以为所有古代的中国人都是这样,有自己的名字。

从前,普通的劳动者大都是不识字的文盲。您想他连自己的姓儿都不会写,名字就更不认识了,所以,大多数劳动者是没有大名,只有小名的。

有的人连小名都没有。姓张,在家排行老六,就叫张六。姓李,在家排行老七,就叫李七。

记得前几年,我为写清宫御膳房的小说,曾经到国家档案馆查过宫廷御膳房的"膳单"。所谓"膳单",就是皇帝吃的每顿饭的菜谱。

"膳单"上不但要写菜名、主料、配料,还要写上做法和时间,最主要的是得写上厨师的名字,也就是这道菜是谁做的。

我看了几千张"膳单",发现厨师不是苏六,就是多三,不是文九,就是舒五,没有一个厨师有大号的。

我询问档案馆的专家,他们笑道,这些厨师大多没文化,不识字,有大名他们也不会写。名字只是一个符号而已。

我问道,要是碰上两个苏六呢?

他说道,那也有办法,比如叫大苏六、小苏六。碰上三个四个苏六,也有办法区别,比如海淀苏六、瘦子苏六、胖子苏六等。

其实，在解放前，这种情况非常普遍。您说那些说相声、唱大鼓、说评书的演员应该有文化吧？错了，这些艺人大多数也没上过学。您会问了，那他们说的书，唱的曲，不都有字吗？他们怎么认识的？

实际上，他们不用认识字，因为当时这些民间艺人吃的是开口饭，讲究的是记问之学。老师口传心授，全凭自己的脑子记。直到中华人民共和国成立，他们上扫盲班，才开始认字。

由于他们不识字，在正式拜师之前，几乎所有人都是没大号的，只有小名，拜了师，师傅按辈分的排字，给徒弟起个名儿，才算有了大号。

由此可见，人的名字是跟文化有直接关系的。大号本身的学问，也证明了这一点。

20 "乳名"和"小名儿"

人人都知道名字是自己出生后父母或其他长辈给起的。当然，也有后来自己改的名儿。但有一个名儿，您却无论如何改不了，那就是您的乳名。

乳名，顾名思义，是还在吃奶的时候，家里长辈给起的名儿，在中国北方也叫"小名儿"。

您的乳名，大人们从小叫到大，等您长大了，觉得乳名难听，想改也没有意义了。

跟人的大名儿比起来，乳名比较好起，而且起名也比较随意。

因为谁都知道这名儿有"保鲜期"。

记得我小时候,亲戚家有个小女孩,因为早产,出生的时候只有四斤多,长到四五岁依然又瘦又小,她妈给她起个乳名叫"小不点儿"。谁也想不到,"小不点儿"长到十七八岁锦瑟年华,出落成了有模有样的漂亮姑娘。

我再见到她时,看她体态丰盈,相貌端庄,亭亭玉立。我猛然想起她的乳名,这时候如果叫她"小不点儿",那不成闹笑话了吗?

正因为如此,一般乳名叫着顺耳就成。深究的话,您会发现乳名没有什么文化内涵,叫着好听、喜庆,带有一定的寓意就行了。

过去医疗卫生条件差,老百姓如果生五个孩子能活下来俩仨的,就念"阿弥陀佛"了。

那会儿的人信"命",怕自己的孩子活不大,所以给孩子起小名,多用"石头""铁蛋""柱子""玉锁""栓柱""狗子""虎子""狗剩儿"等结实的物件和好养的活物。

"柱子"的寓意是站得住,光站住还怕没了,所以得叫"拴柱"。狗比人好养活,干脆就叫"狗子"。

我有一个表姨,是中学教师,他有一个儿子,小名就叫"狗子"。她妈叫到他四十多了,也没改口,依然"狗子""狗子"地叫。

把一个大活人叫"狗",当然不好听,但因为是乳名,谁也没觉得难听。"狗子"比我大几岁,有时我叫他乳名,他也不在乎。

乳名就是如此,它是一个人童年时期的符号,也是父辈对一个人成长的寄托,所以难听也得听,没辙。

现在医疗卫生的条件好多了,孩子的成活率已经很高了,有孩儿不愁活,所以,人们也不会再给孩子起"石头""栓柱""铁柱"

之类的乳名了。

现在的人也讲究给孩子起乳名和小名儿，但比较简单了，只要好听，没那么多寓意，比如：毛毛、乐乐、欢欢、婷婷等。

按中国人的老礼和规矩，小名只有家里人或者一起长大的"发小儿"可以叫，一般人是不能叫的。

成人以后，再叫小名就不合适了，所以小名是有期限的。

但在封建社会，有一种普遍现象，那就是广大的劳动人民没有文化，不识字，您给他起一个好听的名儿，他也不会写。很多人起了小名儿，成人以后也没再起大名，小名儿就一直叫下去了。

比如明代的开国皇帝朱元璋，因为是农历的八月初八生的，所以最早的小名叫"重八"，也叫"八八"。他爸爸也不识字，是农历五月初四出生的，小名叫"五四"。

后来"朱重八"跟着郭子兴起事，郭子兴才给他起名叫元璋。自然，后来朱元璋成为明朝的开国皇帝，人们再也不敢提他小名"重八"了。

慈禧太后本来是孝钦显皇后，她的丈夫咸丰皇帝去世，儿子同治登基后，才得徽号慈禧。实际上，慈禧是她的徽号。

慈禧太后的真名叫叶赫那拉·杏贞，因为她进宫后，被封为"兰贵人"，所以在文学和影视作品中称她的小名叫兰子，或玉兰。

其实，根据慈禧家族的后人叶赫那拉·根正说，她的乳名叫杏儿姑。为什么叫杏儿姑呢？

原来她家院里有两棵杏树，她爷爷给她起了个大号叫杏贞。小名叫杏儿。"姑"是满族人对没出阁的女子的通称。慈禧进宫以后，乳名"杏儿姑"自然就没人叫了。

后来慈禧成了皇太后，她更喜欢人们叫她"老佛爷"。其实，

"老佛爷"算是她的外号。

您想她都"老佛爷"了,谁还敢提她的小名儿呀?慈禧的小名儿也就鲜少人知了。所以,人们才根据她"兰贵人"的封号,杜撰出她的小名"兰子"和"玉兰"。

21 "化名"不白"化"

我们在看谍战小说和电影、电视剧的时候,经常会发现里面有一些人用的是"化名"。

当然,这是特殊需要。在隐蔽战线工作,就得真真假假、虚虚实实,都用真名,脑袋早就搬家了。

化名就是在名、字、号之外起的名字。一般包括笔名、艺名、绰号等。

人为什么要起化名呢?主要是两个原因:一是特殊工作需要;二是艺术需要。

众所周知,鲁迅是笔名,他的本名叫周樟寿,后来改名叫周树人,字豫山,再后来又改字豫才。他用过的笔名有自树、子明、索子、庚辰、令飞、风声、长庚、学之、敖者、尊古、神飞等几十个。

当代著名作家茅盾,原名沈德鸿,字雁冰,笔名除了茅盾之外,还有郎损、玄珠、方璧、止敬、蒲牢、微明、沈仲方、沈明甫等。

人们都知道"矛盾"是哲学上的术语,沈雁冰的笔名叫"茅盾",这两个词儿是一回事吗?

当然有联系。跟您说,沈先生最早起的笔名就叫"矛盾"。

沈德鸿是早期中国共产党员，不到二十岁就投身革命。1927年，大革命失败后，他被迫隐居在上海。

他在思索中国的前途命运时，创作了反映革命运动的小说《幻灭》。书稿写出来后，由于涉及当时的敏感政治话题，一些刊物不敢刊登他的小说。有的刊物编辑欣赏他的文笔，但让他修改内容。

沈德鸿内心非常纠结，再投稿时，他就署名"矛盾"。稿子后来转到了在《小说月报》当编辑的叶圣陶手里。叶先生看了以后，觉得这篇小说非常有思想深度，决定发表，但他觉得"矛盾"这个笔名起得不妥。

他对沈德鸿说："'矛盾'容易让人误解。而且'矛'也不像是姓。"

"那你给想想，用什么笔名好？"沈德鸿对他说。

叶圣陶沉思半晌，对他说："其实很简单，如果你在'矛'字上面加一个草字头，就不会让人产生误会了。"

"真是太好了！"沈德鸿听了不禁拍案叫绝。从此，沈德鸿就以"茅盾"为笔名写作了。

后来，沈德鸿又以"茅盾"的笔名，创作了著名长篇小说《子夜》，奠定了他在现代中国文坛的地位。人们都以为"茅盾"是他的"大号"，甚至有人以为他姓茅呢。

著名剧作家曹禺，本名万家宝，字小石，小名添甲。为什么给自己起曹禺这个笔名呢？

说起来有意思，他本姓万，万字的繁体字是"萬"，上面一个草字头，下面一个"禺"，他觉得草字头不是字，便取其谐音，变成了"曹"。曹禺这个笔名就是这么来的。

许多名人，因为是以笔名或艺名出的名儿，后来索性就以笔名作为自己的姓名了，如巴金，他的原名叫李尧棠，字芾甘，巴金是他的笔名。他的笔名还有王文慧、欧阳镜蓉、黄树辉等。

巴金这个笔名，最早于1929年在《小说月报》杂志上刊发小说《灭亡》时使用，这篇作品在当时有些影响，从此，他就用巴金这个笔名作为"大号"了。

细究起来，每个人的化名都有寓意，也有说法。比如巴金，为什么叫这个笔名呢？人们猜测了很多年，说法不一。

1958年3月，巴金在《谈〈灭亡〉》一文中，说起自己笔名的来历："巴金"的这个"巴"字，是为了纪念客死他乡的北方同学巴恩波而起的。

但笔名一般是两个字，"巴"字有了，后面那个字应该叫什么呢？他为此想了好长时间。

一天，他正在琢磨这个字，他的朋友詹剑峰来看他，见他眉头深锁，就问他怎么回事。他如实相告。

詹剑峰沉思道："笔名要容易让人记住的，这个字是要好好想想。"

他突然发现李尧棠的桌上，摆着正在翻译的克鲁泡特金的《伦理学》，灵机一动对他说："这个字叫'金'怎么样？克鲁泡特金的'金'。"

李尧棠听了，茅塞顿开，连连点头说："这个'金'字好。"

于是，"巴金"的笔名由此诞生。

22 "外号"不能随便叫

跟朋友聊天,他问我:"你有外号吗?"

"外号?这还用问吗?凡是上过学念过书的人,谁没外号呀?"我对他笑道。

的确,在我的印象里,最爱起外号的就属学生了。从小学、中学到大学,直到参加工作,有的人也许有几个外号。

通常有个性的人,容易让人起外号,但学生们凑到一起,喜欢开玩笑,即使没个性,一不留神也免不了被人赐个外号。

外号跟绰号不一样,绰号有的是自己起的,外号则是同学、同事或大众起的。

起外号,也能体现学生们的智慧和幽默感,外号也是根据一个人的姓名谐音、职业特点、性格、长相、身材等元素起的。

比如:这个人姓蔡,大伙儿给他起个外号叫"菜包子"或"菜团子"。这个人姓陈,大伙儿给他起个外号叫"陈皮"或"沉香"。个子高的,姓李,容易让人起外号叫"大李"。这个人长得胖,姓王,有人就会给他起"王胖子"。这个人慢性子,干什么事都黏黏糊糊不利索,容易让人起外号,叫"毛毛虫""面瓜""年糕"等。这个人急性子,干事粗糙,说话大嗓门,容易让人起外号,叫"猛张飞""大喇叭""大炮"等。

鲁迅先生对外号有研究,他小说里的人物大多有外号,比如"阿Q""豆腐西施""九斤老太""假洋鬼子"等。

总之,外号一般都带有调侃性质,如"小叮当""大衣哥""乔老爷"等。

有的外号,对一个人的人品一针见血,如"瓷公鸡""铁仙鹤""布口袋"等。

但有的外号也含有对人格的侮辱，比如有人长得胖，给他起外号叫"熊三""肥肠"等；有人长得瘦，给他起外号叫"干儿狼""鸡脖子""麻杆儿""豆芽菜"等。

所以，北京的老规矩，一般情况下，不能叫人的外号，除非特别熟的发小儿。

现在的网民也流行给歌星、影星、球星起外号。比如谭咏麟开过学校，外号叫"谭校长"；章子怡因为在国际上获过奖，外号叫"国际章"。

足球运动员的外号比较多。舍普琴科的外号叫"核弹头"；罗纳尔多的外号叫"外星人"，后来他发胖了，球迷又给他起外号叫"肥罗"；球星贝利因为预测谁能在世界杯夺冠，谁就准进不了决赛，因此球迷给他起了个外号叫"乌鸦嘴"；贝克汉姆叫"万人迷"；齐达内叫"齐祖"；贝肯鲍尔叫"足球皇帝"；克林斯曼叫"金色轰炸机"；梅西叫"小跳蚤"；足球教练弗格森外号叫"爵爷"；温格的外号叫"教授"。

中国著名女排教练郎平，在当女排运动员时，扣球稳准狠，被人称为"铁榔头"；台球运动员潘晓婷，因为长得漂亮，气质好，外号叫"九球天后"。

篮球运动员约翰逊的外号叫"魔术师"；乔丹的外号叫"飞人"；罗宾逊的外号叫"海军上将"；邓肯的外号叫"石佛"；詹姆斯的外号叫"小皇帝"；安东尼的外号叫"甜瓜"。

需要说明的是，老北京人喜欢以姓氏代替字号，比如王麻子剪刀、烤肉宛、小肠陈、爆肚冯、茶汤李、羊头马等，这跟外号是两码事儿。但是按北京老规矩，您当着本人的面儿，不能称呼人家的字号。

比如，您见到"小肠陈"的传人了，就不能问："您就是'小肠陈'吧？"

当然，您也不能向别人介绍："这位是'小肠陈'。"而应该直接介绍他的姓名，他是干什么的。

23　"谥号"是什么"号"

谥，读 shì。按《说文解字注》："谥，行之迹也。"这个"迹"，就是人生的足迹，或者说事迹。实际上就是人死后留下来的痕迹。当然这个痕迹有功有过。

《逸周书·谥法解》中说："维周公旦、太公望，开嗣王业，建功于牧之野，终将葬，乃制谥，遂叙谥法。谥者，行之迹也。号者，功之表也。"

这也就是说，谥号是一个人死后，后人根据他的生平事迹，给予他的盖棺定论的尊号。当然，一般老百姓享受不到这种待遇。

死后追封谥号的制度始于西周，《礼记·表记》中写道："先王谥以尊名。"最初追封谥号的只限于周朝的天子、各国诸侯、卿大夫及夫人，如周昭王、周穆王，都是"谥号"。

历朝历代，追封谥号的规定都不一样，比如汉朝规定，只有封侯者能享受这种待遇；唐朝规定二品以上，有封谥号的资格；清朝规定，只有一品以上官员，才有资格封谥号。

谥号不光是溢美之词。有好词儿，也有坏词儿，有褒有贬，还有不含褒贬的平庸之词。

通常谥号的好词儿，也叫"美谥"，有：庄、文、武、宣、襄、明、康、景、懿等。

坏词儿，也叫"恶谥"，有：厉、炀等。

人死后，再为他追封"恶谥"，多少有点儿不厚道，所以北宋做出规定，谥号只能用好词儿，至不济也就是"平谥"。"平谥"有：怀、悼、哀、闵、思等。

我们称历史上的皇帝，大都用的是他们的谥号，比如汉武帝、汉文帝、汉景帝、隋文帝、隋炀帝、唐明皇等。

谥号不止一个字或两个字，从武则天开始，流行叠加谀词定谥号，使谥号的字不断增多，明朝有的皇帝的谥号多达16个字。

清朝皇帝的谥号溢美之词就更多了，如努尔哈赤的谥号叫"武皇帝"，后来又叫"高皇帝"，这是简称，全称是"太祖承天广运圣德神功肇纪立极仁孝睿武端毅钦安弘文定业高皇帝"。一共29个字，是清朝皇帝里谥号的字最多的。

慈禧太后的谥号是"孝钦慈禧端佑康颐昭豫庄诚寿恭钦献崇熙配天兴圣显皇后"，一共25个字，作为太后，归天之后，享有如此哀荣，在历代太后里绝无仅有了。

24 "堂号"里头有名堂

这里说的堂号，有几层意思：一是古代大户人家的称号。按中国的传统文化，名门望族都有本家族的堂号，当地的人一般都以"堂号"来称呼这户人家。

比如著名画家吴昌硕,是浙江省孝丰县鄣吴村(今浙江省湖州市安吉县)人,他的老祖在当地很有名,吴家的堂号叫"三让堂"。街坊四邻,一般都以"三让堂吴家"相称。

我们见到的堂号多有典故,如"三迁堂""三槐堂""积善堂""退忍堂"等都有说法。

一般说到"三迁堂",人们马上会想到这是孟家的堂号。"孟母三迁"的故事谁不知道?

说到"三槐堂",人们也会想到王家。北宋开国名臣王祐,在自己的宅子里亲手植了三棵槐树,预言他的后代会做官,而且是"三公"级别的大官。后来他的儿子王旦果然当了宰相。"三槐王氏"香火不断,承传有序,家谱完整,一直传到现在。

堂号,可以说是一个姓氏家族门户的名称。古代同姓的人,多以村庄为单位,几代甚至几十代住在一起,堂号等于是姓氏中的某一个支脉的徽号。

同姓的人在一个村落里居住,供奉的是同一位祖宗。供奉祖宗的地方叫宗祠,或者叫家庙。通常宗祠和家庙的牌匾上要有堂名,这个堂名就是我们说的堂号。

所以堂号有祠堂名号的含义,或者说是一个家族世系流传某个支脉的标记。

比如王姓,截止到2020年,全中国姓王的有1.015亿人,是中国第一大姓。一亿多姓王的,您要想知道自己属于哪个支脉,只能查族谱。但您要是知道自己老祖宗的堂号,就能很容易找到自己的根脉。

一般来说,姓氏堂号没有什么典故,通常是以区域来定的,所以，以前也叫郡号。同一个姓氏的发祥祖地和郡望不同，会有许多郡号。

比如王氏有太原、琅琊、京兆、元城等38个郡号；张姓有清河、范阳、太原、京兆、南阳、中山等40余个郡号。

有专门研究姓氏堂号的专家，经过多年的考证，查到约有80多个堂号，267个姓，各个堂名的代表姓氏及其居住地又有分布图。

文人给自己起堂号，最早出现在晋代，有名的谢氏家族，他们的堂号叫"玉树堂"，在晋代风光一时。

宋代以后，文人喜欢给自己的书房书斋起号，同时也把它作为自己的堂号，如宋代李清照的"归来堂"，陆游的"双清堂"，元代黄公望的"三教堂"等。

明代有文人归有光的"世明堂"，汤显祖的"玉茗堂"等。

清代有黄宗羲的"续抄堂"，孔尚任的"诗礼堂"，纪晓岚的"阅微草堂"，康有为的"天游堂"等。

近现代有文化人鲁迅的"俟堂""且介亭"，张伯驹的"平复堂"，郭沫若的"鼎堂"，刘半农的"含晖堂"，陈寅恪的"寒柳堂"。

画家群体中，有张大千的"大风堂"，齐白石"悔乌堂""寄萍堂"，丰子恺的"缘源堂"，李可染的"师牛堂"等。

文学家和艺术家的"堂号"不是随便起的，从某种意义上说，"堂号"犹如一扇门窗，展示的是文人的内心世界。

所以，堂号是中华传统文化的精髓，研究文化人的思想和创作，从他的堂号便可以洞察到他的艺术风格。

25 留神"网名"的迷惑

我们现在生活在互联网时代,虽然人们都知道互联网是一个虚拟空间,但数字化的运用,又让人们感觉网络是生活中须臾不可离开的世界。

的确,现在人们离开手机可以说寸步难行。我们生活中的所有信息,都跟网络息息相关。尽管如此,我们不得不承认网络的虚拟性,一个不可忽视的现实就是网名。

您要上网,必须要有网名,互联网的网名可以随便起,当然也有相应的规定,比如您的网名不能带有危害社会、损害他人利益的成分等。

但在不破坏规矩的前提下,您起网名是可以自由发挥的,这样一来,就难免出现奇葩。

比如一个七八十岁的老太太,可以起"盛开的牡丹"这样的网名;一个二十来岁的青年,在网上可以叫"历尽沧桑";一个六十多岁的老爷子,在网上可以叫"春光无限";一个外国人可以在网上叫"我是上海人"等。

网名是虚拟空间的一个符号,所以这个符号会给人们带来一些遐想,也会给人们带来许多迷惑,让人产生错觉。虽然人们知道网名的虚拟性,但由于这是一个诱人的空间,所以各种骗子会趁虚而入,借网名来做诱饵,让人不知不觉掉进他们设计好的圈套。

骗子起个文艺的网名,并冒用一个英俊潇洒的美少年的照片,然后冒充颜值颇高的"小鲜肉",与网友在网上对话缠绵,不明就里的单身女人误以为真,被骗钱骗色。

直到报警,公安人员出手,这位"美少年"才露出真容,原来是个五十多岁、其貌不扬的蹲过大狱的骗子。

这种案例举不胜举，但上当者又前仆后继。为什么？不能不说有被网名迷惑的因素。

网名确实挺能迷惑人的，我曾在网上认识一个叫"春风识我心"的粉丝，因为网名比较青春，在微信里谈"她"读我的书的心得，也用的是比较温婉的口吻，我一直以为"她"是一位女性。

直到有一天，"春风识我心"来到我的新书发布会，我才知道这个"她"，原来是一位七十多岁的老"文青"。

他跟我说起网名"春风识我心"的初衷，他一直喜欢看我的作品，想跟我联系，又怕我不理他，所以才想了这个主意，玩了一把"春风"。

网名可以是两个字，也可以是五个字、八个字，在字数上有发挥的空间。纵观互联网，那可真是一个千奇百怪、色彩斑斓的世界，人们可以在思想的原野上任意驰骋，在情感的海洋里扑腾，发挥自己的想象力，把自己的兴趣爱好、理想追求、生活情调，一一融入网名。

网名不但能表达自己的追求，还可以张扬自己的个性。网名的世界犹如人生的大舞台，让人赏心悦目，也让人头晕目眩。

正因为网名所具有的这种自由度，以及它的虚幻性和迷惑性，所以，我们对陌生的网名要留心。

当然，如果对方加了您的微信，您和他平时只是一般面儿上的交谈，网名如何也无所谓，但是，如果您想跟他进一步地交往，那就一定要弄清楚他的真实姓名了。

第三章

自己家人的称呼

26 "太公"曾经是爸爸

说到"太公",我们首先会想到姜子牙。是呀,谁都知道姜子牙也叫姜太公。

其实,姜太公是他的尊号,他姓姜,名尚,字子牙,号飞熊。因为他辅佐周武王灭了商朝,建立了周朝,被册封为齐侯,定都营丘(今山东淄博),成为吕氏齐国的缔造者,齐文化的创始人,所以被人尊为"太公"。

实际上,"太公"并不是姜子牙所独有的尊称。商周时代,人们对德高望重的老者都叫"太公"。

其实,姜子牙在帮周武王灭纣之前,就叫"太公"了。您忘了"姜太公钓鱼,愿者上钩"这句话了?

"太公"在古代不只是尊称,还是对家里长辈的称呼。您可能有所不知,"太公"在春秋战国时期,是对自己的父亲或别人父亲的尊称。

司马迁在《史记·高祖本纪》里写道:"高祖五日一朝太公,如家人父子礼。"高祖每隔五天,见自己的父亲一面。

把自己的父亲叫"太公"的习俗,一直流传到明代。清代以后,这个尊称变了,"太公"成了曾祖的尊称。

曾祖就是爷爷的父亲。清代的赵翼在《陔馀丛考·太公》里说:"今人既呼祖曰公,则呼曾祖为太公。"当时的人,叫爷爷为"公",叫曾祖为"太公"。

这一称呼到现在又变了,北方人管曾祖叫"太爷"。但广东、江苏、江西等地,依然保留着把曾祖叫"太公"的称呼。

晚辈能见到在世的曾祖并不容易。过去讲究四世同堂,现在即使不同堂，一个家庭起码要有四世，才会有曾祖。当然，能见到的曾祖也是耄耋老人了，尊他为"太公"也应当应分。

话又说回来，称呼曾祖为"太公"也好，"太爷"也罢，我认为并不重要，关键是您知不知道您曾祖叫什么名字？

我曾经特地问过二十多位五十岁以上的中老年人，知不知道自己的曾祖叫什么？居然没有一个人知道。

应不应该知道？当然。曾祖是您的祖先呀！而且是离您比较近的祖先，您应该知道他的名字。

27 "父"怎么成了"大父"

父亲的"父"字，很有意思，它在甲骨文里，是右手拿着一根棍棒的形象。拿棍棒是什么意思？有专家解释，手里的棍棒，是来教育自己的子女守规矩的。

谁有这种权力呢？当然是一家之主。古代的一家之主是谁呢？自然是父亲。所以，父亲在远古时代，就有教育子女的责任。

《礼仪·丧服传》里说："父至尊也。"《荀子·致仕》里也说："父者，家之隆也。"《说文解字》里说得更明确："父，矩也，家长率教者。"看来，当父亲的之所以在家里有威严，就在于"率教"。

"父"在古代可是了不得的词儿，除了一家之主的父亲之外，古代的天子、诸侯对同姓长辈也称呼"父"。此外，羌族、西夏等民族，对官长也尊称"父"。

第三章 自己家人的称呼

在传统称呼里，不但有"父"，还有"大父"。"大父"是大于父亲的意思，比父亲大一辈的是祖父，也就是爷爷。

《韩非子·五蠹》里说："大父未死而有二十五孙，是以人民众而货财寡。"他这里所说的"大父"，指的就是祖父。显然这是个尊称，而且是书面语。

既然是尊称，古人称外祖父，也就是姥爷，也叫"大父"。

《史记·刘敬叔孙通列传》里说："冒顿死，固为子婿；死，则外孙为单于。岂尝闻外孙敢与大父抗礼者哉？"这里的"大父"，就是指外祖父。

"大父"这个称呼已经过时，现在已经没人把祖父或外祖父叫"大父"了。

古代的人对祖父的尊称还有"家祖""先君子"等，这些称呼在古代典籍里都能找到，当然，在现实生活中，知道这些称呼的人已经不多了。

28　"奶奶"的满语称"妈妈"

古代的"奶"字，是这么写的："嬭"。发"乃"声。这个字看上去比较复杂，它的本义是乳房。

王力先生的《同源字典》对"奶"字的解释是："今人谓乳房为奶，乳汁亦为奶。'奶'是'乳'的音转。""嬭"字从古义来看，最早是乳房的意思。

因为孩子一般都是吃母亲的奶长大的，所以，由乳房引申到"乳母"的称呼，又由"乳母"引申到父亲的母亲"祖母"这儿。

《通俗编·称谓》里说："今吴俗称祖母曰阿奶。"其实，不仅是江浙一带的人，北方大部分地区，都称祖母为"奶奶"。

自古以来，祖母的家庭地位都很高，没有奶奶，哪儿来的爸爸？所以，祖母的敬称很多。

春秋战国到秦汉时期，祖母被尊为"大母"，如《墨子·节葬》里有"负其大母而弃之"的话。《汉书·文三王传》里，也有"李太后，亲平王之大母也"的说法。

有些方言区，祖母的称呼更有意思，比如湖北有些地方管爷爷叫"爹"，管奶奶叫"婆"；浙江温州人把祖母叫"阿婆"；四川话里的祖母叫"婆婆"。

粤语、闽南语把祖母叫"阿嬷"，听着像"阿妈"。山西和四川有些地方，把祖母直接叫"娘娘"。

满语的称呼就更有意思了，满语里的爷爷叫"玛法"，爸爸叫"阿玛"，妈妈叫"奶奶"，奶奶叫"妈妈"。不过，因为读音的原因，妈妈，也翻译成"额玛"，有的翻译是"额娘"。

"奶奶"还是四川、山西等地方对年轻女子的昵称。这一点，跟北京土话有些相似，不过，北京话要加上姑娘的"姑"，叫"姑奶奶"。

因为"奶奶"是对祖母的敬称，所以幽默的北京人把那些清高自傲、娇里娇气的女孩子噱称为"奶奶"。

当然，不是奶奶，被人叫"奶奶"，这不是逗闷子吗？所以"奶奶"这个称呼用在这儿，多少带有点儿嘲讽的意味。

也许"奶奶"在家里的地位比较重要，所以"奶奶"也可作一个感叹词，不过这种感叹多用于女性。比如小女孩淘气，蹬梯爬高，大人会说："哎哟，我的小奶奶！快下来！"再比如，有位女士没完没了地唠叨让人烦，有人会说："我的奶奶，您别再说了，让我们消停一会儿。"

29 "爸爸"的称呼国际通用吗

看到一个数据，世界上 70% 的人类语言中，父亲的发音类似 baba，如阿拉伯语的 bada。

通常小孩儿说话，发的第一个声音是"爸爸"。按说小孩儿跟妈妈要比跟爸爸亲，因为小孩儿天天要吃妈妈的奶。

却为什么先会叫"爸爸"，而不是"妈妈"呢？这大概跟 ba 的发音简单有关。

"爸爸"属于口语，您在古代的典籍里很难找到"爸爸"这个称呼。现在我们都知道"爸爸"的意思，但这个称呼最早是怎么产生的呢？至今也没找到确切的记载。

有人认为"爸爸"这个称呼，跟 mom（英文中的妈妈）一样，国际通用。换句话说，"爸爸""妈妈"是孩子最早的发音，所以全世界几千种语言中，"爸爸""妈妈"的发音基本相同。

照这种说法，"爸爸"算是最早跟国际接轨的称呼。其实，这种说法也不尽然，英语的"爸爸"是 dad。这又怎么说呢？

当然，有人会说 dad 的发音类似"大大"，西北地区的人，就把"爸爸"叫"大大"。还是一样啊。

我以为"爸爸"就是一个口语称呼，跟外语没什么联系，现在能查到的关于"爸爸"一词的来源,出自《广雅·释亲》。那里头的解释是:"爸,父也。"

《广雅·释亲》是三国魏明帝太和年间编辑的。由此可见,那会儿的人,就已经管父亲叫"爸爸"了。

自然,作为口语的"爸爸",最初并不是全国通用,前面说了,西北地区就把"爸爸"叫"大大",有的地方还把"爸爸"叫"阿爸""爷""爹""哒哒"。

广东一些地方把"爸爸"叫"老豆"。在四川、重庆,还把"爸爸"叫"老汉"。其实,北京人最早是把"爸爸"叫"爹"或"老爷子"的。

1956年,国家制定了普通话标准并开始普及后,"爸爸"作为标准的普通话,才被人们普遍认知,并且成为全国通用的书面语和口语。

30 "老爸"并不"老"

"老爸",当初是对上了年纪的父亲的称呼,跟"老爹"的意思一样,这种称呼只突出了那个"老"字,除了父亲的原义外,没有其他含义。

但是前些年,"老爸"这个称呼,随着一部动画片一下火了,不但小孩儿叫自己年轻的父亲为"老爸",连中老年人也称自己的老父亲为"老爸"。

经过这些年的口口相传,"老爸"已经成为父亲的昵称,它带有子女跟自己父亲撒娇、示爱、耍赖等多重的内涵。

"老爸"这个称呼没有"老"的意思,幼儿园的小朋友见了自己的父亲,都叫"老爸"。其实,他的"老爸"也许才三十岁出头。

在中国人的称呼里,"老"字既表明了某种尊重、敬意,又体现了某种亲近和亲昵,所以"老爸"这个称呼,比"爸"或"爹"更有感情色彩,它之所以成为流行性称呼,也是有这种因素的。

"老爸"不但成了人们普遍接受的称呼,而且还有人把它编成了歌,最具代表性的是王久平作词、常石磊作曲的《老爸》,歌词充满对"老爸"的爱,语言朴实,情感真挚,抄录如下,供您欣赏:

>老爸,有些日子没给你电话,
>你还过得好吗?
>老爸,你对我说过的那些话,
>我也越来越懂了。
>老爸,记得当时我离开家,
>你目送没说什么话。
>老爸,我现在好想抱你一下,
>紧紧地抱一下。
>我在牵挂,你也在牵挂,
>是你引我走天涯。
>你慢慢老,我渐渐长大,
>是你让我别想家。
>你在牵挂,我也在牵挂,
>是你教我志在四方,什么都别怕。
>我不在家,你好好保重吧。

你的希望我用爱回答,

你的希望我用爱回答。

31 "椿庭"可不是树王

古代的中国人对父亲充满了敬畏,这一点在称呼上得到了充分的体现。您如果搜集古人对父亲的称呼,恐怕一百多个词儿都打不住。

在关于父亲的林林总总的称呼中,我觉得"椿庭"这个词儿特有意思。什么叫"椿庭"?

简单说,"椿"就是椿树,"庭"是"趋庭"之意。《论语·季氏》里有孔鲤趋庭接受父训的话,所以"趋庭"有父亲的恩泽之意。换句话说,"椿庭"指代的是父亲。

当然这是一个书面语,您在日常的口语中把您父亲叫"椿庭",老爷子肯定会跟您急:"我怎么成香椿了?干吗?要拿我当香椿芽炒鸡蛋,是不是?"

谁能把自己的亲爹当香椿芽炒鸡蛋呀?您说是不是?

古代人为什么把父亲比作椿树呢?敢情这里有典故。

椿树种类很多,主要有香椿、臭椿、白椿、千头椿、红叶椿、日本椿等。有人认为从植物学的角度看,一般说到椿树,指的是臭椿,而不是香椿。因为臭椿是"树王",所以才把臭椿比作父亲。

这话您听了,可能又会摇头——香椿多好呀,不但长得高大、茂盛,而且香椿芽还特别好吃。关键是树的名儿也好呀!香椿,叫着多好听。臭椿，沾了一个"臭"字，树名就不招人待见。

您别瞧臭椿名声不好，而且它的那个"臭"，真是名不虚传。您揪下一根树枝儿闻闻，那味道不把您熏个跟头，也得来个倒仰。

但它的确被人们称为树王。当然这个"树王"不是网上海选出来的，有点儿误打误撞的意思。怎么回事呢？

相传西汉末年，王莽篡位，刘秀被迫出逃，一路风餐露宿，食不果腹。

一天，这位未来的天子饿得晕倒在荒野，眼看就要死了，猛然一抬头，看见路边有棵很大的桑树，树上挂满紫里透红的桑葚。刘秀万分惊喜，就靠树上的桑葚充饥，保住了自己的性命。

后来刘秀当了皇帝，感念桑树的救命之恩，御笔写下了"树王"两字，并且制成金牌，派大臣前去钦封。没想到这位大臣二五眼，不识树，稀里糊涂把金牌挂在了椿树上。

这不是张冠李戴吗？但"树王"是皇帝封的，所以金牌挂在臭椿树上，就摘不下来了。

民间老百姓不知道大臣挂错了牌儿，以为皇帝封的就是椿树呢，如此一来，臭椿树成了"树王"。

当然这是个传说。据史料记载，汉代以前，椿树主要是指香椿，当时人们把臭椿叫樗树。

因为香椿长得高大，生命力强，寿命长，早在商周时代，人们就用香椿指代为父亲。《庄子·逍遥游》里就有"上古有大椿者，以八千岁为春，以八千岁为秋"的描述。香椿树的生命力实在是让人惊叹。

我特喜欢吃香椿，香椿芽炒鸡蛋，香椿芽做码儿拌炸酱面，香椿芽还可以用开水焯了之后凉拌豆腐，或者用香椿芽拌煮好的黄豆，都非常可口。

可惜香椿芽只有农历的三四月份可以吃,再长就成了叶子,没法入口了。

我有一个朋友知道我好这口儿,每到农历的三四月份,他便带我去门头沟爬野山,摘香椿。

那里说是山村,实际上因为村落地处煤窑的采空区,没了水源,村民早已迁徙,成了只剩断壁残垣的荒村。但是农民搬走了,原来院里院外种的香椿树还在,因为早已断了烟火,所以这些树也都没了主儿,香椿芽可以随便采摘。

但是,知道这些荒村有香椿树的人很多,附近居民近水楼台,香椿芽刚能吃就被他们洗劫一空。

殊不知香椿的芽子,您越掐它越长,第一拨人摘过之后,半个月左右,香椿芽又长了出来。我的朋友带我摘的是第二轮了,但芽子依然很嫩。好吃不说,这绝对是纯天然。

让我纳闷的是,荒村的香椿树没人浇水,没人打理,完全是自生自灭,但它的芽儿在被人掐过之后,仍然撒了欢地疯长。我们摘过第二轮后,还想吃,过半个多月再来,它又长出了新芽。有一年,我和我的朋友一直吃到数伏,记不清摘了几轮。

您只要发现一棵老树,在它的周围肯定有几株,甚至几十株幼苗。这些幼苗像芽儿一样好吃,如果你不管它,很可能几年之后,它会长成大树。

香椿的生命力极强,让我感到惊奇的是一些枯萎的老树,根已经断了,但依然能长出芽子,而且在它的周围会繁衍出新树。难怪古人把香椿作为长寿的象征。

老北京人的院子里是不种香椿树的,为什么?就因为它的生命力超强，几年的工夫，它就可以长成参天大树。

老北京人迷信，认为香椿树一过了屋顶，家里就会死人。谁愿意家里死人呀？所以院子里一般都不种香椿，不是不愿意种，是不敢种。

这无形中也表明了人们对香椿的一种敬畏，不过，这种敬畏跟"椿庭"这个父亲的称呼没有什么关系。

32　"令尊"尊的是谁

"令尊"这个称呼并没过时，现在还在用，比如两个朋友见面寒暄，这位问道："令尊大人近来可好？"或者两个朋友分手时，那位说："回家代我向令尊问好。"

虽然"令尊"这个称呼人们常说，但有些人弄不清"令尊"指的是谁？有人认为是指对方的母亲，有人认为是指对方的婆婆或丈母娘，还有人认为是指单位的领导，等等，莫衷一是。

要想弄清楚"令尊"这个称呼的意思，首先您得明白这个"令"字是怎么回事。

"令"字主要有七个意思：一、命令；二、使得，如"令人激动"；三、美好，如"令名"；四、敬辞，如"令尊"；五、时令，如"冬令"；六、古代官名，如"县令"；七、古地名。

知道了"令"字的字义，"令尊"这个称呼就不难理解了。"令尊"的"令"，实际上取了美好和敬辞两个字义。

"令尊"的"尊"，有尊敬和尊贵两层意思，在古代，一个家庭尊敬与尊贵的人,当然是一家之主,谁是一家之主,还用说吗?父亲呀!所以,"令尊"指的是对方的父亲。

"令尊"是个礼貌性称呼,称自己的父亲相对来说要随意一些,用不着这么客气。

称对方的父亲为"令尊",始于唐宋。宋代的陈叔方在《颍川语小》里说:"世俗称谓,多失其义,惟以令尊呼父,以内称妻,尚可通。"

看来宋代把对方父亲称"令尊",是比较普遍的现象。这种所谓"世俗称谓"一直流传到现在。

从前面说的"令"字的字义可知,"令"是敬辞,当然敬辞都是给别人准备的,自己用不着,所以您且记住带"令"字的称呼,一般都是说(写)给对方的。

称对方的父亲为"令尊",与之相同的称呼还有"令翁""令椿"等,意思基本相同。

33 "尊公"的"公"是谁

"尊公",您一听这个称呼,八成会以为这是媳妇说自己的公公,或者以为媳妇在说自己的丈夫。因为,现在很多年轻的女性,就把自己的丈夫叫"老公"。

其实,"尊公"是古人对他人父亲的称呼。"尊"字好理解,是尊贵和尊敬的意思。容易让人闹误会的是这个"公"字。

"公"最早出现在甲骨文中,是对祖先的尊称,但是到了西周的金文中，字义发生了变化，主要是对前朝大臣的称呼。

"公"在春秋战国时期，字义又变了，成了对诸侯的称呼，如秦穆公、晋文公等，是当时的五等爵位"公、侯、伯、子、男"之首。此外，"公"还可以表示"三公"。

什么是"三公"？它是古代的官名。按古代典籍《韵会》的说法："周太师、太傅、太保为三公。"也就是说，周代的"三公"是：太师、太傅、太保。

但是，到了西汉，"三公"的称呼变成了大司马、大司徒、大司空。东汉又变了，太尉、司徒、司空为"三公"。

在古代，"公"的字义，除了"三公"，还有其他说法。《说文解字》里对"公"字的解释是："公，平分也。从八从厶，八犹背也。"

"厶"，在古代与"私"同义。《礼记·礼运》里说："大道之行，天下为公。"这个"公"字有"公平公道""大家共同的""国家集体的"等义。

"公"作为称呼，到了唐宋，已经失去了"官本位"的色彩，逐渐平民化，不管您是不是官儿，有没有权，只要是上了岁数的男性，都可以尊为"公"。

明清以后，为了体现父亲在家庭的地位，把父亲称为"尊公"。跟"尊公"相同的称呼还有"尊大君""尊大人""尊父""尊甫""尊府"等。

怎么父亲成"尊府"了？朱熹在《考异》里专门对这个称呼做了解释："府或作父。"原来古人为了卖弄自己的学问，是借"父"这个谐音，把"尊父"写成了"尊府"。

类似的还有把父亲叫"尊侯"的，如《世说新语·言语》里有：

"中朝有小儿,父病,行乞药。主人问病,曰:'患疟也。'主人曰:'尊侯明德君子,何以病疟?'"这里的"尊侯",就是说对方的父亲。

"侯"在古代是仅次于"公"的爵位。把对方的父亲叫"尊侯",纯是一种"旱地拔葱"式的敬辞,其实对方的父亲并不是"侯爷",只是一个很普通的老人。

34 称"先父"要慎重

曾经听过这样一个故事:张先生跟女朋友交往了一年多,到了谈婚论嫁的阶段,照例,张先生要到女方家,接受人家父母的"面试"。对于张先生来说,这是必须过的一道"关"。

为了能博得对方父母的好感,见面怎么体面有礼貌,该说什么话才得体,这位张先生特意做了一番功课。

但是没想到见了面,张先生的头一句话是:"先父您好,我姓张。"女方的父亲听了一头雾水,皱起了眉头,但出于客气也没说什么。

可没成想两个人在落座的时候,张先生又来了一句:"请先父坐吧。"

女方的父亲听了这话,再也沉不住气了,咧嘴问道:"先父?你这是称呼我吗?"

"是呀。"

"你为什么叫我先父?"女方父亲愠怒道。

张先生不解其意，释然一笑道："我知道您比我的父亲年长几岁，所以才叫您先父。"

这几句话让女方父亲听了心里很不是滋味，跟张先生聊了几句，便悻悻地回到自己的屋里，直到张先生走，也没出来跟他打个照面。

从大面上看，张先生没有什么失礼的地方呀，哪句话惹老爷子不痛快了呢？原来是那个"先父"的称呼惹的祸。

"先父"的意思并不是张先生所解释的比自己父亲大的男性长辈，而是指死去的父亲之意。

您想，张先生跟女朋友的父亲头一次见面，就叫人家"先父"，这不等于把人家给说死了吗？老爷子心里能不搓火吗？

"先父"的"先"字，是先于自己的意思，"先父"的言外之意就是先于自己而逝，所以，它是对故去之人的敬称。

由于"先父"是这个意思，所以我们在使用这个称呼时一定要慎重，不知根知底、不了解对方情况的时候，千万不要称对方的父亲为"先父"。

张先生因为一句"先父"，肠子都悔青了，咱们得长点儿记性。

通常大多带"先"字的称呼，是指故去的人，比如"先人""先辈""先世""先贤""先哲""先烈"等。当然也有少数带"先"字的称呼，是指健在的人，如"先生"等。

您在使用时，一定要明白这些称呼的意思，别弄混了，回头闹笑话。

35 "老爷子"VS"老头子"

"老爷子"是北方人对父亲的俗称,有的地方,妻子管自己的公公也叫"老爷子"。当然,因为有个"老"字,能被称为"老爷子"的人,年龄至少五十岁。

"老爷子"这个称呼挺有意思,虽然是对父亲的称呼,但儿子和父亲单独在一起的时候,儿子不会叫自己的老爹为"老爷子"。因为这会儿叫老爹"老爷子",就显得生分了,老爹也不受听。

一般情况,北京的子女不直接叫自己的父亲"老爷子",而是当着外人的时候叫自己的父亲"老爷子"。比如亲戚朋友到家里做客,女儿会说:我们老爷子怎么怎么样。

有时当着外人夸赞自己父亲,要用"老爷子"的称呼,比如:"瞧我们老爷子身体比我都棒!"所以,"老爷子"这个称呼带有一种亲和力,体现着某种亲善和孝心。

北京人称对方的父亲,也叫"老爷子",比如两个人见了面,问候对方的父母时会说:"你们老爷子身体还好吧?""好长时间没见你们老爷子了。"

由于"老爷子"这个称呼所体现的亲善和随和,现在已经成了对上年纪的男性的敬称,也就是说您对任何上年纪的男性,都可以称呼"老爷子"。

以前,人们把上年纪的男人都叫"老头子"。姓李,叫老李头儿,姓刘,叫老刘头儿。有的也叫他们李老头子、刘老头子。这样的称呼让老人听着有些别扭。

"老爷子"这个称呼要比"老头子"顺耳,而且里头有个"爷"字,也多了几分尊敬,"老头子"则在俗气里杂揉着几分粗浅的轻蔑，所以"老爷子"这个称呼更受老人待见。

需要说明的是，所有中国人的称呼都有庄谐之分。"谐"有"和谐"和"诙谐"之别。"老爷子"这个称呼带有诙谐幽默的成分，所以对那些庄重沉稳的知识分子或身居高位的领导人，即使他们上了年纪，称呼他们"老爷子"也要慎重，比如您称呼一位知名的大学教授为"老爷子"，就不合适。

36 "郎罢"原来是"爸爸"

"郎罢"是用来表示土话发音的字，这是可以根据话的含义改动的，换句话说，这两个字也可以写成"郎爸"。

为什么呢？因为"郎爸"是福建人对父亲的称呼。但古人在描述这个称呼时，把"郎爸"写成了"郎罢"，咱们没法跟古人抬杠，只好也写成"郎罢"了。

"郎罢"这个称呼古已有之，宋代的吴处厚在《青箱杂记》里说："闽人谓子为囝（"囝"字读 jiǎn，儿子的意思），谓父为郎罢。""闽人"就是福建人，这里明确说了，福建人把父亲叫"郎罢"。

陆游在《戏遣老怀》这首诗里，有这样的句子："平生碌碌本无奇，况是年垂九十时。阿囝略如郎罢老，稚孙能伴太翁嬉。"这里的"郎罢"指的就是父亲。陆游在福建当过官，当然知道福建人对父亲的称呼。

清代的诗人陈衍在《元诗纪事·俞埜山》里，也记载了这样的诗句:"郎罢耕田呼团牧,阿翁眠起问姑蚕。"

陈衍是福州人,清光绪八年(1882年)举人,曾参与"戊戌变法",后来当过京师大学堂的教习,编修过《福建通志》,可以说对福建的风土民情门儿清。

福建本地的风俗差异性比较大,闽南和闽北居然是两个不同的方言区,所以,并不是所有福建人都称父亲是"郎罢"。福建有的地方,管父亲叫"巴巴",闽东方言福州话则把父亲叫"依爹""依爷"。

中国历史悠久,地域辽阔,人口众多,有五十六个民族,语言差异比较大。所以,不同时代,不同地区,不同民族,一个称呼会有几种,甚至几十种不同的叫法。

37 爸爸也曾叫过"爷"

牙牙学语的孩子都知道爸爸的爸爸是爷爷。自从全民普及普通话后,父亲是爸爸,祖父是爷爷,已经成为标准的称呼了。但您知道吗,古代的人是把爸爸叫"爷"的。

您知道女扮男装、替父从军的木兰吧?

木兰的故事出自宋代的文学家郭茂倩编的《乐府诗集》里的《木兰辞》。诗中写道:"军书十二卷,卷卷有爷名。阿爷无大儿,木兰无长兄,愿为市鞍马,从此替爷征。"这里的"爷"就是父亲。

再比如杜甫《北征》里,有:"平生所娇儿,颜色白胜雪。见爷背面啼,垢腻脚不抹。"这里的"爷"也指的是父亲。这个"爷"

字有的书也写作"耶",这里的"耶"与"爷"同义。

现在江苏的苏北话、湖南的长沙话、江西的南昌话里,依然把爸爸叫"爷"。

38 "皇考"跟皇上没关系

"皇考"在古代是一个称呼,因为有个"皇"字,所以,有些朋友见到这个词,一下就想到了这个称呼跟皇帝有关。真这样,就属于望文生义了。"皇考"这个称呼跟皇帝可真没关系。

为什么?要弄清这个问题,您先要知道"皇"字的出处。

最初的"皇"字,跟皇帝没有半毛钱关系。"皇"字最早见于商代的甲骨文、金文,那上面的"皇"字跟现在我们看到的"皇"是不一样的,它是由"日""土"和上面的三道竖纹构成的。

这个"皇"是个象形字,上面的三道竖纹,像是参差的火光或灯光,中间的部分像一个灯缸,下面的"土"字如同一个灯座。

从这三部分"构件",可以看出"皇"的古义是火炬的光焰升腾。所以,"皇"字的本义应该是辉煌的"煌"的意思。

古代先民崇拜火,所以"皇"字含有高贵、庄严、伟大之意,由此引申为天神和先人。

"皇"字到了春秋战国时期,字义的内涵得到了彰显,不但有"大""美好"之意,还指代"君主""天子""皇帝",以及"对去世的父母和祖父母的尊称"等。

《说文解字》里的解释是:"皇,大也。从自。自始也。始王者，三皇大君也。""三皇大君"就是伏羲、神农、黄帝。还有一种说法，指伏羲、神农、燧人。

"考"字的本义是老朽。甲骨文和金文里的"考"字，像个驼背的老人拄着拐棍儿，蹒跚而行的样子。所以，"考"与"老"字同义。

《说文解字》的解释很明确："考，老也。"《尔雅》中也说："父为考。"

弄明白"皇"和"考"的字义，再理解"皇考"这个称呼就不难了。

"皇考"在春秋时期，是对已故的曾祖的尊称。《礼记·祭法》中的"曰皇考庙"，孔颖达的解释是："曰皇考庙者，曾祖也。"

与此同时，"皇考"也是对逝去父亲的尊称。《礼记·曲礼》中说："生曰父，死曰考。"又在谈到有关祭祀礼仪的一些称谓的时候，说："父曰皇考。母曰皇妣。"

《楚辞·离骚》里也有："帝高阳之苗裔兮，朕皇考曰伯庸。"这里的"皇考"，就是指故去的父亲。

从上面对"皇"字的溯源，您会知道"皇考"是带有赞美之意的敬辞，所以，这个称呼多出现在追念父亲恩德的辞赋里。

我们在古代的陵园和现代的墓地，也会看到碑文上写着"先考""先妣""先考妣"等称呼。"先妣"就是故去的母亲，"先考妣"，就是故去的父母的意思。有一个成语叫"如丧考妣"，意思是如同自己的父母死了一样难过。

"皇考"的称呼现在依然在应用，但一般不用于口语，而是主要出现在父亲的祭文和碑文里。当然，看过此文，您如果再见到这个称呼，就知道它是什么意思了。

39 "显考"是指父亲吗

"显考",是人们对故去的父亲的美称。"显"是德行昭著、声名远播之义。"考"是父亲的意思。

"显考"这个称呼在历史上出现过几次变动。其实,"显考"最早不是指代父亲,而是指代高祖的。高祖就是曾祖的父亲。

《礼记·祭法》里说:"故立七庙,一坛,一墠,曰考庙,曰王考庙,曰皇考庙,曰显考庙,曰祖考庙,皆月祭之。"孔颖达的注疏:"曰考庙者,父庙。曰王考庙者,祖庙也。曰皇考庙者,曾祖也。曰显考庙者,高祖也。曰祖考庙者,祖始也。"您看孔颖达注释得很清楚:"显考"指的是高祖。

汉代以后,"显考"的辈分降低了,成了对已故父亲的美称。三国时代,魏国的曹植在《责躬》里写道:"于穆显考,时惟武皇。"这里的"显考"指的就是他死去的父亲曹操。

清代的徐乾学在《读礼通考·神主》里写道:"古人于祖、考及妣之上。皆加一皇字,逮元大德朝始诏改皇为显,以士庶不得称皇也。不知皇之取义美也,大也,初非取君字之义。"

就因为皇帝改了"皇"字,此后,"皇考"专指皇帝的亡父,老百姓为了避讳这个"皇"字,不能再把自己的亡父叫"皇考"了。

这位徐乾学老先生为此发表了自己的感慨,皇帝不懂"皇"有"美也,大也"的字义,以"显"来取代"皇"字,显得多此一举。当然,明清以后,老百姓又可以用"皇考"这个称呼了。

"显考"与"先考"是谐音,与"皇考"意思也基本相同,所以,许多追念故去父亲的诗文,用"显考"称呼父亲。

您且记住,在称呼里,带"先""皇""显""考""妣"等字的,都是已故的人。古人在悼念父亲的祭文和碑文中,也把父亲称为"显考"。

"显考"这个称呼现在并没进历史博物馆,您在陵园的墓碑上,会看到这个词儿。跟"先考""皇考"一样,通常在人们的口语里是听不到的,它只用于文言或祭文、碑文。

40 "晚父"不是很晚才当上父亲

古代的文化人喜欢转(读 zhuǎi)文,也就是卖弄自己有文化,有学识。在称呼上也是如此,本来是口语的大白话,到了他们笔下,就变得含蓄和婉转了。

比如"晚父"和"寄父"这两个称呼。"晚父",您冷不丁见到这个称呼,是不是会想到这个人当父亲比较晚,是四五十岁才有孩子的父亲?

从字面儿上看,这么理解似乎也说得通。但实际上,"晚父"是继父的意思。

生父或早逝,或与生母离婚,生母再次嫁人,自然,母亲嫁的这个人,就成了继父,或者叫后父。跟生父相比,继父是晚到这个家的,所以叫"晚父"。您说这么解释累不累呀?直接叫继父不是挺好吗?干吗非要来个"晚父"呢?

但如果您翻阅古籍,包括古代的话本,会常看到"晚父"这个称呼。也许古人就是这么称呼继父的。

当然，现在的人在称呼上已经不讲究含蓄婉转了，继父就是继父，没人说"晚父"了。不过，"晚父"这个称呼的意思您还是要知道的。

41 "寄父"不用"寄"

"寄父"，很容易让人联想到王安石的女儿写给父亲的一首诗，诗的名字就叫《寄父》。

这首诗写得感人至深，最后两句我至今没忘："极目江山千里恨，依然和泪看黄花。"

但"寄父"作为称呼，跟王安石女儿的这首诗没一点儿关系，也不是寄给父亲的信。"寄父"更不是继父，"寄"和"继"不是一回事儿。

什么叫"寄父"呢？要弄明白这个称呼，您先要知道"寄"的字义。这个"寄"是寄托、寄养的意思，所以"寄父"是被寄养的那个家里抚养您的那位"父亲"。

"寄父"，也可以叫"养父""义父"。但您一定要弄清楚这里的寄养，跟过继给人家或者投难到谁家，认的"父亲"不一样。这里的寄养，是由一方提出又两厢情愿的事儿。

比如在战争年代，夫妻双方马上都要上前线，孩子刚一岁多，双方的老家离着又很远，怎么办？只好把孩子寄养在一个老乡家里，等战争胜利后，夫妻再回来把孩子领走。

过去，老百姓迷信，认亲和养活孩子都讲究生辰八字要相合，假如家里添了个男孩，但生辰八字跟父母相克，这孩子便被认为在家里难养活，而且会"克"自己的父母，也就是说父母活不长。

但好不容易生了男孩儿，不能不要呀，怎么办？于是便在自己的亲朋好友中，找一个生辰八字跟这个孩子相合的，让孩子拜他为"寄父"，把他寄养在"寄父"家。等孩子大了，再回来认自己的亲生父母。

把孩子寄养在别人家，有种种原因，但被寄养的一般都是还不懂事的孩子。按中国人的老规矩，在孩子"寄养"前，先要拜干爹，也就是拜"寄父"，因为只有正式拜了，孩子长大以后，开口叫"爸爸"才名正言顺。

由于现实生活中，会发生种种难以预料的突发事件，这些不确定因素，会涉及孩子的养育问题，所以孩子寄养到"寄父"家里，如同把孩子过继给他一样，孩子的亲生父母就不能再管了。

至于说，孩子将来长大以后，是回到亲生父母身边，还是继续在"寄父"家里生活，这个决定权取决于孩子本人。

需要说明的是，孩子寄养到"寄父"家以后，是不能管"寄父"叫"寄父"的，而是要直接叫"爸爸"。

在称呼里，"寄父"的"寄"，"养父"的"养"，都属于忌讳用语，通常是要回避的，所以不管是大人还是孩子，都是忌讳用"寄父""养父"这些称呼的。

42 "母亲"的伟大与平凡

苏联文学家高尔基说过这样一句话:"世界上的一切光荣和骄傲,都来自母亲。"是呀,在我们的所有称呼里,"母亲"这个称呼透着平凡和伟大。

平凡,是因为我们每个人都有母亲,"母亲"的称呼经常挂在我们嘴边。伟大,是由于母亲是万物之始,母爱,是世界上最伟大的爱。用世界上最美好的语言来形容母亲,都难以表达我们对母亲的爱。

当代著名文人郑振铎先生说过一句非常朴素,却又很深刻的话:"成功的时候,谁都是朋友。但只有母亲,她是失败时的伴侣。"也许这正是母亲的伟大之处。谁是你世界上最亲的人?当然是自己的母亲。

正是由于"母亲"的伟大,所以,人们常把自己的祖国比喻为"母亲",把黄河、长江,称为"母亲河"。

"母亲"的"母",最早出现在甲骨文中。它是个象形字,是一个跪坐的女性形象。怎么能看出是女性的形象呢?

因为这个字的字形如两手交叉,中间有两个点儿,这两个点儿代表乳房。金文的"母"字,在上面多了一横,更像女性了。

"母"字的字义就是母亲,后来才引申为养育、哺育之意。许慎在《说文解字》里对"母"字的解释是:"母,牧也。""牧"就是哺育。

古代的"母"字与"女"字同义,所以与雄性相对的雌性都称为"母"。"母"字还有本源、事物的开端、起始之意等。

"母"作为对母亲的称呼,在古诗中已经出现,比如《诗经》

里的《国风·邶风》就有："凯风自南，吹彼棘心。棘心夭夭，母氏劬劳。凯风自南，吹彼棘薪。母氏圣善，我无令人。"

在老子《道德经》里也有："以为天下母。""无名，天地之始；有名，万物之母。""万物之母"说的就是事物的本源。

赞美母亲、歌颂母爱的文学作品很多，其中有句诗，无人不知无人不晓，这就是"可怜天下父母心"。但您知道原诗是谁写的吗？

原来这首诗是慈禧太后写的。诗的全文是："世间爹妈情最真，泪血融入儿女身。殚竭心力终为子，可怜天下父母心。"

43 "妈妈"的称呼，世界相同

"妈妈"，是世界上叫着和听着最亲切的称呼。也许正由于"妈"的称呼让人觉得亲切，所以她既普通，又很敏感。

为什么说"妈"这个称呼很敏感呢？

举个例子，比如你母亲喝水的茶杯放在桌子上，你弟弟走过来问："这是谁的茶杯？"您可能会随口说："妈的。"这句话有问题吗？一点儿没毛病。

但是您如果换一个语境，那就麻烦了。后面的话便成了骂人的话。而且，"妈的"这两个字居然成了"国骂"。您说"妈"招谁惹谁了，竟然给弄成了"国骂"。

跟"爸爸"一样，"妈妈"这一称呼也是世界通用的，英语里的"妈妈"是mom，跟汉语的"妈妈"发音差不多。

有人认为，"妈"这个称呼是英语或拉丁语翻译的译音。

其实，我们的老祖宗早在西周时代，就已经用"妈"这个称呼了。《广雅·释亲》里有解释："妈，母也。"

南宋诗人汪应辰在《祭女四娘子文》里有："维年月日。爹爹妈妈以清酌、时果、庶羞之奠，祭于四小娘子之灵。" 宋末元初的文化人俞琰在《席上腐谈》里写道："今人称妇人为妈妈。"元曲《琵琶记》里有"喜爹妈双全，谢天相佑"这样的台词。

由此可见，古人不但把"妈妈"做口语，而且也做书面语。

我们国家地域辽阔，人口众多，但不管是什么方言区，"妈妈"这个称呼是通用的。

44　"娘"的初意是"姑娘"

"爹"和"娘"是我们再熟悉不过的称呼了，虽然现在的年轻人很少用"爹"和"娘"称呼自己的父母，但谁都知道他们的意义非同一般，尤其是"娘"这个称呼。

"娘"就是"妈"，所以"娘"在我们心中的位置是无人能取代的，没有"娘"，就没有我们。您说"娘"重要不重要？不过，"娘"作为称呼，当初可不是母亲的意思。

"娘"字最早是什么意思呢？说起来您也许会感到诧异。"娘"的古代字义是年轻女子，后来才指的是母亲。这一点您从现在还在应用的一些名词，如姑娘、新娘、伴娘等，就能看出来。

姑娘、新娘、伴娘都是年轻人，而母亲的称呼"娘"，应该跟"老"字靠近才对，怎么年轻的也叫"娘"啊？溯源的话，原来根儿在这儿呢。

"娘",是由年轻的女人引申为母亲的。有人认为"孃"是"娘"的繁体字,这是不对的,应该说是异体字。在甲骨文里,"娘"和"孃"是两个字,而且字义完全不同。

"娘"字在甲骨文里,字形跟现在的字形是相反的,"女"在右边,"良"在左边。后来,才定型为左"女"右"良"。

"娘"字的本义是善良、美好。《说文解字》的解释是:"良,善也。"这与"娘"的字义是相吻合的,不管是最初的年轻女子,还是后来的母亲都是善良美好的。

"孃"的字义,按《说文解字》的解释指烦忧,读 niáng。烦恼、忧愁跟善良美好的"娘"字没任何关系。只是后来简化文字时,才把这两个字"整合"到一起。

据有关文字记载,"娘"作为母亲的口语,最早出现在汉代。《古乐府》里有这样的诗句:"不闻爷娘唤女声,但闻黄河流水鸣溅溅。"

"乐府"是掌管音乐的机关名称,最早设立于汉武帝时期。古乐府诗是指汉、魏、晋、六朝时期的诗。由此可见,那个时期的人,已经把母亲叫"娘"了。

唐代诗人杜甫的名篇《兵车行》里有这样的诗句:"爷娘妻子走相送,尘埃不见咸阳桥。"

北宋文学家李昉等十三人编的《太平广记·刘公信妻》中,引《法苑珠林》的话,"母语女言:'汝还努力为吾写经。'女云:'娘欲写何经?'"

这说明在唐宋时期,"娘"的称呼已经普及。与此同时,跟"娘"有关的称呼,也开始在民间流行,如把大伯的妻子叫"大娘",把自己的夫人叫"娘子",把小女孩儿叫"姑娘",把皇后或宫妃称为"娘娘",等等。

现在北方的一些农村,人们依然管母亲叫"娘"。不过,北方的方言土语也是有一些区别的,有的农村管祖母叫"娘",湖北、湖南等地方管姑妈和姨妈叫"娘娘"。

45　"萱堂"不是堂

"萱堂"是古人对母亲的称呼。为什么叫"萱堂"呢?要弄清楚"萱堂"是怎么回事,首先要明白什么是"萱"。

"萱",其实是指萱草。它是多年生草本植物,叶细长,开橘红或橘黄花。

萱草的花儿特别有意思,开在枝条的顶端,花谢了以后,花的茎可以吃。它的花茎就是我们常吃的黄花菜。

不过,我查了一下相关资料,我们餐桌上的黄花菜,也叫"金针菜",只是萱草的其中一个品种。萱草的品种很多,这种花草的生命力非常顽强,所以也叫"宜男草"。

《说文解字》对"萱"的解释是:"萱,令人忘忧之草也。"这种草温柔、含蓄、朴实、坚韧,因此,萱草也叫"忘忧草",又被称为"母亲草"。

《诗经·卫风·伯兮》里有这样的诗句:"焉得谖(萱)草,言树之背?"背,指的是"北堂"。意思是在北堂种萱草。"北堂"是母亲的住处,所以,这里的"萱堂"代指母亲。

唐代孟郊的诗《游子》里有这样的诗句："萱草生堂阶，游子行天涯。慈母倚堂门，不见萱草花。"抒发的就是游子与母亲的情感。

为什么把母亲叫"萱堂"呢？"堂"是形声字，从土，尚声，本义是殿堂，引申为堂室、内室。

"堂"一般不住人，古代的"堂"是进行祭祀活动、会客的地方。

《仪礼·士昏礼》中说："妇洗在北堂。"这是什么意思呢？

汉代的郑玄的解释是："北堂，房中半以北。"也就是说堂的北面，是家里主妇的内室。换句话说，"北堂"是母亲住的内室，所以古人把"北堂"借代为母亲。后来，"堂"专指女性或跟女性有关的地方。

这么一说，您就明白为什么以"萱堂"指母亲了，这是一种借代的用法，比喻母亲像萱草那样顽强，那么温柔、含蓄、朴实、坚韧。

与"萱堂"这个称呼相关的还有"萱老""萱闱""萱亲""堂萱""寿堂""尊堂""萱辰""椿萱"等。

"萱闱""萱亲""堂萱""寿堂""尊堂"都是指母亲，"萱辰"是指母亲的生日，"椿萱"是指父亲和母亲。

古籍里"椿"的称呼都是指父亲，"萱"的称呼都是指母亲。

46 "令堂"为什么是妈

记得不久前，跟一个朋友聊天，他对我说："令堂身子骨儿特棒,九十多了,还一个人去超市买菜呢。"

我听了这话如坠八百里云雾之中。令堂?我母亲已经去世十多年了呀!

"你说的是谁呀?"我问道。

"谁?我妈呀!"他不以为意地说。

"你妈呀!您老先生知道什么叫'令堂'吗?"我反问道。

"'令堂'不就是我妈吗?"他一本正经地对我说。

"嗐!哪儿的事呀!你妈是你妈,你跟我聊天,说我妈才叫'令堂'呢!"我对他解释道。

"哦,原来如此呀!你不说,我还真不知道。"他笑着对我说。

"令堂"是书面语的称呼,是对别人母亲的尊称。说的是别人的母亲。

如今在现实生活中,很少用到"令堂"这个称呼,估计很多人不知道这个称呼指的是谁了。

为什么称呼别人的母亲是"令堂"?"令堂"是什么意思呢?要弄清这个称呼,您首先要知道这个"令"的字义。

"令",在商代的甲骨文里是会意字,"令"字的上部是一个三角形,下面是一个跪在那里听命的人。意思是长官在发号命令,下级在接令执行。

由于发命令的是当官儿的,所以这个"令"字,除了有命令、指令的意思外,还指代官儿。您看古代的官称里,有直接叫"令"的,如县令、中书令。

"堂"在古代专指母亲,所以古代的文化人把别人的母亲尊为"令堂"。与此相关带"令"的敬语,还有"令慈""令萱"等。

需要说明的是,您在说自己的母亲时,不能用"令堂"。古代人为了体现自己有文化，在口语里常用这个称呼。

近年来，有人为了体现自己的文雅，在问候对方母亲时，也会用到这句敬语，比如："令堂可好？"但日常已很少用这个词儿了。

47 "高堂"确实应该高

早年间，中国人把结婚叫"拜天地"。不管婚礼的场面有多大，必须要摆放"天地桌"，这个桌子就是新郎新娘拜天地用的。

"拜天地"，说是拜一个天地，实际上是"三拜"，即一拜天地，二拜高堂，然后夫妻对拜。

"高堂"指的是父母。准确地说是指男方的父母。过去的婚礼跟现在不一样，主办婚礼的是男方家，女方父母是不能参加的。

按旧习俗，新娘婚礼当天出了娘家的门，坐上轿子参加男方家的婚礼，就算是男方家的人了。所以，过去姑娘结婚叫"出阁"，也叫"进门"。

女方进了男方家的门，她的父母自然是不能跟着进的，所以婚礼上出现的"高堂"只有男方的父母。

"高堂"作为对父母的称呼，不仅仅出现在"拜天地"的时候，平时也这么叫。我们从古代的诗文里会发现很多这样的称呼。

比如，唐代的诗人陈子昂，在《宿空舲峡青树村浦》中有"委别高堂爱，窥觎明主恩"这样的诗句。明末著名诗人夏完淳在《寄后张》中，也有"汝为高堂不得来，我为高堂不得行"这样的话。

为什么要把父母叫"高堂"呢？

"高堂"的本义是指高大的厅堂或大堂。古代的人通常是三世同堂或四世同堂，居住的四合院或三合院是有规制的，正房（北房）要高于厢房（东西房）。

按长幼有序的规矩，长辈要住正房，所以父母住的屋子，比晚辈住的要高一些，所以用"高堂"指代父母。

还有一说是，"高堂"光明正大，能主持公道，所以把父母比喻为高堂。

古代的人，晚辈在外人面前介绍自己的父母时，不能直接说"这是我爸，这是我妈"，而要说"高堂"。当然，现在已经没有这些忌讳了。

48　不能乱叫"老太太"

"老太太"是个有意思的称呼，通常它泛指老年妇女，但在北方，"老太太"也是对母亲的称呼。

称自己的母亲为"老太太"，大多是对亲朋好友的之类的熟人，如："我们老太太这些日子身体好多了。"或"您干吗这么客气，我们老太太跟您是老同事了。"一般生人不这么叫，因为生人不知道您说的这个"老太太"是谁。

称别人的母亲也可以叫"老太太"，如："你们老太太身体怎么样？"但也必须是熟人，生人不能这么叫。

有的时候，"老太太"还是尊称。北方的妇女在称自己的婆婆时，也叫"老太太"，这么叫，透着亲切。

"老太太"是个挺敏感的称呼。为什么这么说呢？

现今社会，人们都怕自己老，尽管人的衰老是无法抗拒的自然规律，但人们都想方设法让自己的衰老过程慢一些，特别是女性，为了让自己年轻，不惜重金美颜整容，而且在衣着上，也尽量把自己打扮成年轻少女。

所以，现在的女性，最喜欢听的词儿就是"年轻"，最忌讳的就是那个"老"字。六十岁的大妈，您说她长得像四十多的，她的脸上才有笑容；说她像七十多的，她肯定会耷拉脸。

当然，六十多岁的大妈，您叫她"大姐"，她才高兴，如果叫她一声"老太太"，即便她不跟您瞪眼，心里也会像吃了苍蝇。

我就遇到过一件尴尬的事儿，有一次，我参加朋友举办的书画展，见到一位看上去六十开外的老太太。

由于她穿的是大红的外衣，还披着一条红纱巾，色彩十分鲜艳，在展厅里非常惹眼。

我看了她一眼，随口问我的朋友："这老太太是谁呀？"

没想到这句话让她听见了，她扭过脸来，冲着我说："你寒碜谁呢？"

显然，"老太太"这个称呼，让她不受听了。

朋友见我一时窘迫，有点儿不知所措。这时，我灵机一动，赶紧走过去，满脸堆笑，给她赔不是："大姐，真抱歉，我眼神不好，没看清楚。实在对不住。您这么年轻，怎么会是老太太呀！"

"以后说话注意点儿，知道吗？"她咧着嘴说。

"是，是。"从她瞪得溜圆的眼珠子里，我感觉到不赶紧答应，她会上来给我两巴掌。

事后，从我朋友那儿了解到，老人家是参展画家的母亲，已经七十多了。

七十多了,叫她一声"老太太",她都说你骂人。可见"老太太"这个称呼,是多么不招人待见。

所以,我们在日常生活中,见到老年女性时,千万别动不动就叫人家"老太太"。

跟"老太太"这个称呼类似的还有"老太婆"。"老太婆"也是对老年女性的称呼,跟"老太太"相比,这个称呼就带有轻蔑的意味了,所以,我们轻易不要说。

49 认出来的"干妈"和"干爸"

"干妈"这个称呼,现在听得少了。前两年,我当记者时,参加活动,经常听到人们介绍这是谁的"干儿子"或"干姑娘",当然,有时也会反着介绍,他的"干妈"是谁。

认"干妈",在中国也叫"认干亲",除了认"干妈",还有认"干爸"的。当年,认干亲是比较普遍的社会现象。

为什么叫"干妈"?这个"干"的繁体字是"幹"。在甲骨文里,"幹"字像狩猎用的叉子,也像一种武器,能进攻,也能防御,所以,"幹"的本义是盾牌。

《礼记·檀弓下》里说:"能执干戈以卫社稷。""干"就是盾。

"干"的异体字是"榦",《说文解字》的解释是:"榦,筑墙耑木也。""榦"是能起支撑作用的主干,后来归到"干"字后,"干"字有事物的主体之意。

现在这个"干"字可了不得，不但是干活、干事的"干"，而且还是干部、主干、骨干的"干"。当然，"干"字做动词，更不得了，直接就把人"干掉""干倒"了。

"干"的另一个繁体字是"乾"。"乾"还有一个读音是qián，意思跟读gān的"乾"不同。《说文解字》的解释是："乾，上出也。从乙。乙，物之达也。"

这个字的本义是冒出。段玉裁注："乾之本义，谓草木出土乾乾然强健也，故从乙。"

"干"字后来又引申为没有水分或水分很少的东西，如干燥、干菜、干柴等。当然，"干"还有其他字义。

从以上的"干"字溯源，您是不是觉得"干亲"的"干"字，跟"幹"和"乾"的字义很接近？

换句话说，"干爸""干妈"的"干"，像从土里冒出来的长得很强健的草木。虽然是草木，但是也能起到主干的作用。准确地说，"干亲"的作用是相互依托。

"干妈"也叫"义母"。虽然没有血缘关系，相互也不用承担法律意义上的抚养和赡养义务，但之间存在着相互信任的情感因素。

不过，认"干妈"跟认"干爸"不一样。一般"干爸"非等闲之辈，除了有岁数，还有钱有势，所以会让人对认"干爸"的动机产生怀疑。

认"干妈"却没这么复杂的动机，一位独生子的妈妈，看到同事的女儿很可爱，自己没女儿，便跟同事提出想认她女儿为"干闺女"。同事点头答应了，女儿也没意见，改天一起吃顿饭，女孩叫声"干妈"，"干妈"送个物件，这个"干亲"就算认了。

当然，也有主动认"干妈"的。我听说过一个故事，某歌唱家有名儿,小某是刚到北京闯荡的无名歌手,为了能在歌坛站住脚,得找棵根深叶茂的大树。于是托人弄俩,上赶着去接近那位有名的歌唱家,混熟了之后,再认人家为"干妈"。

认"干亲",在南方叫拜"干亲",或者叫认"寄父""寄母"。"寄父""寄母",就是"义父""义母"。

过去,陕西、山西一些地方有"碰干爹干妈"的风俗。怎么个"碰"法呢?

孩子出生后的第一天早晨,孩子的爷爷和奶奶抱着孩子出门,碰到的第一个已婚的成年人,甭管是男是女,便拜他为孩子的"干爹"或"干妈"。

这个"干爹"或"干妈"还要给孩子起名。当然,空口无凭,有礼为据。孩子满月的那天,要支棚摆桌,邀请亲朋,抱着孩子正式行拜"干亲"之礼。等孩子大了再认亲,叫"干爹"或"干妈"。

"拜干亲"的习俗现在已经淡化,但还有不行礼,口头认"干妈""干爹"的事儿。

50 "阿姨"不是叫出来的

"阿姨"这个称呼现在已经大众化,年轻人只要见到脸上有褶子的女性,开口就叫"阿姨",甚至管商店上点儿年纪的女售货员、饭店上点儿年纪的女服务员也叫"阿姨"。

"阿姨"的称呼无所不在,比如,四十多岁两口子一起出门,年轻人通常称呼男方"先生"或"大哥",到女方的时候,会称呼她"阿姨"。

"大哥"的夫人成了"阿姨",您说这不是乱了辈分吗?但现在的人似乎没有辈分的概念。

当然,也有"姨"错了的时候。记得有一次参加记者招待会,我旁边坐着一个电台的女记者。我们正聊天,会场服务的小伙子过来送水,叫了她一声"阿姨"。

"阿姨?"女记者瞪起了丹凤眼,"你叫谁阿姨呢?"她转过身问我:"我有那么老吗?"我听了啼笑皆非。

这个女记者年纪才三十出头,您叫她"阿姨",她肯定不高兴。现如今,女性都喜欢让人把自己往小了叫,您让她大您一辈儿,她能不恼吗?

我记得小时候,只有幼儿园的老师,才叫"阿姨",当然,那是一个以"同志"为大众称呼的年代。

不过,因为"姨"是母亲的姐姐或妹妹,所以,北京人很少把上年纪的女性叫"阿姨",一般都叫"大妈"或"大姐"。

说起"阿姨"这个称呼,您可能有所不知,在古代,"阿姨"是母亲的称呼,不过这个母亲是"庶母"。

什么是"庶母"呢?《尔雅·释亲》里的解释是:"父之妾为庶母。""庶母"是书面语,古人在日常口语时,不会把父亲的妾叫"庶母",通常的口语是"阿姨"。

《南史·齐晋安王子懋传》里有一句:"若使阿姨因此和胜,愿诸佛令华竟斋不萎。"

"庶母"还有"支婆""少母""诸母"等称呼。宋代的朱熹在《朱子语类》卷八十七中也有:"五峰称妾母为少母,南轩亦然。""五峰"指胡宏,南轩指的是张栻。

老北京人把父亲的妾叫"二妈",当然这也是口语。

现在我们国家实行的是"一夫一妻制",不允许男人纳妾,当然也就不可能有"庶母"这个称呼了。随着社会的发展,"阿姨"这个称呼的意思,也跟原来不一样了。

51 "老丈人"有来历

北京颐和园长廊的最西头北侧,有个小院叫"石丈亭"。为什么叫这么个名儿呢?

原来院子的正中有块巨大的南太湖石。此石高约4米,宽1.5米,石体完整,状若傲立的老丈,所以被称为"丈人石"。

这"丈人石"的名儿是乾隆皇帝起的。何以为证?原来石的下方刻有乾隆的题诗:

> 岳立真堪称丈人,
> 莓苔烟雨渍龙鳞。
> 元章磬折何妨癖,
> 奚事当年白简陈。

元章是宋代著名的书法家米芾的字。米芾爱石成癖,自称"米癫"。他在安徽做官时,见官署有块奇石,兴奋不已地说:"此足以当我拜。"

说拜还就真拜,他命手下人取来袍笏,穿戴整齐后,恭恭敬敬给奇石跪下了，拜称这块石头为"石丈"。乾隆诗里"岳立真堪称丈人"的典故，就出在这儿。当然，"丈人石"也是根据乾隆的这句诗起的名儿。

这里的丈人，是长者的意思，跟岳父的别称"丈人"是两回事儿。把岳父叫"丈人"，您要在前面加一个"老"字，叫"老丈人"。

"丈人"可是个古老的称呼，它最初泛指年长的男人，也就是"老头儿"。

宋代的陈叔方在《颖川语小》里说："妻之父曰外舅，妻之母曰外姑，此见于《尔雅》。"

《尔雅》成书于战国时期，也就是说那个时代，媳妇的爸爸叫"外舅"，媳妇的妈妈叫"外姑"，不叫"丈人"或"丈母娘"。

《论语·微子》里面有一段话："子路从而后，遇丈人，以杖荷蓧。子路问曰：'子见夫子乎？'丈人曰：'四体不勤，五谷不分，孰为夫子？'植其杖而芸。"

这里的"丈人"，就是指"老头儿"，或者叫"老爷子"。

什么时候，"丈人"成了对媳妇爸爸的称呼了呢？有史料记载的是唐宋以后。唐代诗人韩愈的《芍药歌》有这样的开头："丈人庭中开好花，更无凡木争春华。"这里的"丈人"指的就是岳父。

明代的陈继儒在《群碎录》里写过这样一段话："又以泰山有丈人峰，故又呼丈人曰岳翁，亦曰泰山。"

泰山的玉皇顶西北，有几块巨石，看上去像个驼背的老人，旁边有几块小的石头，组合在一起，像是一位老人在哄孙子玩，所以人们认为有"老翁弄孙"之意，把巨石叫作"丈人峰"。

"丈人峰"有"天下第一山""中天独立"等题词，此外还有乾隆的题诗：

丈人五岳自青城，
岱顶何来假借名。
却是世人知此惯，
谁因杜老句详评。

也许因为"丈人峰"是"天下第一山"泰山的一个"峰"，而且"丈人"又是对老人的称呼，所以后来人们把岳父称为"老丈人"，如此说来，"老丈人"是对岳父的尊称。

52　为什么岳父叫"泰山"

"泰山"，又叫"老泰山"，是岳父的别称，几乎每个人都知道。但如果问您，为什么把自己的岳父叫"泰山"呢？您就未必说得上来了。

把岳父叫"泰山"，还有一个典故。《汉书·郊祀志》里说："大山川有岳山，小山川有岳婿山。"这里说的"岳山""岳婿山"都是封禅的事儿，把岳父叫"泰山"就跟封禅的事儿有关。

唐代的段成式在《酉阳杂俎》里，讲了这样一个故事：

唐玄宗李隆基在开元四年（716年）到泰山封禅，丞相张说担任封禅使。张说暗藏私心，觉得皇帝封禅，这是他的儿孙辈"往上爬"的一个机遇。

按当时宫廷的规定，跟皇帝到泰山封禅是幸事，只要跟着去了，丞相以下的官员都可以升一级。于是张说便把他的姑爷郑镒也带去了。

郑镒本来是个九品小官,张说利用自己的职权,借着封禅这个机会,让他连升了四级。

唐玄宗封禅后,设宴款待群臣。在宴会上,他看到郑镒突然穿上了五品官的官衣,觉得奇怪,便询问他。郑镒心里不安,支支吾吾答不上来。

这时,擅长滑稽表演的宫廷艺人黄幡绰,走过来对唐玄宗说:"此泰山之力也!"

这话一语双关。唐玄宗听了顿时明白是怎么回事了,于是心照不宣,跟郑镒打了个哈哈就过去了。

这个故事后来传到民间,郑镒因为岳父让他跟皇帝到泰山封禅,连升四级,让人觉得"泰山"的作用太大了。于是后人就把岳父叫"泰山"了。

毫无疑问,把岳父叫"泰山"是唐朝的事儿,后来这个称呼一直延用。

"泰山"这个称呼不但在民间口语中应用,而且出现在大量的文学作品中,如元代王实甫的《破窑记》里的台词:"不是这老泰山为人忒歹,亲女婿昂然不睬。"

与"泰山"相关的称呼,还有"令岳""岳公""岳翁"等,长沙话也把"泰山"叫"岳老子"。

53 岳父曾经叫"舅舅"

"舅舅"是个非常特殊的称呼。人们都知道"舅舅"是母亲的哥哥或弟弟。从母亲那儿论，"舅舅"是母亲的娘家人，而且跟母亲是平辈儿的。

但您可能想不到，"舅"这个称呼除了指母亲的娘家人之外，古代还把媳妇的爸爸，即岳父，也叫"舅"。

《尔雅·释亲》里说："妻之父为外舅。"您看，称岳父为"舅"，这个"舅"要加一个"外"字，叫"外舅"。

《说文解字》里对"舅"的解释非常清楚："母之兄、弟。妻之父为外舅，从男，臼声。凡异姓之称，不得称父，则舅之。"

在古代人的称呼里，"舅"字算是一个特殊的符号。什么符号？许慎说得很明白："凡异姓之称，不得称父，则舅之。"就是说，跟您不是一个姓，比您大一辈儿的亲戚，都不能称其为"父"，只能叫"舅"。

岳父跟您不是一个姓，所以叫"舅"。您会说了，岳父，这不是有"父"吗？

没错儿，岳父的称呼是有"父"，但您要知道岳父这个称呼，是后来才有的，许慎生活的年代，还没有"岳父"这个称呼呢。

《三国志·蜀志·先主传》里有这样一段话："先主未出时，献帝舅车骑将军董承辞受帝衣带中密诏，当诛曹公。"南朝宋的裴松之注："董承，汉灵帝母董太后之侄，于献帝为丈人。盖古无丈人之名，故谓之舅也。"

《三国志》是晋代陈寿编的，晋代的时候，还没有"丈人"的称呼，所以陈寿编书时，只能把汉献帝的岳父董承叫"舅"。

宋代的张平方在《祭女夫蔡天申文》中说："维熙宁七年，岁次甲寅，外舅某官遣息某，具清酌庶羞之奠，致祭于女夫故河北路转运判官殿中丞蔡郎之灵。"

张平方的文章里，把岳父的"外舅"称呼写得很清楚。

不过，从这篇文章也可看出，"舅"和"外舅"作为对岳父的称呼，只限于书信和诗文，口语一般不这么说，因为在宋代，"老丈人"这个称呼已经普及了。

当然，"舅"也好，"外舅"也好，作为对岳父的称呼已经成为历史，现代的人，谁还叫自己的岳父"外舅"呢？

但是这个称呼您得知道是怎么回事儿，否则看古书时，碰到"舅"字时，会把关系弄混了。

54　"泰水"与"丈母娘"

中国人的称呼讲究阴阳平衡，有天就有地，有日就有月，有男就有女，当然，有山就要有水。"泰水"这个称呼就是这么来的。

"泰水"是古人对岳母的称呼。前面讲过，古人把岳父叫"泰山"。既然有了"泰山"，那么岳母也不能在泰山外头待着呀？俗话说山水相依嘛，于是就有了"泰水"这个称呼。

岳母也叫"丈母娘"。同样，这个称呼来自"丈人"，有"丈人"，就要有"丈母"。

跟"丈人"一样，"丈母"这个称呼也出现在南北朝到隋唐时期。唐代诗人柳宗元有《祭独孤氏丈母》的祭文。

李商隐在《义山杂纂·恶模样》里，把"对丈人丈母唱艳曲"作为"恶模样"之一。显然，在唐代，"丈母娘"这个称呼已经广泛流行了。

"泰水"这个称呼现在已经没人说了,许多人也未必知道"泰水"是个什么称呼,但"丈母娘"这个称呼,现在依然还在用。

不过,现在的人对自己的岳父和岳母,都直接叫"爸""妈"了,您直接叫自己的岳母"丈母娘",肯定会惹她不高兴。

一般是在跟别人介绍自己的岳母,而且是本人不在场的情况下,才用"丈母娘"这个称呼,不能直接叫自己的岳母"丈母娘"。

"丈母娘"有不同的叫法,比如,成都话叫"老丈母儿",江淮方言合肥话叫"丈嫫娘",温州方言叫"丈儿娘",福州话叫"丈奶",长沙话叫"岳母娘"。

55 "公公"应该怎么叫

"公",在古代是五等爵位公、侯、伯、子、男里的第一等,也是对上了年纪的长者的尊称,比如孙公、赵公等。同时,也是对丈夫父亲的称呼。

丈夫的父亲的这个"公",是不能单着用的,必须是两个"公"字合用——公公。您要把自己的"公公"叫"公",他肯定得跟您急眼。

"公"?你把我当什么啦?牲口才说公的母的呢!但一般人不会冒这样的傻气,因为世人皆知"公公""婆婆"是不能单着说的。当然,这只是在北方。

在南方就没有这样的忌讳了,比如江淮方言的扬州话,就把丈夫的父亲叫"公"。

古代也有这么叫的,如《淮南子·氾论》:"若公知其盗也,逐而去之。"这里的"公",指的就是"公公"。

但古代的"公"也指祖父,如《吕氏春秋·异用》里:"孔子之弟子从远方来者,孔子荷杖而问之曰:'子之公不有恙乎?'"这儿的"公",就指的是祖父。

"公"在古代是个尊称,由于各地方言的不同,"公"在称呼上的用法也不相同。比如,"公"在福建闽南话里是祖父,南昌话的祖父也叫"公公",温州话祖父叫"阿公",闽南话里的祖父也叫"依公""哝公"。

"公公"在北方话里,又叫"老爷子",不过,这个"老爷子"泛指家里的长辈,您也可以叫自己的父亲为"老爷子"。

56 "威姑"原来是"婆婆"

对媳妇而言,丈夫的母亲叫"婆婆",这是跟"公公"相配的。不过,"公公""婆婆"是不能当面直接叫的,一般对外人提起时才这么称呼。

媳妇当面怎么称呼自己的"公公""婆婆"呢?跟自己的父母一视同仁,直接叫"爸""妈",这个称呼现在几乎全国通用,区别在于有的地方,把"爸""妈"叫"爹""娘"。

但在古代,却是有区别的,那会儿的媳妇要管"婆婆"叫"姑"。《尔雅·释亲》里说得很清楚:妇"称夫之母为姑"。

"姑",现在是对父亲的姐姐或妹妹的称呼,古代却是对"婆婆"的称呼，区别不小。

因为古人讲究媳妇要孝敬"公公""婆婆"，所以对"婆婆"有许多敬称，比如"慈姑""君姑""威姑""先姑""皇姑"等。

"慈姑"是对婆婆的赞美。"君姑"指在世的"婆婆"。"先姑"和"皇姑"是指死去的"婆婆"，当然也带有尊敬的含义。

在跟"姑"沾边儿的称呼里，"威姑"是个有意思的词儿。为什么叫"威姑"呢？

咱们先看《说文解字》里的解释，"威，姑也。从女。从戌。《汉律》曰：'妇告威姑。'"

"威，姑也。"什么意思？"威"字的含义跟"姑"是一样的。清代的学者王念孙在《疏政》里说："威姑，即《尔雅》所谓君姑也。君与威古声相近。"

原来"威"跟"姑"的古代发音差不多，所以"威"就是"姑"，同样，"姑"也就是"威"。

这么解释就顺理成章了，假如单从"威"字的含义来解释，"威姑"这个词儿就很难说得通了。

《现代汉语词典》里"威"字的解释是："表现出来的能压服人的力量或使人敬畏的态度。"中国女性在封建社会，不但没有社会地位，也没有家庭地位。特别是儿媳妇，在过去"三世同堂"或"四世同堂"的大家庭里，多是受气包的角色。

老话说："千年的媳妇熬成婆。"儿媳妇当了"婆婆"就意味着熬出来了。其实，这个婆，可不是公婆的"婆"，您熬到当了儿媳的"婆婆"，只能说熬到了一半儿，您上边还有老婆婆呢，即您的婆婆、您儿媳的丈夫的奶奶。

赶上"五世同堂"，您的受气包角色且改变不了呢。所以上哪儿找"能压服人的力量或使人敬畏的态度"去呀？

所以说"威姑"，就是"姑"的意思，那个"威"是重复字，相当于"姑姑"。

"威姑"以外还有"少姑"。按《尔雅·释亲》的解释：妇"谓夫之庶母为少姑"。"庶母"就是父亲的妾。那意思是，管父亲的小媳妇，也就是"妾"，叫"少姑"。

不管"威姑"，还是什么"姑"，现在都已经不再是"婆婆"的称呼了，但用"姑"来称呼父亲的姐姐妹妹可没变，您别叫错了人。

57 只有两口子能互相叫"老伴儿"

"老伴儿"是老年夫妻的互称，也就是老爷子可以称自己的妻子为"老伴儿"，反过来一样，妻子也可以称老爷子为"老伴儿"。

当然，也可以在跟人介绍自己的妻子或丈夫时，称"这是我的'老伴儿'。"

"老伴儿"这个称呼好理解，所谓"老伴儿"就是老年生活伴侣的意思，当然，这个生活伴侣是指夫妻关系，而不是朋友或亲戚关系。换句话说，只有两口子才有资格称"老伴儿"。

"少年夫妻老来伴，老来情比少时浓。"这是人们常说的一句话。的确，夫妻二人持家过日子，风风雨雨几十年，中间短不了有砂锅笊篱打打闹闹的时候，但始终不离不弃，实在不容易。所以，年轻夫妻熬到互称"老伴儿"的岁数，也算功德圆满。

曾经见过一篇文章说，只有原配夫妻才可以互称"老伴儿"，后来的"二婚""三婚"没资格称"老伴儿"。

这种观点有些荒唐。难道"二婚""三婚"不是合法夫妻吗？其实，只要是法律承认（有结婚证）的两口子，都可以称"老伴儿"，没有几婚之别。

有一部电影《老伴儿》，看了让人感动。影片的故事情节很简单，一位性情浪漫的老人，经常给老伴儿买鲜花，讨老伴儿高兴，但不幸的是老伴儿得了老年痴呆。老人想，买了花，她也不知道是什么意思了，所以不再给她买花儿了。

没有鲜花的日子枯燥乏味，由于老伴儿患的是老年痴呆，整天无言枯坐，老两口儿度日如年。突然有一天，老人路过以前常买花儿的花店，浮现出往日的回忆，不由自主地买了一束玫瑰。

让老人想不到的是，鲜花居然唤起了老伴儿失去的记忆，老伴儿记起他们初次约会时，老人手里拿着的鲜花。于是他和老伴儿沉浸在往日温馨的回忆中。

为了保持老伴儿的这种心态，老人坚持每天买鲜花。老伴儿虽然痴呆，但却对鲜花有特殊的情怀，一见到鲜花就像打了神奇的针剂，大脑一下子被激活了。

她把老人每天送的鲜花，都当作恋爱时约会的鲜花，大脑很快就进入美妙的沉梦中。鲜花让老伴儿有了生命的活力，有了对美好未来的憧憬，生命也变得有意义了。

电影表达了老人对老伴儿不离不弃的爱情，看了让人浮想联翩。看来"老伴儿"这个称呼所蕴含的情愫，只有老伴儿之间才能体会。

虽然是夫妻，但"老伴儿"这个称呼里有个"老"字，所以对年轻的夫妻是不适用的，您如果不到五十岁，叫自己的媳妇"老伴儿"，这就属于幽默了。

第四章 千年不变的亲属称呼

58　"五服"原来有典故

在日常生活中，我们常听到这样的话：谁跟谁的亲戚关系没出"五服"。什么叫"五服"呢？

"五服"说起来比较复杂。它是古人对祖宗和宗族之间关系的概述，也是构成宗亲关系的"宗谱"。

简单说，"五服"就是古代人穿的五种不同的服装。古人是不能随便穿衣服的，在穿衣上有严格的规制。

除了服装的"服"之外，"五服"还有距离远近、血缘关系、官位等级等几个含义。

距离远近指的是什么呢？古代以天子住的地方为核心，根据距离和亲疏的关系，画五个同心圆，距离有200里、500里不等。根据这五个同心圆所体现出的远近关系，分成不同等级，下级为上一级服务，所以叫"五服"。

最近的叫"甸服"，稍远的是"侯服"，再远的是"绥服"（或叫"宾服"），在它们外面的是"要服"和"荒服"。

"五服"，即甸服、侯服、绥服、要服、荒服。

"服"，就是服侍或者说服务天子之意。那会儿的人，"五服"是由血缘关系来确定的。"五服"，从官位来说就是天子、诸侯、卿、大夫、士这五个等级。

从宗亲来说，"五服"指高祖父、曾祖父、祖父、父亲、自己。从自己这儿往下到玄孙，正好是九代人。

在封建社会，惹怒了皇帝，动不动就要对官员"灭九族"。"九族"指的就是这个。不过这个"九族"，必须是本宗的"九族"。

这叫斩草除根，不留后患。说起来这招儿可真够狠的，一个家族被斩尽杀绝。"九族",得株连多少人啊!

"五服"还是古代的丧服制度,"五服"的这个"服"字,除了前面说的服务之外,还指穿衣服的这个"服"。这个"服"在这儿指丧服。

古人非常重视人死后的发丧,所穿的丧服,以服丧的时间来确定丧服布料的粗细,分为五等,因此叫"五服"。

"五服"当中,最重的丧服叫"斩衰",这个"衰"字,通"縗"字。这种丧服是用最粗的生麻布做的,穿这种丧服的人要服丧三年。

次重的丧服叫"齐衰","齐"字通"齌"。这种丧服是用粗疏的麻布做的,穿这种丧服的服丧时间,根据亲疏关系,有的三年,有的一年,还有的几个月。

第三个等级的丧服叫"大功",也叫"大红",是用粗熟麻布做的,穿这种丧服的服丧时间为九个月。

第四个等级的丧服是"小功",也叫"上红",是用稍粗的麻布做的,穿这种丧服的服丧五个月。

最后一种丧服叫"缌麻",穿这种丧服的服丧三个月,远亲才穿这种丧服。

古代的丧服制度是比较严格的,只要是本宗的亲戚,也就是同一个高祖父的亲戚,不管是谁,死后都要给他穿丧服。

但根据远近亲疏的关系,穿的丧服是不一样的,而且服丧的时间也是不同的。所谓的"五服"指的就是这个。

当然,现在这种丧服制度早已经废除,即便是偏远的农村也不讲究这些了,但"五服"的关系还是客观存在的。

在现实生活中,人们在谈亲说故时,总会交流一下相互之间的亲戚关系,是出了"五服",还是没出"五服"。没出"五服",就是同祖同宗,关系自然非同一般了。

59 "八辈祖宗"从哪儿论

人们说到祖宗的时候,往往要说"八辈祖宗"。有句骂人特别狠的话:就是跟你的"八辈祖宗"过不去。这"八辈"是从哪儿论的呢?

有两种说法,一种说法是,从自己这儿往上数四代,即:一、父亲;二、父亲的父亲,祖父;三、父亲的爷爷,曾祖;四、父亲的曾祖,高祖。再往下数四代,即:一、儿子;二、儿子的儿子,孙子;三、儿子的孙子,曾孙;四、儿子的曾孙,玄孙(也叫奔拉孙)。

另一种说法是,从祖父往上数的八代祖宗。《尔雅·释亲》里专门论述了人们的血缘关系:"生己者为父母,父之父为祖(即祖父),祖父之父为曾祖,曾祖之父为高祖,高祖之父为天祖,天祖之父为烈祖,烈祖之父为太祖,太祖之父为远祖,远祖之父为鼻祖。"

根据这种说法,"八辈祖宗"应该是:祖父、曾祖、高祖、天祖、烈祖、太祖、远祖、鼻祖。

按传统的说法,关于祖宗的称呼,还有"祖宗十八代"一说。

"祖宗十八代"指的是:

"上九代",即鼻祖、远祖、太祖、烈祖、天祖、高祖、曾祖、祖父、父亲。

"下九代",即儿子、孙子、曾孙、玄孙、来孙、晜孙、仍孙、云孙、耳孙。

在现实生活中,别说您的"上九代",就是"上四代",您能叫得出名字就不错。

但"树有根,水有源",自己远祖的名字您可以不知道,但是"上九代"和"下九代"的称呼,您要有这方面的常识。

60 "六亲不认"是哪六亲

有一个成语形容一个人铁面无私,不通人情,不讲情面,叫"六亲不认"。有些朋友对这个成语中的"六亲"产生了疑惑。

是呀,生活中也常听人们说到"六亲"这个词儿。"六亲"到底是指哪些"亲"呢?

其实,关于"六亲",历来说法不一。查阅相关史料,什么是"六亲",大约有八九个说法。不过,有代表性的说法是以下三个。

其一,《左传昭公·二十五年》里记述"六亲"为"父子、兄弟、姑姐、甥舅、婚媾、姻亚"。

按晋代的杜预注解:"妻父曰昏,重昏曰媾,婿父曰姻。两婿相谓曰亚。""昏"是妻子的父亲,"姻"是女婿的父亲。"六亲"包括外姓人。

其二,《老子》里说:"六亲不和有孝慈,国家昏乱有忠臣。"王弼的注解是:"六亲,父子、兄弟、夫妇也。"

其三,《汉书·贾谊传》里说:"建久安之势,成长治之业,以承祖庙,以奉六亲,至孝也。"唐代的学者颜师古注引应劭曰:

"六亲,父母,兄弟,妻子也。"即父、母、兄、弟、妻子、子女。

综上所述,"六亲"主要是指父亲、母亲、兄、弟、妻子、子女。这也是跟自己最亲的人了。

61 "伯父"也可称为"伯"

"伯父"是指父亲的哥哥。东汉的刘熙在《释名·释亲属》中说:"父之兄曰世父。又曰伯父。""伯父",古代也叫"从父"。

"伯",通常念 bó,但北方人大都念 bāi。

"伯父"多用于书面语,平常口语就称呼"伯"。假如父亲有三个哥哥,那么"伯"就要列为"大伯""二伯""三伯",您见了面,也就这么称呼他们。

"伯"字又是老大的意思,按古代人的称呼,兄弟的大小排列分为:伯、仲、叔、季。即老大是"伯",老二是"仲",老三是"叔",老四是"季"。

中国人有时也用伯、仲、叔、季的排行来起名,比如孙仲谋、董仲舒等。您在人名里发现有伯、仲、叔、季的字,便能知道他在家里兄弟之中排行老几。

人们常拿"伯""仲"来打比方,如分不出高低,叫"难分伯仲"。有个成语叫"伯仲之间",也是比喻事物不相上下的。

"伯父"的妻子叫"伯母"。"大伯"的妻子,叫"大伯母",北方人也叫"大妈"。

"伯父"在北方又叫"大爷",这个"爷"要读轻声,还有叫

"伯伯"的。陕西、江淮方言也叫"大大"，昆明话叫"大爹"。

"伯父"曾经类似"同志""师傅""老师"，是流行一时的对长辈的称呼。

记得在20世纪60年代到80年代，见到朋友、同学、同事的父亲，不管对方比自己的父亲年龄大还是小，一律称呼"伯父"，当然称朋友、同学、同事的母亲为"伯母"。

印象最深的是，我跟我的夫人搞对象时，第一次到她家，见到她的父母，我称呼"伯父""伯母"时，两位老人听了一愣。

因为我岳父是个从小就走南闯北的老军人，岳母是广西人，所以没听懂我这个北京人说的"伯父""伯母"是什么称呼，把"伯父""伯母"听成了父亲和母亲。

后来，我成了他们的姑爷，二老笑着说我实在，刚跟女朋友的父母见面，就叫"父亲""母亲"。我听了啼笑皆非。

62 "大了伯子"是什么亲戚

"大了伯子"的"伯"要读 bǎi。其实"大了伯子"就是丈夫的哥哥，这是北方农村的叫法。

丈夫的哥哥，跟自己是平辈，通常随丈夫叫"兄"，或者称"哥"就可以了，唯有丈夫的大哥，在叫法上有些特殊。

因为孩子父亲的大哥，孩子要叫"大伯"，所以北方有些地区的家庭主妇在叫丈夫的大哥时，要说"他大伯"，即孩子的大伯。后来叫着叫着，为了体现对大哥的尊重，就直接叫"大伯"了。

古代兄弟的排行顺序是伯、仲、叔、季。管丈夫的大哥叫“大伯”也顺理成章。

北方人喜欢在称呼后面加个“子”字，“大伯”这个称呼也叫“大伯子”。北方话有口音，“大伯子”说快了，就成“大了伯子”。其实，“大了伯子”就是“大伯子”。

“伯”字在古代跟“霸”同义。《荀子·成相》中说：“穆公任之，强配五伯、六卿施。”这里说的“五伯”，就是“五霸”，即“春秋五霸”：秦穆公、齐桓公、晋文公、宋襄公、楚庄王。可见这个“伯”还有威望的含义。

为什么对长兄要称“伯”呢？因为自古以来，长兄如父。过去，皇帝确定皇储，即选接班人，都是选长子，长子死了，选长孙。

平民百姓也一样，一个大家庭，如果父亲故去了，谁来挑门当户？肯定是长子。所以长子，也就是老大，在家庭中的地位不一般，要不他怎么要当“伯”呢？

“大伯子”是口语，丈夫的哥哥的书面语称呼还有“兄公”“兄伯”“兄章”“兄钟”“兄伀”等。

郝懿行在《义疏》中说：“兄公者，《释名》云：‘夫之兄曰兄公。公，君也。君，尊称也。俗间曰兄章。章，灼也。章、灼，敬奉之也。又曰兄伀。’”

“兄公”又称“兄君”，换句话说，就是“大了伯子”。您瞧，古人对长兄是多么尊重。

63 "内兄""内弟"咋称"舅"

妻子的哥哥叫"内兄",妻子的弟弟叫"内弟"。为什么叫"内兄""内弟"呢?原来这个"内"字有讲究。

通常自己的亲兄弟是同姓同胞,属一家人,应该算"内",而妻子的兄弟是外姓人,本该属于"外"。

但妻子的兄弟是她的"娘家人",丈夫要想保持家庭和睦,就要维护好与妻子"娘家人"的关系,为了体现跟"娘家人"的亲近,特意用了一个"内"字。

当然,"内兄""内弟"是面对第三人时的称呼,通常当面不直接叫"内兄"或"内弟",而是直接称兄道弟。

北方人向别人介绍自己的"内兄""内弟"时,一般要用"舅"来称呼,"内兄"叫"大舅子","内弟"叫"小舅子"。"内兄"也叫"大舅哥"。

为什么称呼里带个"舅"字呢?

"舅"字,按《说文解字》的解释是:"母之兄、弟。妻之父为外舅,从男,臼声。凡异姓之称,不得称父,则舅之。"

"凡异姓之称,不得称父,则舅之。""内兄""内弟"肯定是外姓人,有资格称"舅"。

但母亲的兄弟已经称"舅"了,"内兄""内弟"比他们小一辈,再直接叫"舅"就不合适了。怎么办?加个"子"不就解决了吗?所以才有"舅子"这个称呼。

当然,"大舅子""小舅子"也是面对第三人时的称呼,您当面不能管"内兄""内弟"叫"大舅子""小舅子"。

64 "娘家人"有什么说法

"娘家人"指的是媳妇家里的人。过去,女子结婚后,通常住在"婆婆"家,所以自己父母的家,就成了"娘家"。

按传统的老规矩,姑娘出嫁以后,平时是不能回娘家的,只有逢年过节,或娘家有什么大事,才回去看看父母。嫁出去的闺女回娘家叫"归宁",就是回娘家给父母报平安的意思。

闺女回娘家,还有一种情况,就是在"婆家"受了气,实在待不下去了。这时,"娘家人"就会出面,替出嫁的闺女说话了。

"娘家人"除了男方的岳父、岳母,还包括"大舅子""小舅子",还有"大姨子""小姨子",可谓阵容强大。

所以,对嫁出去的闺女来说,"娘家人"是自己的大后方,或者说是自己的"保护伞"。对丈夫而言,媳妇的"娘家人"也轻易不能得罪,要尽力维护好与他们的关系,否则,媳妇找"娘家人"告状,"娘家人"都找过来算账,也受不了。

当然,"家和万事兴",夫妻之间要恩恩爱爱过日子,对"娘家人"该尊重得尊重,该孝敬得孝敬。千万不要因为两口子吵架拌嘴,动不动就打扰"娘家人"。

65 "表亲"是什么"亲"

"表亲",就是指与自己父亲的姐妹和母亲的兄弟姐妹的子女的亲戚关系,比如您父亲的妹妹,您要叫姑姑,她的孩子,跟您就是"表亲"。比您大,您叫"表哥"或"表姐";比您小,您叫"表弟"或"表妹"。

再比如,您母亲的兄弟,您应该叫"舅";您母亲的姐妹,您得叫"姨"。您舅和姨的孩子,跟您也是"表亲"。如果舅或姨的孩子比您大,您叫"表哥"或"表姐";比您小,您叫"表弟"或"表妹"。

"表亲"有远近之分。"亲表亲",就是您父亲的同胞姐妹和母亲的同胞兄弟姐妹的子女——您记好了,是"同胞",也就是亲生的,才是"亲表亲",否则是"远表亲"。

比如您母亲的三妹妹,您要叫"三姨",她的儿子比您小,您要叫"表弟"。因为您的三姨,跟您母亲是一母同胞,所以,您跟您的这个"表弟",就是"亲表亲"。

再比如您外祖母(姥姥)姐儿仨,她排行老二,她的三妹妹,您应该叫"三姨姥姥"。她有四个子女,老二是个女儿,您应该叫"表姨"。

您的这个"表姨"的儿子比您大,您要叫"表哥"。但这个表亲却是"远表亲"。因为这个"表哥"的母亲,不是您的亲姨,而是您的表姨。

由于祖父和外祖父那辈的子女很多,他们子女的子女也很多,所以有时"表亲"显得有些乱,让您分不出远近的关系。

其实,要想分出"亲表亲"和"远表亲",您只要弄明白一条,就能理顺关系,那就是他们的父亲或母亲跟您的父亲或母亲是不是亲兄弟姐妹。只要是,那就是"亲表亲"。

由于中国古代的封建社会实行的是等级森严的宗法制度,所以,民间老百姓在亲戚关系上，更重视同祖同宗。

比如您父亲的兄弟，跟您父亲是同祖同宗，所以他们的子女跟您就不是"表亲"的关系，而是"宗亲"。您称呼他们，要叫"堂兄""堂弟"。

"表"字在商代的金文里，是非常复杂的字。这个字的上下部合起来是一个衣服的"衣"字，中部是一个"毛"字，表示"皮毛"的意思。

"表"字的本义，是用野兽毛皮做的外衣。由此引申到外表、外面、直系亲缘之外等意思。

您明白了"表"字的含义，也就懂得了"表亲"和"宗亲"的区别。显然"表亲"要比"宗亲"远一些。

但这些称呼都是旧时代留下来的，其核心的东西是封建的宗法宗族观念，跟新时代人们的生活理念是格格不入的。但在现代社会生活中，"表亲"和"宗亲"在称呼上也没发生什么变化，所以，您要弄清楚这里的亲戚关系，不要叫错了。

66 "老棣"不是花

一些书画家在送予别人的书画儿上题款时，经常写"某某某棣雅赏"或"某某棣赏识"等。许多朋友弄不懂这个"棣"字是什么意思，有人甚至以为"棣"是人名呢。

其实，这个"棣"字，跟"弟"同义，代表的就是"弟弟"。

中国的文化人往往以谦恭为美德，平时称呼人，对方比自己小，也要称"仁兄"。他们认为直接称对方"弟弟",显得自己妄自尊大,有失文雅,所以便用"棣"来代替"弟"字。

"棣"字的本义是落叶灌木,花是黄色的,果实是黑的,不能吃。郭沫若先生写过一部话剧叫《棠棣之花》,描写战国时期,义士聂政刺杀韩相侠累的故事。

"棠棣花"是白色或粉色的,与"棣"是两种花。"棠棣"自古以来指代的就是兄弟。

《诗经·小雅》有首歌颂兄弟之间友爱的诗叫《棠棣》,其中有"棠棣之华……凡今之人,莫如兄弟"的诗句。《晋书·索靖传》也有"芝草蒲陶还相继,棠棣融融载其华"的诗句。所以现在的文化人,把"弟"写成"棣",是有因由的。

由于"棠棣"指代的是兄弟,又派生出一些与之相关的称呼,比如"仁棣",是对年轻朋友的尊称,老师也可以称学生为"仁棣"。此外,还有"贤棣""棣友""棣萼"等称呼。

67 "犹子"原来是侄子

在中国人看来,小一辈中除了自己的儿女,至亲的恐怕就是侄子了。侄子是自己哥哥或弟弟的儿子。

在古代,侄子也叫"犹子"。这个词是从"五服"这儿来的。

《礼记·檀弓》里说:"丧服,兄弟之子,犹子也,盖引而进之也。""犹"是犹如的意思,换句话说,侄子犹如自己的儿子。

古代的人是以丧服定亲疏的,"五服"就是这么来的。您瞧,在穿丧服上，侄子与自己儿子穿的是一样的，可见侄子跟自己有多亲。

由此，也产生了"犹子"这个称呼。当然，把侄子称为"犹子"是书面语，表示侄子跟自己的亲近。在口语中，侄子还叫"侄子"。

跟"侄子"相同的称呼，还有"从子""同产子"等。《汉书·平帝传》中说："平帝即位，令诸侯王、公、列侯、关内侯亡子而有孙，若子同产子者，皆得以为嗣。"

您瞧当时这"同产子"的地位，跟自己的亲儿子是一样的。

在现实生活中，两个朋友见了面，说起对方的儿子，也会用到"侄子"这个称呼，但是为了体现关系的亲近，往往要在"侄子"这个称呼前头加一个"大"字，叫"大侄子"。

其实，这儿说的"大侄子"，虽然加了个"大"字，却不是自己的亲侄子，而是同事或朋友的儿子。因为他们见了您，要叫叔叔、大爷或阿姨，所以他们是您的"侄子"。

68 "妗子"就是舅妈

"妗子"就是舅妈，即舅舅的妻子。

"妗"字是女字旁加一个"今"字。《说文解字》里对"今"字的解释是："今，是时也。"

也就是说，"今"的字义是现在、当前和当面儿。"女"和"今"组合在一起，就是需要当面相认的女方家亲戚的意思。

为什么要当面认这门亲戚呢？敢情古代人也认为这个舅妈，在"娘家人"中的地位不一般。

过去，中国农村有句老话："有姑姑无妗子，有舅舅无姑父。"为什么要说这话呢？

因为姑姑和妗子都是女性，但在婆婆家，姑姑要比妗子重要，假如没有姑姑，怎么才能显示出妗子的地位来呢？

"有舅舅无姑父"，说的是舅舅在娘家的地位，"天大地大，娘舅最大"。相较而言，舅舅比姑父要说话占地方。

妗子是娘舅的媳妇，当然不可小视，古人说的妗子需要当面相认，大概也含有这层意思。

69 "连襟"是怎么连上的

"连襟"就是姐姐的丈夫和妹妹的丈夫的合称或者互称。比如妹妹的丈夫见到姐姐的丈夫，在向别人介绍时，可以说："这位是我的'连襟'。"

"连襟"是把妻子比喻成一件衣服，两个男人娶了人家姐妹俩，就像同一块儿布料裁成了两件衣服，衣襟相连。

"襟"是衣服胸前的部位，由此引申为胸怀，彼此知心。有个形容人心地纯洁、光明正大的成语叫"襟怀坦白"，就是这个意思。

唐代诗人骆宾王在《秋日与群公宴序》中写道："既而誓敦交道，惧忘白首之情；款尔连襟，共挹青田之酒。"这儿说的"连襟"，就是指朋友之间相知互敬的襟怀。

"连襟"又叫"连桥"，这个称呼仅限于相互介绍时用，但不管是姐姐的丈夫，还是妹妹的丈夫，通常不当面直接叫对方"连襟"。

70 "一担挑儿"有多沉

"一担挑儿",其实就是"连襟",它是北方人的叫法。"一担挑儿",是指姐儿俩嫁给了两个男人,姐姐的丈夫和妹妹的丈夫的合称和互称。

为什么叫"一担挑儿"呢?因为我们平时挑的担子是一根扁担,挑两边的两个箩筐。"一担挑儿"是形容那两个筐像两个姐妹嫁给了两个男人,一根扁担把他们连在了一起。

历史上著名的"一担挑儿"是孙策和周瑜,二人分别娶了江北著名的美人大乔和小乔。

"一担挑儿"跟"连襟"一样,这个称呼不能当面叫,只能在对别人介绍时说。这个称呼在南方又叫"同门",也叫"连桥"。

71 "妯娌"的用法

"妯娌"是哥哥的妻子和弟弟的妻子的合称。这是一家有两个或两个以上儿子,并且他们都娶了媳妇,才会用到的称呼。

"妯娌"这个称呼古已有之。《尔雅·释亲》中就有"长妇谓稚妇为娣妇,娣妇谓长妇为姒妇"的说法。"姒妇"和"娣妇"就是姐和妹的意思。

晋代的郭璞对这段话的注解是:"今相呼先后,或云妯娌。"唐代的颜师古对"姒妇"和"娣妇"的注解更明确:"古谓之娣姒,今关中俗呼为先后,吴楚俗呼之为妯娌。"

《北史·崔林传》中也有"家道多由妇人,欲令姊妹为妯娌"的说法。

从古人的这些论述可以看出,"姒妇"和"娣妇"就是"妯娌"。而"妯娌"的称呼最早是在我国南方的民间叫出来的。

由于过去的家庭结构以"三世同堂"或"四世同堂"为主,"妯娌"跟公婆住在一起,婆媳之间和"妯娌"之间免不了砂锅碰笊篱,产生矛盾,所以"妯娌"之间的关系比较难处。

您看"妯娌"俩字呀,当初人们在造字时,已经想到了她们之间的关系,所以"妯娌"的两个"由"字,一个朝上,一个朝下,意思是朝上的,要让着朝下的,相互之间别打架。

现在的"80后""90后"大多是独生子女,家里没有兄弟姐妹,所以也没有"妯娌"可言,当然也就用不上了这个称呼了。

72 什么亲戚"打断骨头连着筋"

在日常生活中,经常听到有人提到姑舅之间的亲戚关系时会说:"姑舅亲,辈辈亲,打断骨头连着筋。"

这句话的意思是,表面看,姑姑和舅舅相较于叔叔和大爷,离您更远,其实姑姑和舅舅也跟您有密不可分的血缘关系。所以即使产生矛盾,这种亲情也难割断。

在亲戚关系中,中国人非常重视宗亲,所谓宗亲,就是同祖同姓的"上九代"——鼻祖、远祖、太祖、烈祖、天祖、高祖、曾祖、祖父、父亲、自己,及"下九代"——儿子、孙子、曾孙、玄孙、来孙、晜孙、仍孙、云孙、耳孙。

当然，"鼻祖""元祖""云孙""耳孙"什么的，我们根本见不到。说到同祖同姓，您能见到"曾祖"，也就是太爷，就不容易了。

按传统的宗法观念，姑姑属于嫁出去的人，过去的老话说："嫁出去的闺女，泼出去的水。"嫁给谁就随谁家的姓。

早年间，妇女的社会地位和家庭地位低，也没文化，一般连名字都没有，自己本家姓李，嫁给姓王的，就叫王李氏。所以姑姑往往被排除在本族的直系宗亲之外，死后也不会入祖坟。

"舅舅"和"姨"是母亲的"娘家人"，当然属于外姓人，也不在本族的直系宗亲之内。

但是，"姑姑""舅舅""姨"跟您是有血缘关系的，所以才有"姑舅亲，辈辈亲，打断骨头连着筋"的说法。

"姑舅亲"是绝对的近亲，他们的子女之间是不能恋爱结婚的，近亲结婚的后果世人皆知。

过去，中国的农村非常讲究宗亲关系。在"姑舅亲，辈辈亲，打断骨头连着筋"后面还有一句话："姨表亲，不算亲，死了姨娘断门亲。"意思是跟姑舅亲相比，"姨表亲"较远。

随着社会的发展、家庭结构的变化，虽然老辈人留下的称呼还在使用，但在亲戚关系上，人们对亲情的理解更加务实，除了不能忽视血缘关系外，情感因素也很重要。

73 "姑爷"是谁叫出来的

"姑爷"是父亲的姑父,同时也是对女婿的爱称。女婿为什么叫"姑爷"呢?这跟女儿叫"姑娘"有关。

有一种说法,"姑娘"这个称呼是让大宅门的丫鬟叫出来的。过去,大户人家的女儿都有丫鬟,按当时的规矩,丫鬟虽然跟主人的年龄差不多,但作为"奴",要小一辈儿,所以要以"娘"相称,"姑娘"这个称呼就是这么来的。

"姑娘"出嫁以后,一般情况下随身丫鬟也要跟着。丫鬟见了"姑娘"的丈夫,按主人称"娘"的叫法,自然要称他为"爷"了,这就是"姑爷"称呼的来历。

不过,这个说法也有纰漏,因为"姑爷"是岳父对自己女婿的称呼,而女儿是不能这么叫的,女儿的丫鬟更不能这么叫自己的主人,所以"姑爷"这个称呼,应该是岳父叫出来的。

"爷"在唐代之前,主要是对父亲和祖父的尊称,唐代以后,"爷"渐渐地成为对尊贵之人的称呼,比如王爷、公爷、老爷、大爷、土地爷、老天爷、老佛爷等。

通常岳父岳母对女婿,有一种特殊的情感,因为自己的女儿嫁给他,等于有了依托。为了自己的女儿能过上好日子,对女婿也要客气一些。"丈母娘疼姑爷"也是在理的。所以老岳父叫女婿为"姑爷",也是顺理成章的。

您千万不要以为叫别人"爷",自己就矮一头或低两辈,"爷"不论是在古代,还是在当下,都是含有敬意或其他意思的称呼。如此说来,"姑爷"这个称呼是由岳父这儿叫起来的,也说得过去。

74 "隔山兄弟"隔的是什么"山"

"隔山兄弟"指同母异父的兄弟,当然也有"隔山姐妹"的说法,这个称呼出自清代的俞樾。

他在《茶香室丛钞·称谓之异》中说:"其异父之昆曰隔山。""山"代表父亲,或者说代表父姓。

母亲跟继父结婚,生出的孩子,肯定要姓继父的姓。跟前面的哥哥或姐姐不同姓了,当然关系就要远一些了,所以才有"隔山"之说。

与"隔山"相对应的是"隔水","水"指的是母亲,所谓"隔水",是指同父异母的兄弟姐妹。

因为父亲找谁结婚,生的孩子都要姓他的姓,同一父亲的血脉流传下来的亲情,要比同母异父近一些,所以是"隔水"关系。也许在人们的观念里,过河比爬山要容易一些吧?

其实,这个称呼带有对女性的一种歧视,不管是同父异母,还是同母异父,兄弟姐妹之间都是有血缘关系的,难道不是一个姓,这种关系就远了吗?

事实上,并非如此。所以,"山"也好,"水"也罢,没必要相"隔"。

在现实生活里,人们也不这么称呼,只是在对人细说家事时,为了梳理家庭成员的关系,才抖搂自己的"家底儿"。

75 "上门女婿"上的是什么门

这里的"上门",指"倒插门儿"也叫"入赘"。是指结婚后,男的到女方家住,有的甚至改姓女方家的姓。

说起来,这个门"插"得代价够大的,不但人到女方家住,连姓都改了。当然这说的是古代。

一般来说,"倒插门儿"主要出现在女方家没有男孩儿的情况下。早年间,顶门立户的主要是男人。当然,男子还有为家族续"香火"的任务,所以一般家庭要由男孩子应门面。

按正常情况,结婚是女嫁男。"倒插门儿"有男嫁女的意思,这个"嫁",是指女方家没儿子,男方家却儿子五六个,经过媒人说和,两人婚后,男的到女方家过的情况。

按正常的习俗,两人结婚,女的要到男方家过,嫁人嫁人,就是女人嫁给男方,这是"正插门儿",现在反过来了,男方要到女方家住,所以这就叫"倒插门儿"。

当然,在那个年代,"倒插门儿"也是有条件的,女方家要私下给男方家一些彩礼,作为补偿。男方"倒插门儿"后,身份也不一样了,一般称呼"上门女婿"或"上门姑爷"。

早年间,多数家庭都有几个儿子,所以其中一个儿子结婚以后"倒插门儿",当"上门女婿"是常有的事儿。

不过,作为男子,婚后"倒插门儿",往往会被人认为是依靠老"泰山"(岳父),没出息,被人看不起。所以,当着人家的面儿,忌讳说"倒插门儿""上门女婿"这些词儿。

现代社会,男女青年结婚,基本都是单独组建家庭,跟父母分着过,所以,已经没有什么"倒插门儿""上门女婿"之说了。

76 "弄璋""弄瓦"是怎么回事

过去,谁家要是生了小孩儿,街坊四邻、亲朋好友都要登门来道喜。贺喜有两种方式,一种是口头贺喜,然后送个红包,美其名曰"打喜儿";另一种是送红帐子,生的是男孩,帐子上写"弄璋之喜",生的是女孩,帐子上写"弄瓦之喜"。

"弄璋"指的是男孩,"弄瓦"说的是女孩。生孩子就生孩子呗,干吗要"弄璋""弄瓦"呀?

原来这两个词儿出自《诗经·小雅·斯干》:"乃生男子,载寝之床,载衣之裳,载弄之璋。"

"璋",是古代的一种玉器。"弄璋",就是给小孩儿玉器玩耍。

《诗经·小雅·斯干》的下一段还有:"乃生女子,载寝之地,载衣之裼,载弄之瓦。"

这里的"瓦",不是我们现在盖房用的砖瓦的"瓦",它是过去妇女纺织用的纺砖,也叫纺锤。

给女孩纺锤玩,意思是让她长大了能干好女红。古代是农耕社会,讲究"男耕女织"。

生个男孩,放在床上,给他穿好衣裳,让他手里拿块儿玉把玩;生个女孩,便放在地上,给她一个纺锤玩。"弄璋""弄瓦"是封建社会典型的重男轻女的体现。

这种重男轻女的称呼,从新文化运动以后,便遭到了人们的批判,并逐渐被社会所摒弃。现代社会,讲究男女平等,生男孩生女孩都一样,没有高低贵贱之分,所以早就没有"弄璋""弄瓦"之说了。

不过,我们偶尔也会见到有人在祝贺朋友添丁时,用到"弄璋之喜"或"弄瓦之喜"。现代人使用这种称呼只是恭贺道喜的意思，其本意未必就是重男轻女。

77 有情人就是"眷属"吗

"愿有情人终成眷属。"人人都知道这句话，这也是人们共同的美好愿望。

这句话出自元代剧作家王实甫的《西厢记》，原话是："永老无别离，万古常完聚，愿普天下有情的都成了眷属。"

后人把这句话做成上下句："叹人间真男女难为知己，愿天下有情人终成眷属。"

这里说的"眷属"，指的是什么呢？有的人说"眷属"指的是"家属"。这种说法也对，也不对。

说对，是因为"眷属"本来就是指家眷、亲属。如唐代诗人白居易的诗《自咏老身示诸家属》："粥美尝新米，袍温换故绵。家居虽濩落，眷属幸团圆。"这里的"眷属"，说的就是家属。

说不对，是因为"眷属"后来也指夫妻。"愿天下有情人终成眷属"的"眷属"，指的就是夫妻。

"眷属"的本义是家眷。《梁书·侯景传》里说得很明白："君门眷属，可以无恙，宠妻爱子，亦送相还。"这里的"眷属"就是"家属"。

"眷属"和"家属"是有所区别的，"眷属"除了有"家属"的意思之外，还特指夫妻。而"家属"是指本人之外的家庭成员，不是指夫妻。

我国国家机关和部队都有家属宿舍,有的也叫家属院,这个"家属",指的就是"家眷"。

跟"眷属"相关的称呼还有"宅眷""门眷"等,这些也是"家属"的意思。您在使用"眷属"这个称呼时,一定要分清"眷属"和"家属"的区别,别叫错了。

78 "浑家"并不浑

"浑家"是古人常用的一个称呼,"浑家"的"家"有两个意思。

第一个意思是指妻子。古代的人在称呼上都很谦恭,称自己的妻子,往往用低下的词儿,比如"糟糠""拙荆"等,"浑家"也是对自己妻子的谦称。

《水浒传》里有这样的对话:"却才灶边妇人便是小人的浑家。"冯梦龙的《喻世明言》第一卷,在介绍人物时,有这样的描写:"蒋兴哥人才本自齐整,又娶得这房美色的浑家,分明是一对玉人,良工琢就。"

"浑"是糊涂、不明事理的意思。"浑家",就是说自己的妻子不懂事儿,说话办事没深没浅的意思。当然,这是自嘲的说法。

"浑家"的第二个意思是指"全家"。元代无名氏的杂剧《飞刀对箭》第二折里有:"我浑家大小七八十口人,打着千斤,望下坠,也不曾坠的这弓开一些儿。"这里的"浑家"指的就是"全家"

宋代诗人陆游在《南唐书·史虚白传》中有这样的诗句："风雨揭却屋，浑家醉不知。"这里的"浑家"，指的也是"全家"。

"浑家"这个称呼早已过时，谁还把自己的媳妇叫"浑家"呀？说"全家"更用不到"浑家"了。但我们看古书是常会碰到这个称呼的，您要弄清"浑家"到底是指哪个"家"。

79 "裙带"是什么关系

您一看"裙带"这个称呼，可能会一下想到女性的衣裙。没错儿，"裙带"的本义就是指女子裙裳束腰的腰带。

唐朝诗人李瑞的《拜新月》里有"细语人不闻，北风吹裙带"的诗句，这里的"裙带"说的就是女子裙裳的腰带。

因为"裙带"是跟女子有关的，所以作为称呼，"裙带"是指跟自己的妻女和姐妹的亲戚关系。

人们说到"裙带"，主要是针对社会上出现的"裙带现象"，即通过自己的妻子，或者家族中其他女性成员的关系而获取的官位。

后来，"裙带关系"的属性扩大了，不仅指妻女和姐妹的亲戚关系，而是泛指宗亲、姻亲和密友的关系，依靠这些关系当了官、发了财的，都算"裙带关系"的依托。

当然，人们对社会上靠"裙带关系"往上爬的现象深恶痛绝。《聊斋志异·卷一·黄英》中，就对靠"裙带关系"混吃混喝的人给予了抨击："今视息人间，徒依裙带而食，真无一毫丈夫气矣。"

　　"裙带"和"裙带关系"通常是第三人的说法，虽然"裙带"是指跟自己的妻女和姐妹的亲戚关系，但自己在跟别人介绍自己的妻女和姐妹时，不会说"我们是'裙带'关系"。

第五章 厚重的男性称呼

80 "汉子"为什么是男人

"汉子"这个称呼现在有点儿热度，这大概跟人们诟病的男孩儿女性化的社会现象有关。

"汉子"在人们的脑子里是威风凛凛、体格雄健、充满阳刚之气、带有血性的男子形象，所以也叫"男子汉"。

这大概也是女性所中意甚至崇拜的形象，所以我国许多地方把丈夫叫"汉子"。当然，对那些出色的男人，又称为"好汉"。

说起"汉子"这个称呼，不能不提大汉王朝。汉朝的国力强盛，汉武帝在位时，卫青、霍去病、李广等大将，作战英勇无畏，多次大败宿敌匈奴，令匈奴士兵闻风丧胆。

汉武帝十六岁登基，年轻有为，血气方刚，率兵出征打仗的卫青只有二十一岁，霍去病才十八岁。所以匈奴称汉朝的将士为"汉儿""汉子""好汉"。到魏晋南北朝时，"汉子"已经是对男人的普遍称呼。

"汉子"在男人的称呼里，应该是中性的，如有褒贬，前边可以加修饰词。比如，说这个人英俊威武，可以称"好汉"；这个人好吃懒做，可以称"懒汉"；这个人蛮横粗野，可以称"凶汉"；等等。

"汉子"这个称呼一般是别人这么叫，通常自己不说自己是"汉子"，因为您是属于哪一类"汉子"，自己怎么好评判呢？

81　"丈夫"不是量出来的

"丈夫",不用解释,谁都知道这个称呼指的是什么人。

记得我上中学的时候,读鲁迅的诗《答客诮》,对里面的那两句名言"无情未必真豪杰,怜子如何不丈夫"有些不解。鲁迅先生说的"丈夫"是指谁呢?

我当时是把"丈夫"真当成谁的丈夫了。实际上,这里的"丈夫"指的是男人、爷们儿或汉子。

其实,"丈夫"这个称呼,有三种意思。一是指已婚女子的配偶,就是我们通常说的丈夫。

二是对成年男人的称呼。《穀梁传·文公十二年》里说:"男子二十而冠,冠而列丈夫。"男子二十岁就可以戴帽子了,戴帽子就是成人了,而且可以以"丈夫"相称了。我们通常说的"男子汉大丈夫",也是这个意思。

三是指儿子。《国语·越语上》里说:"生丈夫,二壶酒,一犬;生女子,二壶酒,一豚。""生丈夫"就是生儿子。不过这是当时江南一带人的称呼,北方没有这种叫法。

为什么把结了婚的男人叫"丈夫"呢?

原来"丈夫"俩字,在古代是分开用的,"丈"是丈,"夫"是夫。"丈"是量东西的计量单位。"夫"呢?是结了婚的男人。为什么把这两个字掺和到一块儿了呢?

在远古时代,人们给自己的女儿选对象,或者青年女子倾慕理想的男人,是以身高为标准的。标准的身高是多少呢?一丈!

一丈?这是多高呢?周代的计量单位是八寸为尺,十尺为丈。按周代的尺寸,一丈约等于2.67米。后来尺寸的换算有点变化,比如到了唐代，一丈约等于 3.07 米；宋元时，一丈约等于 3.16 米；明清木工的尺寸，一丈约等于 3.11 米。

好家伙，一丈约等于 3 米！这么高的人上哪儿去找呀？您可以查史料，古今中外，超过 3 米的人几乎没有。

所以，以丈来选夫，达标的几乎没有。看来"丈夫"这个词儿，实际上是带有浪漫色彩的写意，不是写实。

但写实也好，写意也罢，"丈夫"这个称呼流传了下来，而且到现在还在使用。当然，爱情与婚姻本身就带有浪漫的色彩，考证"丈夫"这个词儿的来历，您就得到了印证，难怪鲁迅先生说"怜子如何不丈夫"。

82 "七尺男儿"是几尺

我年轻的时候，特喜欢鲁迅挽瞿秋白的对联："是七尺男儿生能舍己，作千秋雄鬼死不还家。"觉得一个真正的"七尺男儿"，就应该舍己为国。

不过有时也想，为什么是"七尺男儿"，不是"九尺"或"六尺"呢？

其实这里的"七尺"，是秦始皇时代的尺寸。您也许知道，秦始皇的最大功绩就是统一中国，统一的政绩是书同文，车同轨，统一度量衡。

中国最早的计量尺度产生于商代。据史料记载，商代一尺约合 16.95 厘米。秦始皇统一度量衡以后，一尺相当于现在的八寸，约为23~24厘米。

这么算下来,"七尺"约为1.61~1.68米。那会儿的人身高都不高吗?

"七尺",在当时是指代二十岁的男子。《周礼·地官·乡大夫》中说:"国中自七尺以及六十,野自六尺以及六十有五,皆征之。"

班固在《汉书·霍光传》里有对霍光的描写:"光为人沉静详审,长才七尺三寸,白皙,疏眉目,美须髯。"霍光是大将军,身高还不到1.7米。不过,班固说得够细的,霍光的身高有整有零,七尺三寸,就跟他量过似的。

其实,与"七尺男儿"同时流行的还有一个称呼——"丈夫"。"丈夫"的标准是一丈,显然要比"七尺"高多了。

南朝梁时沈约的《齐太尉王俭碑铭》里有"倾方寸以奉国,忘七尺以事君"的句子。唐朝的李颀在《男儿事长征》一诗里写道:"男儿事长征,少小幽燕客。赌胜马蹄下,由来轻七尺。"

唐朝的尺寸,一尺约为30.7厘米,七尺相当于2米多了。显然,不是所有的男子都有七尺高。

一米是三尺。七尺,您算算有多高?篮球运动员恐怕都达不到,别说普通男子了。所以,"七尺男儿"这个称呼,只是理想身高。当然,只要是男人都可以自称"七尺男儿"。

不过,要让别人称您是"七尺男儿"可就不那么容易了。"七尺男儿"并没有标准,但您得是有骨气有血性的一条汉子。

鲁迅先生为什么说瞿秋白是"七尺男儿"?瞿秋白是微笑着走向刑场的,面对敌人的枪口,他坦然自若,大义凛然。这才是真正的"七尺男儿"。

83 "须眉"没有自称的

"须眉"就是男人的胡须和眉毛。古代的人，以胡子和眉毛长得浓密为美，比如关羽的胡子和眉毛都非常漂亮，被人们誉为"美髯公"。

当然，能长出关羽那么漂亮的"须眉"的人很少，关羽的"美髯公"也是后人经过艺术加工后美化的。不过，由此可以看出古代的男人对"须眉"的重视。正因为如此，后来"须眉"成了男子的代称。

这个称呼最早见于《汉书·张良传》，里面有这样一段描写："四人者从太子，年皆八十有余，须眉皓白，衣冠甚伟。"《红楼梦》的第一回里也有"我堂堂须眉，诚不若彼裙钗"的话。这里的"须眉"都指的是男子。

常常听到"须眉不让巾帼"或者"巾帼不让须眉"的话，前者的意思是男人做事要胜过女人，后者是说女子做事不比男人差。

其实，这种比较没有实际意义，现代社会男女平等，男人能做的事儿，女人都能做，反之，女人能干的事儿，男人也能干，当然，生孩子男人不行。

"须眉"这个称呼是书面语，生活中的口语里很少这么称呼男人，当然，男人自称"须眉"的也不多。

84 "匹夫"究竟是什么夫

"国家兴亡,匹夫有责。"这句名言妇孺皆知,但您知道这句话里的"匹夫"指的是谁吗?它是古人对男子的称呼。

男子为什么叫"匹夫"呢?很小的时候,我就听到过这句话。当时,总以为"匹夫"跟马有关。

其实,我这是望文生义了,"匹夫"这个词儿跟马没有什么关系。

"匹"字在商周的金文里,字形像参差不齐的山崖,以此象征布的皱褶。"匹"的本义是计量单位。

按《说文解字》的解释:"匹,四丈也。"古代的计量单位四丈为一匹。"匹"的字义有四个:一是相当,相配,如"难以相匹";二是单独一个;三是姓;四是量词,如一匹马、一匹布等。

从"匹"的字义看"匹夫"这个称呼,其原义是一个男子。一个什么样的男子呢?有两个意思:一个是指非常普通的平民男子。如《左传·昭公六年》中说:"匹夫为善,民犹则之,况国君乎?"这里的"匹夫",就是指男性老百姓。

汉代的班固在《白虎通·爵》中说:"庶人称匹夫者,匹,偶也,与其妻为偶,阴阳相成之义也。"这段话进一步明确了"匹夫"是平民百姓之说。

另一个意思是有勇无谋的平庸之辈,带有轻蔑的意思,如《孟子·梁惠王下》:"夫抚剑疾视曰:'彼恶敢当我哉。'此匹夫之勇,敌一人者也。"

这段话带有轻蔑之意:你说话挺豪横,但真动起手来,能抵挡一个人就不错。所以孟子称这是"匹夫之勇"。我们平时说的"匹夫之辈"也是这个意思。

但"国家兴亡，匹夫有责"这句话则是豪言壮语，没有轻蔑之意。它应该用作第一人称：国家遇到困难了，我虽然是一个平民百姓，但也有责任和义务为国效力。

"匹夫"这个称呼多在表态或者宣传时用，在日常生活中很少用，尤其是自称。如果自己说自己是"匹夫"，就多少带有自轻自贱的意味了。

85 "布衣"是真"布"

小的时候，背诵诸葛亮的《出师表》，对"臣本布衣，躬耕于南阳，苟全性命于乱世，不求闻达于诸侯"里的"布衣"总有一种疑惑，为什么诸葛亮要称自己是"布衣"呢？

诸葛家族在琅琊是有名的望族，他父亲诸葛珪在东汉末年做过泰山郡丞，他三岁丧母，八岁丧父，后跟随叔父诸葛玄。诸葛玄当时是豫章太守，官也不小。按他的身世，属于世家子弟呀，怎么会是"布衣"呢？

"布衣"的"布"，指的是非常粗糙的麻、葛一类的织物。后来人们把"布衣"形容为平民百姓。与此相对的是"帛"。"帛"是丝织品。当时的官宦和富贵人家多穿"帛"，即绫罗绸缎。

古书中，描写平民百姓，多用"布衣"这个称呼。但是后来"布衣"这个称呼发生了变化，成了没有当官的读书人的谦称。

《荀子·大略》中说："古之贤人，贱为布衣，贫为匹夫。"

荀子说的贤人，不是普通平民百姓，而是有思想和有智慧的文化人，诸葛亮就属于这一类人，所以他自称"布衣"。

虽然"布衣"这个称呼我们常见，但称呼的多是古代的诗词歌赋或戏曲评书里的人物。现代社会，几乎没有人自称"布衣"。

以穿戴评判人的社会地位的时代早就过了，您再自称或叫别人是"布衣"，就是属于幽默戏称了。

86 力可拔山的"壮士"

"壮士"，一是指身壮力大者，二是指豪壮英勇者。小的时候，我就觉得"壮士"非常了不得，能称得上"壮士"的都得是英雄好汉。

说到"壮士"，我们的脑子里起码会出现两组形象，一个是战国时代刺秦王的荆轲。"风萧萧兮易水寒，壮士一去兮不复还。"那是多么悲壮的场景呀！

另一个是近代的狼牙山五壮士。五位抗日战士，在弹尽粮绝的情况下，不愿被俘，舍身跳崖。真是太英勇无畏了！

巧了，他们都是现在的河北人。唐代的韩愈在《送董邵南游河北·序》里说："燕赵古称多慷慨悲歌之士。"真是一点儿不假。

"壮士"这个称呼，就是从《战国策·燕策三》里"壮士一去兮不复还"这儿来的。

司马迁在《史记·货殖列传》里，对"壮士"有更深入的说法："富者，人之情性，所不学而俱欲者也。故壮士在军，攻城先登、陷阵却敌，斩将搴（qiān，拔的意思）旗，前蒙矢石，不避汤火之难者，为重赏使也。"

司马迁对"壮士"格外推崇，有人统计《史记》中提到"壮士"的地方有二十多处，除了描写军队士兵打仗勇猛之外，写到的人里比较有名的是樊哙、刘邦、陈胜、贯高、彭越、韩信、季布等。

当然，这里有的是敬称，如刘邦、韩信，怎么琢磨他们也不像"壮士"，也许是他们的大名如雷贯耳的缘故，这位司马先生对"壮士"的标准有所倾斜吧。

确实，"壮士"看上去不像是称呼，更像是称号，一般人很难胜任这名分，但我们要知道"壮士"的称呼是怎么回事儿。

与"壮士"之义相同的称呼，还有"勇士""义士""侠士""猛士""英士"等。这些称呼也不能自称，准确地说是不能"自封"。

87　"良人"的称呼有多种

"良人"，顾名思义，就是优良的人，但它在古代专指男人。

"优良的男人"，这倒符合女子找对象的标准，所以，"良人"在古代是妻子对丈夫的称呼。

其实，甭管古代还是现代，青年女子的意中人，除了身高、长相之外，更看重小伙子的人品。人品不但要端正，而且还要优良。这就是"良人"的标准。

"良人"这个词，最早出现在《诗经·大雅·桑柔》里，原诗是:"维此良人,作为式谷。"在《诗经·秦风·小戎》里,也有"厌厌良人,秩秩德音"的诗句。

这里的"良人"就是女子所爱的男子,就是未婚夫或已婚的丈夫。

唐代的白居易有首诗叫《对酒示行简》,里面有:"昨日嫁娶毕,良人皆可依。"您瞧,新郎不叫新郎,叫"良人"!

看来,古代的女子把自己的丈夫叫"良人",跟现在的女子把丈夫叫"老公"一样寻常。

"良人"这个称呼在宋代以后,渐渐地被别的称呼所取代。到现在已经没多少人知道"良人"曾经是丈夫的称呼了。

需要说明的是,"良人"在古代还有其他词义。"良人"不但是对善良的人和清白的妇女的称呼,还是对美人的敬称。在汉代,把妃嫔叫"良人"。同时,"良人"还是对乡官的称呼。

也许这个"良"字忒可人疼了,所以才造成一词多义的现象。您在看古书时,遇到这个词儿,要根据内容来判断是对什么人的称呼。

88 这个"郎"不咬人

"郎",是古人对男人的称呼,有学者考证,"郎"是从"良人"这儿引申出来的。

"良人"是古人对丈夫的称呼,也是男人的泛称。但叫着叫着,渐渐地叫"腻"了,于是有人在良字旁边加了个耳刀,这一耳刀,"良人"变成了"郎"。当然,"郎"也是对男人的称呼。

"郎"的发音似乎比"良"有韵味,听着那么舒服。不知道那会儿的人,想没想到这个"郎",跟豺狼虎豹的那个"狼"可是同音。也许古代的"郎",跟那个"狼"发音不一样吧?

不管怎么说,"郎"字成了男人的代名词后,便一发不可收拾了。你叫郎,我也叫郎。

我们在说到古代的男人时,常常会遇见这个"郎"那个"郎":每年七夕,跟织女见面的牛郎;三国时有名的少帅周瑜,人称周郎;晋代最有名的美男子潘安,被人叫作潘郎;杨家将的兄弟几个都叫"郎",杨四郎、杨五郎、杨六郎;打虎英雄武松在家行二,叫武二郎;他那个卖烧饼的哥哥叫武大郎;等等。

宋代以后,男人的称呼以"郎"为主,连卖东西的都叫"货郎"。医生的职业特殊,不叫"郎",叫"郎中"。文雅点儿的后面还加了君字,叫"郎君"。老了,也舍不得丢了这个"郎"字,叫"老郎神"。

"郎"这个称呼,在现代也还在用,比如男人结婚的时候叫"新郎"。但是已经没有人直接把男人称呼"郎"了。

89 "夫子"最早是丈夫

说到"夫子"这个称呼,很多朋友会想到孔子,因为孔子被后人尊为孔夫子。

的确,"夫子"在古代,是人们对德高望重,而且有学问的长者的尊称。学生称自己的老师,也叫"夫子"。

但是,您知道吗?"夫子"也是古代妻子对丈夫的称呼。《孟子·滕文公下》中有这样的话:"女子之嫁也,母命之,往送之门,戒之曰:'往之女(汝)家,必敬必戒,无违夫子。'"这儿说的"夫子",指的就是丈夫。

管自己的丈夫叫"夫子",也是有说法的。您别忘了"丈夫"这个称呼里,也有个"夫"字。

这种称呼到了唐代,又发生了变化,因为丈夫有了更好的称呼,所以,"夫子"成了对男子的敬称。

唐代的李朝威在《柳毅传》里,有一段描写:"水府幽深,寡人暗昧,夫子不远千里,将有为乎?"这里的"夫子"就是指男子。

"夫子"这个称呼叫了上千年,人们并没有觉得它有什么礼数不周的地方。

也许正是由于这个称呼太周正了,所以到了近代,人们把它跟因循守旧的老八板儿联系到一起,这个称呼也就成了老朽呆板的代名词。

如此一来,人们对"夫子"这个称呼就敬而远之了。叫谁"夫子",等于是在贬损谁,那谁还想当"夫子"呢?

90 "官人"并不是当官的

"官人"是宋代人对男子的称呼。

许多历史学家认为,宋代是最重视文化品位的朝代,既然讲文化,那么宋代关于男人和女人的称呼,就会跟之前或之后的朝代有所不同,"官人"就是一个例子。

众所周知,当官儿是古时候男人们的一大理想。古今中外,想当官的男人，肯定比不想当官的男人要多。

宋代的妇女浪漫，男人们都想当官儿，而真能当上官儿的又凤毛麟角。既然这样，也就别犹抱琵琶半遮面了，干脆直接把自己的男人都叫"官人"不就得了嘛。

这个称呼男人们自然爱听。是呀，丈夫不叫丈夫，叫"官人"！这称呼太讨喜了。不用受"寒窗"苦，也不用受赶考的煎熬，只要娶了媳妇，这就"官人"了。多美的称呼呀！

于是乎，宋代，甭管是不是当官儿的，只要结了婚，有了媳妇，都叫"官人"。

一时间，真是全国山河一片"官"，就连刚结婚的新郎也不甘寂寞。怎么着也得弄个"官"当呀！于是也就有了现在还在叫的"新郎官儿"。

您看《水浒传》和《金瓶梅》就会发现，有点儿身份的男人，叫"官人"还不行，前边得加个"大"字，叫"大官人"。

宋代重视文化，所以沾文化的事儿也多，拿妻子对丈夫的称呼来说吧，考证起来当时有十多个，"官人"是特好玩的一个。

不过，"官人"这个称呼只在宋代热，到了元代就凉了，也没人敢这么叫了。因为元代的皇帝不喜欢这个称呼，是个男人都叫"官人"，真正的当官儿的往哪儿摆呀？

皇帝一句话，就把"官人"的称呼给灭了。当然，您现在再想让人叫您"官人"，只能说您身上的幽默细胞非常丰富了。

91 "相公"是什么"相"

打麻将的时候，抓错了牌，或者多一张牌、少一张牌，不能和牌，有个术语称这种情况叫"相公"。

牌多一张，即十四张牌，叫"大相公"。牌少一张，即十二张牌，叫"小相公"。

怎么打麻将跟"相公"扯到一起了？

有两种说法。

中国古代的宰相叫"相公"，宰相是辅佐皇帝的。打牌，牌不能和，自己赢不了，就"辅佐"别人和吧。所以管这种人叫"相公"。

还有一种说法，打麻将"相公"了，是从四川人那儿来的。四川人把"看"说成"相"，打麻将自己赢不了，只能当看客陪别人玩，"看"就是"相"，公是一样的，于是有了"相公"这个称呼。

其实，"相公"这个词并不是麻将桌上的"专利"，在古代，"相公"是妻子对丈夫的敬称。

在明清的话本里，我们能看到年轻的夫人称自己的丈夫为"相公"，如《二刻拍案惊奇·卷十七》有这样一段话："这人姓魏，好一表人物，就是我相公同年。"这里的"我相公"，就是我丈夫的意思。

因为古人把宰相也叫"相公"，所以妻子叫丈夫"相公"是一种尊称。

宰相为什么也叫"相公"呢？此语出自东汉末年"建安七子"之一王粲的《羽猎赋》，原话是："树重围于西阯，列骏骑乎平坰。相公乃乘轻轩，驾四骆。"

这里的"相公"，指的是曹操。因为他当时以丞相的身份被封为魏公，所以叫相公。把"相公"称为宰相，就是从这儿来的。

宰相是什么官，想必大家都清楚宰相叫"相公"，一般老百姓也把自己的丈夫叫"相公"，可见当时对民间称呼的宽容度。

需要说明的是，古装戏里称呼的"相公"，并不是专指丈夫。当时，对年轻的读书人也叫"相公"。

元代的吴汉臣在《玉壶春》的第二折里，有一段台词："相公，你不思进取功名，只要上花台做子弟。"这里的"相公"指的不是丈夫，而是年轻的读书人。

此外，在明清时代，官吏也被叫作"相公"。《警世通言·白娘子永镇雷峰塔》中，有一段描写："正值韩大尹升厅，押过许宣当厅跪下，喝声：'打！'许宣道：'告相公不必用刑，不知许宣有何罪？'"这里的"相公"，就是指当官的。

"相公"在清代，还是对男妓的称呼。在清末小说《官场现形记》《品花宝鉴》里都有这方面的描写。

"相公"有时也写成"像姑"。当然，"相公"在称呼上的用法，在现实生活中早已经过时。丈夫也好，男士也罢，您再牛，也没人称呼您"相公"了。

92 丈夫叫"老公"合适吗

众所周知，北京有个中关村科技开发区，这里聚集着全国顶尖的高科技企业，被称为中国的"硅谷"。"中关村"原来是个村名，为什么叫"中关"呢？

原来"中关村"最早叫"中官村"。什么是"中官"？简单说就是太监。

据说当年这里有太监住的庙，还有太监的坟，所以才叫"中官村"。1953年，中科院的所属单位搬到这儿办公，通信往来老写"中官"，大家觉得别扭，便把"中官村"改为"中关村"了。没想到以后叫开了，"中关村"的地名保留下来。

太监之所以叫"中官"，是因为太监这个称呼不好听，为了避讳才起的这个名儿，类似的还有"黄门""寺人""内官"等，但最有名的称呼是"老公"。

称太监为"老公"是民间的叫法，因为"公"是对古代有身份、有地位的人的尊称，所以在官场，太监不敢自诩是"老公"的。

相关的史料记载，早在东汉，民间就把太监叫"老公"了。《三国志·魏志·邓艾传》里就有这样的话："七十老公，反欲何求？"这儿说的"老公"，就是指太监。

《北史·高隆之传》里也有这样的对话："帝将受禅，大臣咸言未可，隆之又在其中，帝深衔之。因此大怒，骂曰：'徐家老公！'令壮士筑百余拳，放出。"皇帝受禅，竟遭到太监的反对，他当然恼怒了，于是开口大骂。在这儿，"老公"成了骂人的称呼。

"老公"这一太监的称呼，在民间一直叫到20世纪80年代。虽然辛亥革命推翻了封建帝制，太监退出了历史舞台，但"老公"的称呼却一直流传下来。

生活在六朝古都的北京人，由于对宫里的太监非常了解，所以对"老公"这个称呼比较敏感。

我记得小时候，胡同里有个小孩儿说话哑嗓儿，有个大人说他：

"你说话跟'老公'似的。"这句话孩子告诉了他妈。

他妈急了,拉着孩子去找那个人算账:"你凭什么骂人?干吗说我们家孩子说话像'老公'?"

那人知道自己说错了,赶紧道歉赔不是,说了一堆好话,这事儿才平息下去。

那会儿,还别说谁是"老公",说谁像"老公",都是对人的侮辱。

但是,想不到从20世纪90年代起,"老公"这个称呼改头换面复活了。最初是新结婚的年轻媳妇称自己的丈夫为"老公",后来,叫着叫着,居然被大多数女性所接受了。

当然,在这个问题上,男士们表现出了从没有过的宽容,居然忘了,或者说压根儿就不知道"老公"的称呼原来指的是太监。

男人们好像跟历史进行了切割,把"太监"这茬儿给忘了。这种妥协,使"老公"这个称呼现在几乎成了丈夫的专有称呼。

为什么"老公"成了对丈夫的称呼呢?有人说,这种叫法最初是从港台影视传到大陆的,因为广东、福建及港台夫妻间互称"老公"和"老婆"。

把媳妇叫"老婆"这个称呼流传了上千年。人们认为,既然有"老婆",就应该有"老公","公""婆"是相配的嘛。"老公"这个称呼之所以流行,跟这个观点有一定关系。

关于"老公"这个称呼的来历,有个好玩的传说。

唐代有位名士结识一位妙龄少女,觉得自己的老婆人老珠黄,便想纳这位少女为妾,但他不好意思跟妻子明说,于是写了一副对联的上联:"荷败莲残落叶归根成老藕"。那意思是你已经老得不中用了,让我找个"替补"吧。

没想到，名士的妻子看了上联，转身取出纸笔，写了副下联："禾黄稻熟吹糠见米现新粮"。名士看了惊叹不已，被妻子的才华所打动，放弃了纳妾的念头。

事后，妻子也写了一副上联："老公十分公道"。名士看了马上写了个下联："老婆一片婆心"。

据说这就是"老公""老婆"的来历。显然这是后人编的故事，不足为信，姑妄听之，付之一乐就是了。

其实，"老公"成为丈夫的称呼，也没有必要较真。社会是在不断发展的，因此，一些新的变化，也在不断地挑战我们的传统认知。从这个角度说，把丈夫叫"老公"也没有什么可大惊小怪的。

称呼就是这样，叫顺了口儿，约定俗成了，也就理所当然了。

93 "公子"可不姓公

"公子"这个称呼在现实社会，似乎不招人待见。谁都知道"公子"这个词儿本身没毛病，但是说谁是"公子"，谁也不爱听。

如果再加个"哥"，叫您"公子哥儿"，您肯定得急。是呀，叫谁"公子哥儿"，等于是糟改谁。

其实，"公子"是个古老的称呼。早在商周时代就有这个称呼了。《仪礼·丧服》中说得很清楚："诸侯之子称公子。"

众所周知。战国时代的"四大公子"，即魏国的信陵君、楚国的春申君、赵国的平原君、齐国的孟尝君。

中国人喜欢"四"，"四大公子"之说历朝历代都有，比如明末的"四大公子"："东林党魁"陈于廷之子陈贞慧、文学大家侯方域、湖广巡抚方孔炤之子方以智、名士冒辟疆。民国时的"四大公子"：袁克文、张学良、张伯驹、溥侗（红豆馆主）。

　　北宋以后，"公子"这个称呼发生了变化，它成了权贵子弟的"专利"，豪门士族、官宦、有文化的人的儿子都叫"公子"。

　　当然，现在"公子"这个称呼依然还在应用，人们把有钱有势有背景的人的儿子，还称"公子"，当然这是第三人称，他自己绝对不认可这个称呼。

　　也有认可的情况，那就是朋友之间，带有轻松幽默性的称呼。比如您见到老同学或老同事，在打招呼时，问一句："贵'公子'可好？"

　　又如朋友聚会相互介绍身份时，主持人说一句："这位是著名电影表演艺术家×××的'公子'。"

　　"公子"这个称呼是在特定场合才能叫的，一般在现实生活中很少用。

94　"萧郎"的感人故事

　　说到"萧郎"这个称呼，先给您讲个故事：

　　唐代元和年间有个诗人叫崔郊，他的姑姑有一个婢女，长得非常漂亮，让崔郊看上了。

　　但两个人的地位和身份悬殊太大，加上婢女又是姑姑手底下的人，崔郊对她虽有爱慕之心，却难以和她结为眷侣，被缱绻之情所困。

后来这个婢女被卖给了襄州司空于頔。崔郊得知此事顿生悔意，十分思慕她。

碰巧，在寒食节这天，崔郊外出时，与这个婢女邂逅，朝思暮想的情人相见，崔郊百感交集，写下了一首流传千古的诗《赠去婢》：

公子王孙逐后尘，
绿珠垂泪滴罗巾。
侯门一入深如海，
从此萧郎是路人。

后来，于頔看到了这首诗，被崔郊和婢女难以割舍的爱情所感动，便把婢女让给了崔郊，成全了他们的美意。这是唐代诗坛的一段佳话。

有许多后人被崔郊的故事感动，写诗赞誉，温庭筠在《赠知音》诗中写道："窗间谢女青蛾敛，门外萧郎白马嘶。"这里的"萧郎"喻指的就是崔郊。

"萧郎"最早是指姓萧的男子。《梁书·武帝纪上》："迁卫将军王俭东阁祭酒，俭一见，深相器异，谓庐江何宪曰：'此萧郎三十内当作侍中，出此则贵不可言。'"

这里说的"萧郎"指的就是梁武帝萧衍，他是南朝梁的开国皇帝，文武双全，长得英俊潇洒，所以后人把他视为美男子的代表，也喻指情郎。

萧衍的儿子也不得了，名叫萧统。他是萧衍的长子，号昭明太子，他召集辑录秦汉以来的诗文，结成文集《昭明文选》，一直传到现在。

传说萧统在江阴顾山遇到一位法号叫慧如的尼姑,俩人一见钟情,但身份悬殊,一个是皇太子,一个是出家人,不可能成为夫妻。

慧如相思成疾,忧郁而死,太子含泪种下一棵红豆树,这棵树由此被称为"相思树",萧统与慧如的故事后来被变成诗歌,广为流传,有人便称萧统是"萧郎"。

与之相关的称呼还有"潘郎",唐代诗人李嘉佑《送崔十一弟归北京》:"潘郎美貌谢公诗,银印花骢年少时。"

"潘郎"即潘安,本名潘岳。他可是历史上的一个大名人,他有才,是著名文学家,最主要的是他有貌,是西晋时代的高富帅,被誉为"古代第一美男子"。称"潘郎",就是把男人比作潘安。好嘛,把一个男人说成潘安,这不是敬称,简直有点谀称的味道了。

95 "鼻子"原来是长子

把长子叫"鼻子",您听着新鲜吧?但这确实是古人的一个称呼。

封建宗法制度延续近两千年,中国人对长子极为重视,因为他是传宗接代的重点对象,所以,古代的人对长子的称呼很多,但为什么把长子叫"鼻子"呢?这有点儿让人莫名其妙。

确实,"鼻子"跟长子,看起来是风马牛不相及。

"鼻"的字义,除了我们知道的脸部用来呼吸、感知嗅觉的器官以外,在甲骨文里,它还有起始的意思。

"鼻"字是由自己的"自"和"畀"组成的，后来引申为开始、开端。杨雄在《方言》里说："鼻，始也。兽之初生谓之鼻，人之初生谓之首。梁益之间谓鼻为初或谓之祖。""鼻祖"一词就是从这儿来的。

您看，把长子叫"鼻子"，在汉代就有这个俗称了。

清代的段玉裁在《说文解字注》里说得更明确："今俗以始生子为鼻子。"清代学者梁章钜在《称谓录》里也说："始生子为鼻子。"

始，就是开始，第一，也就是长子。从历史文献可知，称长子为"鼻子"是民间的叫法，大庭广众之下不这么称呼。

民间怎么管长子叫"鼻子"呢？"'鼻子'在家吗？""您是'鼻子'吗？我请教您点事儿。"这听着多别扭呀！显然，长子被叫作"鼻子"，应该是第三人的称呼。

96 "令嗣"说的是儿子

看古书您会发现，古代的文人在称呼上是非常讲究的。说讲究是好词儿，说苛刻点，是卖弄学问，或讨巧于人。比如"令嗣"这个称呼，您能想到它说的是别人的儿子吗？

当然，在古代，这是很寻常的称呼，现在，恐怕"令嗣"这个词儿，有些人都未必认识。

"令"字在用在人的称呼时，永远是第三方的称谓，比如："令子可好？""令郎今年该'而立'了吧？""令子""令郎"都是指对方的儿子。

宋代的王安石在《答郏大夫书》中说:"承教,并致令嗣埋铭祭文,发挥德美,足以传后信今。"这里的"令嗣"也是指对方,即郏大夫的儿子。

为什么"令嗣"是对别人的儿子的称呼呢?

"嗣"在甲骨文里,本义是父亲传位或传业给嫡长子。"嫡长子"就是正室夫人所生的第一个儿子。《玉篇》中说得明白:"嗣,续也,继也。"

因为古人非常重视嫡长子,认为嫡长子是传宗接代的正根儿,所以才有了"令嗣"这个称呼。

最初"令嗣"就是指嫡长子,后来词义引申,成了儿子的泛指。与之相近的还有"哲嗣""令息""冢子""根嗣""冢嗣""承嗣""嗣子"等,指的都是儿子,但指的是别人的儿子,自己的儿子不能这么说。

97 有"卿卿"没"我我"

"卿"在古代,最初是高官的官名。《礼记·王制》中说:"大国三卿,皆命于天子;次国三卿,二卿命于天子,一卿命于其君;小国二卿,皆命于其君。"

汉代以前有"六卿",包括冢宰、司徒、宗伯、司马、司寇、司空。这些都是皇帝手下的高官重臣。正是由于"卿"的地位比较高,所以皇帝有时称近臣为"爱卿"。

"卿"后来传到民间,自然也是讨人们喜欢的词儿,"卿"是夫妻之间表示亲昵的爱称。丈夫可以称妻子为"卿",妻子也可以称丈夫为"卿"。后来,好哥们儿好朋友之间也以"卿"相称。

更亲昵的称呼是两个"卿",即"卿卿"。您肯定知道"卿卿我我"这个成语,它指的就是男女之间的亲昵关系。

"卿卿我我"语出南朝刘义庆的《世说新语·惑溺》,原文是:"王安丰妇常卿安丰,安丰曰:'妇人卿婿,于礼为不敬,后勿复尔。'妇曰:'亲卿爱卿,是以卿卿;我不卿卿,谁当卿卿。'遂恒听之。"

前边的"卿"是动词,后边的"卿"是代词,"你"的意思。用大白话说就是:亲你爱你,才称你为卿,我不称你为卿,谁能称你为卿呀!听起来,有点撒娇的感觉。

《红楼梦》的《聪明累》里有句名言:"机关算尽太聪明,反误了卿卿性命。"这里的"卿卿"也是那个意思。

98　"当家的"是"家长"吗

当过学生的,都知道"家长"这个称呼,因为学校经常开家长会,您要是在学校淘气了,老师也会把您的父亲或母亲请到学校。

"家长"是谁?还用问吗?但"当家的"是谁呢?这您就未必说得清楚了。

"当家的"是个俗语,也是含义比较丰富的称呼。表面看,"当家的"是家里的事儿,实际上它也许就某件事说的,比如:"他是当家的，这件事他做主。"

再比如，某人是这个单位的负责人，同事会说："他是我们当家的，有事儿您找他。"这个时候，"当家的"又成了单位的领导。

从广义说，"当家的"就是主事儿的，换句话说就是每个单位、每件事的主要负责人。具体到一个家庭，"当家的"就是主持家政的那位。

北方的妇女称呼自己的丈夫时，喜欢用"我们家那位"，有时也直接说"我们那位"。实际上就是"我们家那位主政的"或"我们家那位'当家的'"的简化用语。

"当家的"的这个称呼，早在明清时期就在北方流传。晚清至民国时期的学者李鉴在《俗语考源》中说："北俗妻对人称其夫曰当家。"那会儿，妻子在跟人聊天说到自己的丈夫时，就叫"当家的"。

说实在话，那会儿的"当家的"是名副其实。换句话说，当时的社会奉行的是"男主外，女主内"。

"女主内"就是女人操持家务，但她只是操持，一个家庭真正说了算的是男人。为什么？因为男人是到外边挣钱的，家里的财权掌握在他手里。

现代社会，男女在家庭中的地位是平等的，男人被媳妇叫"当家的"，其实家里有些事他未必当得了家。男人再强硬，"枕边风"一吹，也会成为"顺毛驴"。

所以，"当家的"现在仅是一个称呼而已，并不能体现谁真能"当家"。

99　谁能称为"老爷们儿"

"老爷们儿"是一个口语称呼,"爷"字,表明这个称呼属于男性。

通常"老爷们儿"是对男性的泛指,比如:"你们看,这帮'老爷们'来了。""在座的'老爷们儿'都站了起来!"

当然,"老爷们"只有成年的男子才有资格叫。由于"爷们儿"的称呼彰显着男人应有的阳刚之气,后来成为"江湖口儿",所以这个称呼上不了台面儿。换句话说,正式场合一般是不用"老爷们儿"这个称呼的。

在北方农村,已婚的妇女对自己的丈夫一般都叫"老爷们儿"。有时要加上"俺",说成"俺老爷们儿",意思是"我的老爷们儿"或"我们家的老爷们儿"。

《马可·波罗游记》在描写元大都的风土民情时,说到了人们称男士为"老爷们儿"。

北京人似乎觉得"老爷们儿"这个称呼还不够阳刚,往往在它前头加一个"大"字,在夸人的时候会说:"瞧这'大老爷们儿'!"

"老爷们儿"在特定的语境里,还是长辈对晚辈的昵称,体现着某种温情和爱意。

我小时候住的胡同,有位蹬板车(三轮平板车)的大叔,记得他每次见到我,都会摸摸我的脑袋说一句"这爷们儿"或"这傻老爷们儿",以此来表达对我的喜欢。

通常平辈的人可以互称"哥们儿",只有隔辈的长者,才有资格叫您"爷们儿"。所以,"老爷们儿"这个称呼是不能随意叫的。

但有时，对第三方的男子却可以这么称呼，如："瞧他做的这事儿真够意思，是个老爷们儿。"

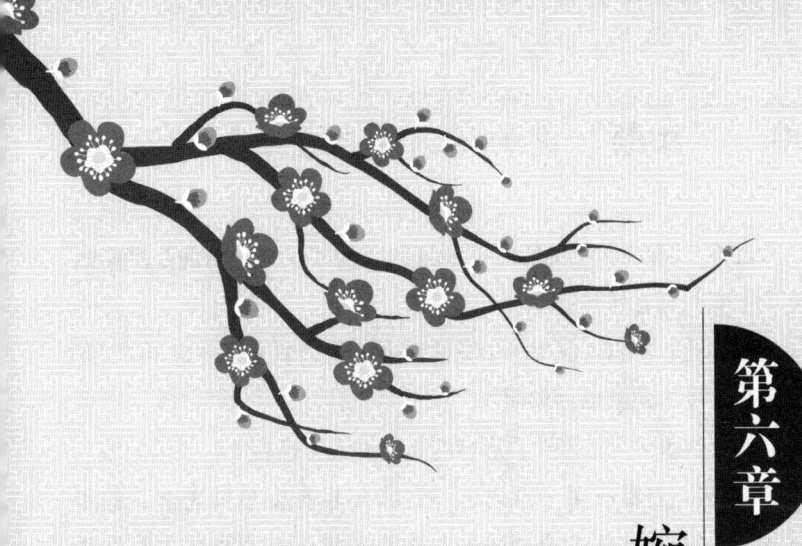

第六章 婉约的女性称呼

100 "红颜"说的不只是脸蛋

"红颜"是对女性的称呼。"红颜"的"红",指的是胭脂的颜色,"颜"是女子的面庞。

这个词儿,出自《汉书》中写汉武帝的宠妃李夫人的诗句:"既激感而心逐兮,包红颜而弗明。"

当然,这里的"红颜",形容的是李夫人年轻貌美,倾国倾城。

"红颜"主要有两个意思,一是指年轻有姿色的美女,如唐代杜甫的诗《暮秋枉裴道州手札》中有"忆子初尉永嘉去,红颜白面花映肉"的诗句。唐朝李白的《赠孟浩然》中也有"红颜弃轩冕,白首卧松云"的诗句。这里的"红颜"都是指年轻美貌的女子。

"红颜"的另一个意思是指男子的异性朋友,有个成语叫"红颜知己",就是指这个。

"红颜"常见于文学作品的描写,一般作家写到"红颜"时,主要是指男性的知己。

这个知己应该是在婚姻之外的,而且超出一般朋友意义的关系。有人把这种关系说成是心灵上的朋友。

正因为"红颜"的关系比较特殊,所以这个称呼一般只是作为第三方的描述,如:"她是李先生的'红颜'。"通常自己不能说:"她是我的'红颜'。"

101 "粉黛"的级别有点儿高

"粉黛",指的是妇女化妆用的白粉和青黑色的颜料,以此代指年轻美貌的女子。

韩非子的《显学》里有一段话:"故善毛嫱,西施之美,无益吾面,用脂泽粉黛,则倍其初。"虽然比不上西施,但用"粉黛"帮忙,可以比原来的模样漂亮得多。

这说明,古代的女子也是要靠化妆品帮忙体现自己的姿色的。

说到"粉黛",您可能会想到白居易的《长恨歌》,这首长诗里有两句非常有名的诗句:"回眸一笑百媚生,六宫粉黛无颜色。"

这是形容杨贵妃的姿色天下无双,别的不说,她回头一笑,就让六宫的嫔妃顿时黯然失色。白居易真是把美人写绝了。当然,人家杨贵妃也是"粉黛"级别的美女。

一般的长相够不上"粉黛"这个称呼。能被称为"粉黛"的,"颜值"至少得在八十分以上。当然,姿色得是原装,整过容、化过妆的不算数,虽然"粉黛"这个词,本来就是化妆的意思。

不知是"粉黛"要求的"颜值"太高,还是因为"粉黛"的本义是化妆品的缘故,现代的女性已经很少用这个称呼了。

与"粉黛"相近的称呼,还有"蛾眉""佳丽"等,现代人用的也不多。

102 "朱颜"的不同用法

"朱颜"的"朱"是红色的意思。"颜",指的是面容、面色。"朱颜"就是红色的面容。

这是大面儿上的说法,因为人脸色泛红主要有四种情况:一是天生的红脸,比如关公;二是喝了酒,俗称"走皮";三是羞愧难当;四是自己化了妆。

"朱颜"在古诗里有不同的用法,如南唐李煜在《虞美人》里有"雕栏玉砌应犹在,只是朱颜改"的名句。南朝宋时的鲍照在《芙蓉赋》里也写道:"陋荆姬之朱颜,笑夏女之光发。"这里的"朱颜",是红润、美好的容颜的意思。

再如三国时的曹植在《杂诗》里写道:"时俗薄朱颜,谁为发皓齿?"南朝梁的简文帝在《美女篇》中有"朱颜半已醉,微笑隐香屏"的名句。这里的"朱颜"说的是美女,美色。

又如唐郎士元在《闻蝉寄友人》中写道:"朱颜向华发,定是几年程。"清代顾炎武在《蓟门送子德归关中》有"与子穷年长作客,子非朱颜我头白"的句子。这里的"朱颜",指的是青春年少。

而晋代潘岳在《今古集作》中写道:"玄醴染朱颜,但愬杯行迟。"宋代的司马光在《和子华招潞公暑饮》中有"闲来高韵浑如鹤,醉里朱颜却变童"的名句。这里的"朱颜"是指脸红,形容醉酒的面容。

由此可知,"朱颜"虽然说的是红色的脸蛋儿,但在不同的语境里,却有不同的意思,所以在称呼上要慎用。

103　"淑女"来自"窈窕"

"淑女"是现代女性比较推崇的称呼。如果说某位女性是"淑女"或"淑女型"的,等于对她表示了肯定,她肯定会心里美滋滋的。

"淑女"一词出自《诗经·周南·关雎》里的"关关雎鸠,在河之洲。窈窕淑女,君子好逑"。

这里的"淑"是"善"的意思,"善"就是好。所以说"淑女",就是好女子。那么,什么样的女子够得上"淑女"之称呢?

其实,什么是"淑女"并没标准,古代也没有"选美小姐大赛"之类的评选活动。不过,什么是"淑女"?谁是"淑女"?几位女性往那儿一坐,再说一会儿话,您就能品出来。

"淑女"看的不只是长相如何、仪表仪容怎么样,主要看的是气质、韵味、品位,看有没有"淑女"的范儿。

"淑女"不但仪表端庄,性格温柔,而且气质优雅,娴雅端庄。这些是任何脂粉都是难以粉饰出来的。

"淑女"没有自称的,也不好意思互称,通常是来自于别人的评价。当然,因为人的审美眼光不同,这种评价有时也只是参考。是不是"淑女",自己应该心知肚明。

104　"裙钗"指的是什么

人们可能是通过电影《金陵十二钗》,知道"裙钗"这个称呼的。是的,"裙钗"指的是女性,但不是一般的女性。

"裙钗"的"裙"指的是女性穿的裙子,"钗"是指女性头上的饰物。我第一次接触"裙钗"这个词儿,是看《红楼梦》的时候。

《红楼梦》的第一回有句名言:"我堂堂须眉,诚不若彼裙钗?"那会儿,我还年轻,总觉得"裙钗"属于花瓶类的女子。

后来,看的书多了,我才明白:古往今来女子千千万,能被称为"裙钗"的都非等闲之辈。比如电影《金陵十二钗》里的十二个女子,虽然堕入风尘,但在国难时依然有"不让须眉"之举。

《西游记》第五十九回在写铁扇公主时,也用了"裙钗"这个称呼:"裙钗本是修成怪,为子怀仇恨泼猴。"

铁扇公主与牛魔王生的儿子红孩儿,被观音菩萨收为童子。铁扇公主见不到自己的孩子,为此怀恨孙悟空,要跟他玩命。作者在这里把铁扇公主形容为"裙钗",您看这位"裙钗"是一般女性吗?

"裙钗"是古代人对女性的称呼。显然,这个称呼已经属于"过去时"。现在谁要是称呼哪位女性是"裙钗",无异于在嘲讽人了。

105 "夫人"不能乱叫

"夫人"现在已经是国内通用的称呼了。人们都知道"夫人"是在社交场所表示"妻子"的礼貌用语,比如在介绍来宾时,人们常听到介绍某某人是谁谁谁的夫人。

"夫人"就是"妻子",但在日常生活中,丈夫很少管自己的媳妇叫"夫人"。

从某种意义上说,"夫人"这个称呼比较文雅,平常用这个称呼,显得过于庄重。

其实,"夫人"的"夫"字,是二人的意思,所以,男人也可以叫"夫",但是,最初"夫人"这个称呼可是"专用"的。

在《礼记·曲礼》中,就明确规定:"天子之妃曰后,诸侯曰夫人。"也就是说,在周代,只有诸侯的媳妇,才可以叫"夫人",一般人的妻子是不能称呼为"夫人"的。

到了汉代,还是这规矩。《汉书·文帝纪》中记载:"七年冬十月,令列侯太夫人、夫人……"您看,那会儿一般人的妻子,也不能叫"夫人"。唐宋以后,一二品官的妻子封为夫人,如一品诰命夫人。

到了宋元时代,"夫人"才可以民用,一般老百姓的妻子可以称呼为"夫人"了。

在社交场合,称呼"夫人"通常要在前面加上男人的姓名,比如"这是张三的夫人"。当然也可以说"张夫人"。直接叫"夫人",只有丈夫才有这资格。

106 "太太"已无界别

有一部老电影叫《太太万岁》,不知道您看过没有?这是由张爱玲编剧,桑弧导演,石挥、张伐、上官云珠、韩非等明星主演的。

这部电影讲的是,上海弄堂里的女子陈思珍在与小职员唐志远结婚后,一心要做一个贤惠的太太,但她使出浑身解数,也没能拦住丈夫唐志远的出轨，眼看婚姻破裂，她忍辱负重，想方设法去挽救家庭危机。

故事虽然平淡无奇，但非常真实生动。在1947年公演后，经久不衰，后来还被改编为电视连续剧，当然是现代版的"太太"的故事。

"太太"这个称呼在古代是指官吏的妻子，后来成为上流社会已婚女性的称呼。过去，有钱的大宅门的女仆对女主人要称"太太"。

正因为如此，"太太"成为有地位有势力的已婚女性的称呼。《太太万岁》里的女主人公为了维护自己的"太太"名声，不惜丧失尊严，恰好说明那会儿的女性多么看重"太太"这个称呼。

在特殊的年代，"太太"也被挂上了"资产阶级"的标签，所以很长时间，已婚女性忌惮"太太"这个称呼，说谁是"太太"，等于把谁划到了"资产阶级"阵营。直到改革开放，"太太"这个称呼才回归到人性化的本体。

现在，"太太"已经是比较普遍的称呼了，跟"夫人""爱人"等对妻子的称呼一样，您可以在不同的场合使用，没有什么严格的界限。

107 原来"孺人"有等级

"孺人"是古代的人对妻子的称呼。按说对妻子的称呼是自家的事儿，但古代人规矩大，对妻子怎么称呼是有严格规定的。

《礼记·曲礼》关于对妻子的称呼说得很清楚："天子之妃曰后,诸侯曰夫人,大夫曰孺人,士曰妇人,庶人曰妻。"

中国古代是封建社会,实行的是"官本位",等级分明,能称为大夫的,怎么也得是现在的省部级干部,所以"孺人",说白了就是对"官太太"的称呼。

唐代诗人储光羲《田家杂兴》中有"孺人喜逢迎,稚子解趋走"的诗句。这里的"孺人"就是指自己的妻子。

"孺",《说文解字》的解释是:"孺,乳子也。"说白了,就是小孩儿的意思。有个词叫"孺子牛",出自《左传·哀公六年》的典故,指对子女过分疼爱的父母。

话说齐景公有个庶子叫荼,齐景公对他特别宠爱,宠到什么份儿上呢?齐景公有一次哄荼玩,嘴里衔着绳子让他拉着走,结果把牙都给拉掉了。别人看到这一幕,讥讽齐景公为"孺子牛"。

鲁迅先生有句名言:"横眉冷对千夫指,俯首甘为孺子牛。"这里的"孺子牛",是比喻心甘情愿为人民大众服务、无私奉献的自己。当然"孺人"跟"孺子牛"是两回事儿。

中国古代,皇帝还对官员妻子封号,宋徽宗政和二年(1112年)定,"孺人"用以封赠通直郎以上,至承议郎之妻。明代的"孺人"封赠七品官之妻,只有县太爷的媳妇才有资格叫"孺人"。

清代的"孺人"称呼,封赠的对象是九品到七品之妻,比明代放宽了两个级别。

不过,清代封赠官员妻子的称呼比较细,一品二品为"夫人",三品是"淑人",四品是"恭人",五品是"宜人",六品是"安人",七品是"孺人",八品是"八品孺人",九品是"九品孺人"。

显然,"孺人"的称呼带有官方色彩,当然,称呼一旦染上了

"官气",便跟老百姓没有缘了。所以,"孺人"只出现在文人的笔下或官员的言谈之间。

到了清末,"孺人"的称呼开始掉价儿,一些附庸风雅的人,也把自己的夫人叫"孺人",到后来,"孺人"不但是对妻子的敬称,而且也指代妇女。

不过,"孺人"的称呼再怎么降低身段,人们对它也不感兴趣了。辛亥革命以后,"孺人"的称呼便逐渐消失了。

有意思的是粤东客家和湖南一些地区,还在使用"孺人"的称呼,不过多用于亡故的女性。

这两个地方有"俗不论士庶之家,妇女墓碑皆'孺人'"的风俗,就是在女性的墓碑刻上"孺人"的名号,以彰显后代的敬意。

108 "细君"是什么君

苏东坡在《上元侍饮楼上》里有两句诗:"归来一盏残灯在,犹有传柑遗细君。"这里的"细君"指的是谁呢?不是别人,指的是苏东坡自己的媳妇。

怎么把媳妇叫"细君"呢?原来"细君"是古代文人对妻子的称呼。

《汉书·东方朔传》里有:"归遗细君,又何仁也?"唐代的颜师古注:"细君,朔妻之名。一说,细,小也。朔辄自比于诸侯,谓其妻曰小君。"

"细"是小的意思,"细君"也可以叫"小君"。倒不是说东方朔的妻子长得小巧玲珑，小鸟依人，这里的"细"是一种谦称。

他这儿一"细"不要紧，大家都觉得"细君"这个词儿有学问，由此，"细君"成了妻子的代名词。

"细君"这个称呼在古代，只用于书面语，人们在生活中并不这么叫自己的媳妇。

当然，这个称呼早已经过时，现在您如果拿出来用，"细君"会让人当成"细菌"。

谁不怕"细菌"呀？听到这俩字得躲远远儿的。您说这不是给人添堵吗？自然，知道"细君"这个称呼的人，现在已经不多了。

109 "伉俪"就是夫妻

作家在给读者签书时，读者告诉他"我们是两口子"。作家往往要在书的扉页上写："×××、×××伉俪雅赏。""伉俪"是什么意思呢？

《国语·周语中》里有这样一段话："今陈侯不念胤续之常，弃其伉俪妃嫔，而帅其卿佐以淫于夏氏。"韦昭注："伉，对也。俪，偶也。"

原来"伉俪"是古代对夫妻的称呼。"伉"字的本义是对等，相称。"俪"字的本义也是相称，对偶。因此以"伉俪"作为对夫妻的称呼，再合适不过了。

不过，在东汉之前，"伉俪"作为对夫妻的称呼，其中的妻子一般指的是嫡妻，也就是原配夫人，如果是"二锅头"，即后续的夫人，就没有资格称"伉俪"了。

但是东汉以后，这种风俗改变了。晋代的潘岳在《杨仲武诔》中说："而子之姑，余之伉俪焉。"后来，"伉俪"就泛指夫妻，也没有嫡妻和后妻之分了。

但不管是古代，还是现在，说到"伉俪"时，一般是指别的夫妻，一般不自称"伉俪"。

110　干吗要叫"正室"

"正室"就是正妻，中国古代男人对自己的原配妻子的称呼。

为什么要说"正室"呢？因为中国古代允许一夫多妻，当时离婚的极少。那会儿，离婚不叫离婚，叫"休妻"。妻子要是被丈夫给休了，等于逼她上吊。

有道是，一日夫妻百日恩，两口子再不对眼，也不至于逼媳妇上吊呀。于是，就只能当"维持会长"，但见到漂亮女孩儿，还免不了动色心，怎么办，舍出点儿银子，纳个妾吧。

原配夫人知道丈夫老牛吃嫩草，但念他不休自己的情分，也就成全他了。自然，当时的妇女在丈夫眼里，必须得服从命令。

媳妇不同意也没辙，但丈夫有了妾，也动摇不了她的"正室"地位，丈夫再疼小老婆，新的在家里也是"侧室"。

这些都是封建社会的事了，现在看来简直荒唐可笑。什么"正室""侧室"的，如今实行的是一夫一妻制，就一"室"！

若有人在婚姻上出轨、劈腿，或者养"小三儿"，能取得对方原谅，日子就接着过。不能原谅，对不起，你走你的阳关道，我过我的独木桥。就这么简单，没有什么可丢人的。

所以，像过去那些"正室""侧室"等称呼，早就被人们扔到历史的垃圾堆了。不过，为了丰富知识，您还是应该了解一下历史上的"正室""侧室"。

111 娘娘住的地方叫"椒房"

"椒房"，在古代是个有意思的称呼。什么是"椒房"呢？

这个词儿出自《汉书·车千秋传》，其中有一句话："江充先治甘泉宫人，转至未央椒房。"颜师古注："椒房，殿名，皇后所居也。"

原来"椒房"是指汉代的皇宫未央宫里的椒房殿。椒房殿是汉代皇后居住的地方，也可以说是皇后的寝宫。正因为如此，人们就把皇后和皇妃指代为"椒房"。

"椒房"的"椒"，就是我们现在炒菜炝锅用的花椒。汉代皇后的宫殿，是用花椒来涂墙的，当然，肯定是把它研碎了，再和泥上墙。

据说古人认为用花椒涂墙，不但有多子多孙之意，而且还可以取暖，最主要的是花椒能辟邪。

从汉代到唐代，人们一直称呼皇后和皇妃为"椒房"。唐代大诗人杜甫的名篇《丽人行》里有："就中云幕椒房亲，赐名大国虢与秦。"

另一位大诗人白居易的《长恨歌》里也有："梨园子弟白发新，椒房阿监青娥老。"这里的"椒房"说的都是皇妃。

当然，有皇帝和皇妃的时代早就成为历史，现代人几乎不知道什么叫"椒房"了，不过，为了了解历史知识，我们还是应该认识一下"椒房"这个称呼。

112 "拙荆"并不拙

"拙荆"是古代的文化人对自己妻子的谦称，现在，偶尔也能在一些老人写的文章里见到这个称呼。

什么叫"拙荆"呢？"拙"在这儿不是形容词，而是第一人称"我"的谦称。

"荆"，就是山上的灌木荆条，在这儿是指以荆条做的钗。钗，就是古代妇女头上的饰物。"拙荆"的意思就是：笨拙的我的妻子。

为什么要以"荆"来指代妻子呢？原来这是一个典故。中国古代有一部专门介绍前朝优秀妇女先进事迹的书叫《列女传》。在这部书里，介绍了一位勤俭持家、相夫教子的模范妇女孟光。

孟光的丈夫是东汉时期的著名隐士梁鸿。书里说"梁鸿妻孟光，荆钗布裙"，什么意思呢？就是说孟光特别的贤惠，为了全身心地养家教子，生活十分简朴。简朴到什么份儿上了呢？以荆条做钗，用粗布做裙。

这么好的媳妇自然让男人们喜欢，所以，后世的男人们常常拿孟光的事迹说事儿，"拙荆"这个称呼就是这么来的。

113 "糟糠"的典故有意思

"糟糠"就是酒糟和米糠。过去穷人常拿它充饥,"吃糠咽菜"里的"糠"指的就是这个。

《史记·伯夷列传》里有段话:"仲尼独荐颜渊为好学,然回也屡空,糟糠不厌。"这里的"糟糠",就是指孔子最得意的学生颜回经常以糟糠为主食,并无怨言。

"糟糠"在古代,还是对患难与共的妻子的称呼。有句名言"糟糠之妻不下堂"您肯定听说过。

原来,"糟糠之妻不下堂"是一个典故。

这个故事说的是,刘秀在宛城起义,宋弘是他手下的大将,作战英勇,不幸负伤。刘秀在饶阳境内,把他托付给一个姓郑的大户人家养伤。郑女年龄跟宋弘相仿,对宋弘温柔体贴,照顾得无微不至,让宋弘感激涕零。

当然,两个年轻人在一起,难免日久生情,宋弘伤愈后,以感恩之情,跟郑女结为连理,婚后,宋弘继续跟刘秀征战。

后来刘秀做了汉光武帝。他姐姐湖阳公主死了丈夫后,看上了宋弘,让刘秀帮忙提亲。

刘秀心想我是皇帝,宋弘跟我多年,我说的话他还能不听?便设宴请宋弘,席间,刘秀对他说:一个人当了大官换朋友,发了大财换媳妇,这是人生常理,你说是不是?

宋弘听出他的话外音,对他说:贫贱时交的朋友,不能因为自己的地位变了,就把人家给忘了;跟自己一起吃糠咽菜过苦日子的妻子,不能因为自己富贵了,就把她抛弃了。

刘秀一听,觉得他说的在理,便不再跟他提自己姐姐的事儿了。

从此，人们便把患难与共的妻子叫"糟糠"了。当然，不见得所有患难夫妻都吃过糠。"吃糠咽菜"只是一种比喻。后来原配妻子，也被称为"糟糠"。

毫无疑问，"糟糠之妻不下堂"是中华民族的一种美德。人的一生坎坷不平，夫妻能"百年好合"不容易，所以，宋弘在富贵之后，不忘患难与共的妻子，不失为后世的楷模。

当然，他的一番高论，也给我们留下了意味深长的一个称呼——"糟糠"。

114 "贤内助"在乎的是贤

"贤内助"是对贤良妻子的称呼。"贤内助"的"贤"，是贤惠能干的意思。"内助"，是指妻子。

过去有句老话：一个家庭"男主外，女主内"，所以，媳妇也叫"内人"。

"内助"的意思是说，作为"内人"，不但能操持家务，还能给丈夫出谋划策，帮助丈夫打理工作。显然，不是任何一个媳妇，都有资格称得上是"贤内助"的。

从前，男人要是在工作中取得了突出成绩，立功受奖，或者出人头地、事业有成了，别人在夸奖他时，短不了会说："您能有今天的成就，是因为身后有一位'贤内助'。"

是呀，要想在岗位上取得良好业绩，就得全身心地扑到工作上，那么家谁来管？家里的老人、孩子谁来管？这时候，当然需要有"内人"来相"助"了。所以,家里有个"贤内助",是男人一生的福气。

不过,社会在发展,时代不同了,现在男女在家庭中的地位是平等的,您说您要强,把心扑到工作上,如果妻子事业心也很强,而且工作中肩负重任,谁来管家?谁来当这个"贤内助"?

所以,"贤内助"的称呼也在变。换句话说,它不再是女性的专属,在妻子承担工作重担时,您也许就要充当"贤内助"的角色了。

115 "巾帼"羞辱司马懿

"巾帼"是古人在祭祀等重要典礼中戴的头巾和发饰。

这种头巾宽大似冠,内衬金属丝套,有的是用削薄的竹木片儿扎成各种盔套,外面裱扎黑色缯帛或彩色长巾,再配上簪钗。

先秦时期,戴巾帼的习俗是不分男女的,到了汉代,才成为妇女专用,但通常是有身份地位的妇女佩戴。

《晋书·宣帝纪》里,有一段有意思的故事:"亮数挑战,帝不出,因遗帝巾帼妇人之饰。"

这个典故说的是诸葛亮出斜谷,来挑战司马懿,但司马懿死活不出兵,诸葛亮便让人给司马懿送去"巾帼",对他进行羞辱,激他出战。

没想到这一招儿果然灵验,司马懿见了"巾帼"恼羞成怒,立马就要出战,若不是魏主阻拦,便中了诸葛亮的激将法。

由此可见,"巾帼"在三国时期已经是女人的专利了。

"巾帼"后来成为女子的代称,现在也是妇女的尊称。有句众所周知的名言:"巾帼不让须眉。"说的是妇女不论干什么,完全可以和男子平分秋色,不分上下。

事实上也确实如此。这么一说,诸葛亮如果活到现在,也不会用送"巾帼"的方式对司马懿施激将法了。

116 为什么女士叫"女史"

有一年,中国残联主席张海迪到日本访问,日本朋友在机场欢迎她的时候,打出的横幅上写着:热烈欢迎张海迪女史访日。

很多人感到诧异:张海迪是女士呀,怎么称她为女史呢?张海迪是中国残联主席,不是女大使,是不是写错了呀?

其实这是误解"女史"这个称呼了。"女史"不是女大使,而是对知识女性的一个称呼。

"女史"最早是个官名,早在周代就有这个官了,是掌管王后礼仪方面事务的。

《周礼·天官·女史》中,专门对"女史"做了说明:"女史掌王后之礼职,掌内治之贰,以诏后治内政。"您瞧,她的官还不小呢,是王后身边的近臣。

清代袁枚的《随园诗话》里,有《蒋苕生太史序·玉亭女史之诗曰》的篇目。"玉亭女史"就是对知识女性的称呼。

当然,并不是任何女士都可以称为"女史"的。"女史"是对有身份、有知识的女性的尊称。

117　女士可以称"先生"

2021年8月,著名越剧表演艺术家王文娟去世,在遗体告别仪式上,挂着很大的幛子,上面写着"王文娟先生千古"。

很多人看了新闻报道,产生了疑问:王文娟老师是女的呀,怎么称呼她"先生"?

其实,"先生"这个称呼并不是男士的专利。要弄清这个问题,您首先得知道什么叫"先生"。

"先生"一词最早见于《诗经·大雅》,里面有两句诗:"诞弥厥月,先生如达。"这里的"先生"是什么意思呢?朱熹的解释是:"先生,首生也。"也就是先出生的,就叫先生。

当然,先出生的比后出生的知识阅历要丰富,所以后来就成了尊称。《礼记·玉藻》中说:"(童子)无事,则立主人之北,南面。见先生,从人而入。"《论语》里也有"有酒食,先生馔"的句子。

这里的"先生"是什么意思呢?孔颖达的注疏:"先生,师也。"到这会儿,"先生"就成老师了。

到了战国时期,"先生"的称呼涵盖面又宽泛了。《战国策》里有"先生坐,何至于此"的句子。这里说的"先生",是指有德行的长辈。

也就是说,从战国时期开始,德高望重的人都可以叫"先生",汉代还出现了"老先生"的叫法。

辛亥革命推翻了帝制之后,男女的称呼发生了很大变化,特别是新文化运动推崇思想解放,男女平等,使许多称呼男女通用,"先生"就是一个典型。

封建社会一直讲究女德,即女性的"三从四德",使中国的女性受到巨大的思想束缚,在称呼上也受到很多限制,所以,民国以后,"先生"成了男女通用的称呼。

当然女性能称之为"先生"的,也得有"范儿",不说学识渊博,也得有一定的资历,德高望重,比如宋庆龄女士,毛泽东主席就称她为"先生"。

在1936年和1949年,毛泽东主席先后给宋庆龄写过两封信,都称她为"先生"。

鲁迅称萧红为"先生",钱锺书在给冰心写的信里,也称冰心为"先生"。同样,杨绛翻译了《堂吉诃德》,送给冰心,冰心在给她的回信中,也称杨绛为"先生"。

由此可见,对那些有名望的文化女性称呼"先生",还是十分得体的。

118 女人能顶"半边天"

"半边天"是对现代女性的称呼,寓意是现在的妇女不比男人差,能顶起半边天。

为什么不是整个天,而是"半边天"呢?因为另外半边天给男同胞们留着呢。妇女要是把整个天都顶起来,男同胞们干什么去呀?

"半边天"这种带有英雄主义色彩的称呼,产生于革命的年代。由于长期的封建社会中所形成的对妇女的偏见,女同胞感到自卑,但革命让中国妇女开始觉醒。

从辛亥革命开始,女同胞一直在为男女地位的平等而奋斗,直到新中国成立后,妇女的社会地位才得到真正的提高,"半边天"的称呼就是在这种背景下提出来的。

事实证明,凡是男同胞能干的工作,女同胞都能干。妇女能顶"半边天",不是一句简单的口号,"半边天"这个称呼实至名归。

革命时期,女性提出的一个口号是:"我们也有两只手,妇女能顶半边天。"

当然,随着社会的发展,"半边天"的提法已经过时了。为什么说过时了呢?因为妇女已经跟男同胞平起平坐了,您再说"半边天",等于画蛇添足,多此一举了。

119 "屋里的"已经过时

在北方大部分地区,"屋里的"是丈夫对妻子的爱称。"屋里的"是什么呀?这话让南方人有些"丈二和尚——摸不着头脑"了。

"屋里的"的潜台词是"屋里有人"。谁?"俺的媳妇"!媳妇就说媳妇呗,什么叫"屋里的"呀?

您别以为"屋里的"这个称呼是对妇女的歧视,其实,"屋里的"这个词儿另有含义:"听见没有,我屋里有人!咱可不是王老五。"男人们觉得自己的媳妇在屋里戳着,自己脸上有面儿。

"屋里的",是古代流传下来的民间称呼。古代人跟现在的人,在生活观念上截然不同。

那会儿的人认为:男人无妻,没有出息。那时,没有媳妇的男人,在社会上都显得卑微。

所以，别看那会儿的男人在家里拿媳妇不当一回事，但是在外边，却把自己的媳妇捧得很高。"屋里的"这个称呼就说明了这一点。

比较而言，"屋里的"这个称呼显得很没文化，甚至有点儿俗气，所以，拿不到台面上来。随着社会的发展，人们的文化水平不断提高，这个称呼逐渐被人们淘汰。

现在，您在北方农村，还能从岁数大的老人嘴里听到这个称呼，但在城市里，已经听不到了，特别是在年轻人中，您再跟人家说"屋里的"，人家会以为您在嘲讽呢。

120　引人注目的"亲爱的"

"亲爱的"是一个非常有意思的称呼，它既是大众化的泛称，又是带有私密性的昵称。所以，"亲爱的"这个称呼，有时听着轻描淡写，极其寻常；有时却烫眼扎心，撩拨人意。

"亲爱的"是表达真挚爱意的称呼，多用于夫妻之间、恋人之间、晚辈和长辈之间，甚至朋友和同事之间。

丈夫给妻子写信，或妻子给丈夫写信，开头可以用"亲爱的"；孩子给父母写信，或者父母给孩子写信，也可以称呼"亲爱的"；称呼党和祖国，也可以用"亲爱的"。总之，对一个人想要表达自己炽热的情感、浓厚的爱意，都可以称呼"亲爱的"。

外国人在日常待人接物时，习惯称呼"亲爱的"，所以有人认为"亲爱的"这个称呼是舶来品。

其实，远在西周时代，中国人就开始用这个称呼了。《礼记·大学》里就有"人之其所亲爱而辟焉"这样的话，意思是因为对他亲爱才召见他。

也许"亲爱的"三个字过于直白，而我们的古人在传递情感、表达爱意时又比较含蓄，所以轻易不用"亲爱的"这个称呼。

"亲爱的"这个称呼在社会上流行，是辛亥革命以后的事儿，当然，这跟外来文化的影响有一定的关系，因为外国电影里，"亲爱的"几乎是外国人的口头禅。

人们觉得这个称呼很亲切，我们为什么不能用呢？于是，一些年轻人对喜欢的人也称"亲爱的"了，渐渐地这个称呼流行起来。

"亲爱的"这个称呼虽然属于大众化的泛称，但它的对象是很分明的，同时也是有界限的，对不熟悉和不亲近的人是不能称呼"亲爱的"的。

比如您对自己的老师可以称"亲爱的"，但对班里的同学，特别是异性同学却不能称呼"亲爱的"。您在会场上，可以对所有来宾称"亲爱的"，但却不能对某个您不认识的人称呼"亲爱的"。

再进一步说，您可以对自己的夫人称"亲爱的"，但如果您称呼她妹妹，也就是您的小姨子为"亲爱的"，估计姐儿俩都会跟您瞪眼。所以，"亲爱的"这个称呼一定要有区别地使用。

121　叫声"爱人"难不难

几乎人人都知道"爱人"这个称呼指的是谁。是呀，目前丈夫与妻子间使用率最高的称呼就是"爱人",而且特别有意思,"爱人"只有夫妻能用,您对最喜爱的朋友也不能称呼"爱人"。

在社交场合,您跟别人介绍自己夫人的时候说:"这是我'爱人'。"就显得很自如和得体。当然也可以用别的,如"夫人""太太""孩子他妈""我们那位"等,但媳妇的称呼有几十个,人们还是觉得"爱人"这个称呼最好听,所以一直流行到现在。

说老实话,"爱人"这个称呼比较浪漫,也比较直白,它是由"亲爱的"这个称呼脱胎出来的,流行于20世纪50年代。开始有些思想保守的人,还觉得"爱人"这个称呼太"小资味儿",甚至还觉得有点儿"酸",对这个称呼还不适应。

后来人们渐渐发现夫妻之间互称"爱人",不但文明,而且高雅,比"媳妇""老婆""屋里的""老头子""我们那位"等称呼要文雅多了,于是"爱人"这个称呼渐渐流行起来。

当然,"爱人"这个称呼只是口语,在正式场合一般不用,比如我们填写各种表格或出门办事的时候,丈夫就是"丈夫",妻子就是"妻子",不会有"爱人"这一说的。

122 "我们那位"是哪位

某女士是北方人,她在跟我聊天时,说到孩子的父亲,一口一个"我们那位"。

"我们那位",知道的,明白她是在说自己的丈夫,不知道的可能就要猜测了,"我们那位",到底说的是谁呢?

中国人说话比较含蓄，有些女性在说到自己丈夫的时候，往往找不到合适的称呼。称呼自己的丈夫是"我爱人""我亲爱的"，觉得有点儿酸，不好意思；说"我丈夫""我老公"，又显得过于正经，有点儿装着玩；说"我们当家的""家里的户主"又觉得自己没地位。

在难以措辞的情况下，只好选择"我们那位"来表达了。

跟称呼自己的媳妇是"屋里的"一样，媳妇说的"我们那位"，虽然没有说明主人是谁，但人们都知道它的潜台词。

"我们那位"作为称呼，谈不上合适不合适，因为这类称呼一般是在跟闺蜜或好朋友私下聊天的时候说的，通常在大庭广众之下或正式场合，是不会用这个称呼的。

跟"我们那位"相近的称呼，还有"我们那主儿""我们那口子""孩子他爸"等。这些称呼也上不了台面，只是私下聊天的时候用。

123 原来"姹女"是颜色

看《西游记》，第八十回的标题是"姹女育阳求配偶　心猿护主识妖邪"，第八十三回的标题是"心猿识得丹头　姹女还归本性"。

这两个章回的标题里，都有"姹女"这个称呼，什么叫"姹女"呢？

"姹女"的"姹"，也写成"奼"。《说文解字》里的解释是："奼，少女也。""姹女"是美丽的少女的意思。为什么把美丽的少女说成"姹女"呢？

原来"姹女"是一种颜色。

道教讲究炼丹，炼的丹里有朱砂、铅等成分。丹在烧炼的时候，会产生化学反应，出现绚丽的红色，道家把这叫作"姹女"。

东汉魏伯阳撰写的《周易参同契·卷下》是最早的描写炼丹的书，书中有对"姹女"的描写："河上姹女，灵而最神。得火则飞，不见埃尘。"这种颜色异常绚丽夺目，而且"得火则飞"，稍纵即逝，非常玄奥。

有一个成语叫姹紫嫣红，就是形容这种颜色的。唐代诗人陆龟蒙在《自遣诗三十首》中写道："姹女精神似月孤，敢将容易入洪炉。人间纵道铅华少，蝶翅新篁未肯无。"

正因为这种颜色灿烂夺目又很快消失，道家把它比喻为美丽的少女，称其为"姹女"。

"姹女"作为少女的称呼，我们只能在古代的书里或影视作品里看到，现在的人很少用这个称呼。

一是因为"姹女"的称呼本身比较玄奥，解释起来比较麻烦。二是"姹女"的发音是"差女"，很容易让人想到"差女"。女孩儿都想当美女，谁喜欢做"差女"呢？

124 "黄花闺女"是什么花

"黄花闺女"是指还没结婚的女孩，换句话说，就是指处女。处女为什么叫"黄花"闺女，不叫"红花"或"蓝花"闺女呢？

原来，中国古代的女孩儿喜欢在额头贴花，作为一种化妆品。在五颜六色的花儿中，她们独钟黄花。因为黄色的花儿以菊花为主，包括野菊花。

菊花色彩艳丽但不妖冶，傲霜耐寒，高洁素雅，象征着女孩子心灵纯洁，情操贞洁。

正是因为"黄花"的这种品质，所以，古人把没有性经历的处女叫"黄花闺女"。

在古代的文学作品中，"黄花闺女"的称呼经常出现，例如北朝民歌《木兰辞》中，就有"当窗理云鬓，对镜贴花黄"的诗句。

南朝陈后主的《采莲曲》里也有："相催暗中起，妆前日已光。随宜巧注口，薄落点花黄。"

民间也有"今朝白面黄花姐，明日红颜绿鬓妻"等描写。

"黄花闺女"的称呼现在还在用，但通常是这么叫别人家的女孩儿，对自己家的女孩儿一般不用这个称呼。

125　清心玉映的"大家闺秀"

"大家闺秀"，指的是名门望族或富贵人家的女孩。

"大家"起码得是"富三代"或"官二代"。"闺秀"，就是闺房之秀，指品貌俱佳、文雅贤淑的未婚女子。

"大家闺秀"出自南北朝时期刘义庆的《世说新语·贤媛》，里面有一段描写："顾家妇清心玉映，自是闺房之秀。"这里说的"顾家"就是当时有钱有势的世家，典型的"官二代"。

第六章　婉约的女性称呼

其实,"大家闺秀"这个称呼,带有认识上的一些偏见。因为"大家"有着良好的门风,有着优秀的家风传承,有着优越的教育条件,所以人们以为,"大家"出来的女孩应该与众不同。

事实上,并非"大家"的女孩都是"闺秀",也不是所有的"闺秀"都出自"大家"。当然,人们眼中"闺秀"的标准也各有千秋。

所以,到了现代,"大家闺秀"成了一种敬称。人们会说那些品貌端正、气质高雅的女性:"她有'大家闺秀'的气质。"也会说:"她的气质一看就是'大家闺秀'。"

其实,也许这位女士来自偏远的山村,父母都没有读过书,但是她天生丽质,受过高等教育,经过专门的训练,又在大都市的高端行业受过熏陶。

126 "小家碧玉"也动人

"小家碧玉"是跟"大家闺秀"相对应的称呼。

"小家",指的是寻常人家,小门小户。"碧玉",是指有姿色、有气质的女孩。

其实,"碧玉"是古代一位女孩的名字,这个典故出自魏晋时期的诗人孙绰的《碧玉歌》,在他写的诗里有:"碧玉小家女,不敢攀贵德。感郎千金意,惭无倾城色。"

诗里的"碧玉",据说是晋代汝南王司马义的一位宠妾。"碧玉"天生丽质,说不上倾城倾国,但也还楚楚可人,清新可爱。您想,长得不受看,能让汝南王动心吗?

诗的后面,还有"碧玉破瓜时,郎为情颠倒"等诗句。古代人所说的"破瓜"的年龄是十六岁。也就是说,"碧玉"十六岁就被汝南王纳为姬妾了。

一个是小家女子,一个是贵德子弟,二人地位悬殊,但情投意合,所以才"郎为情颠倒"。

故事谈不上有多感人,但是"碧玉"的名字却流传下来。当然这只是一种传说。

"小家碧玉"既是称呼,又是形容词,所以没有自称是"小家碧玉"的,这个词通常是人们对其他女性带有形容性的说法。

127 女孩儿为什么叫"千金"

同事小李的夫人生了一个女孩儿,大家纷纷过来给小李道喜:"恭喜恭喜,家里添了个'千金'。"

"千金小姐"这个称呼,在古代不是每个女孩儿都能这么叫的。首先得够得上小姐,才能"千金"呢。

例如元代张国宾的杂剧《薛仁贵荣归故里》里,就有这样的台词:"你乃是官宦人家的千金小姐,请自稳便。"

所以,"千金小姐"在古代,是指官宦或富人之家的未婚女孩儿,一般人家的孩子不能这么叫。

当然,这个规矩现在早就给破了,现在,甭管什么家庭背景,只要是未婚女孩儿都可以称呼"千金小姐"。

第六章 婉约的女性称呼

为什么把未婚女孩儿叫"千金小姐"呢？简单说就是："千金"是一个非常贵重的概念。

《史记·吕不韦列传》中说："吕不韦者，阳翟大贾人也。往来贩贱卖贵，家累千金。"

正因为如此，古人常以"千金"来形容那些十分贵重的东西，留下了不少有名的成语，如"一诺千金""日费千金""千金之裘""一掷千金"等。当然，"千金小姐"也属于"千金"系列。

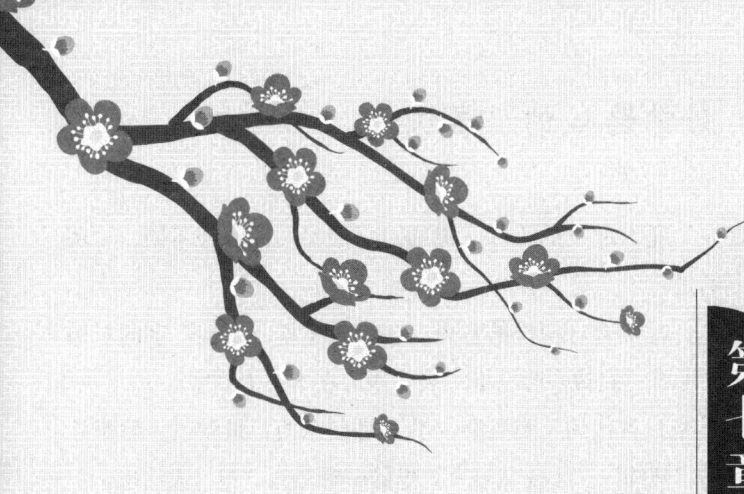

第七章 社会交往的称呼

128　刻骨铭心的"契友"

"契友"是对朋友的称呼，但与对一般朋友的称呼不同，"契友"讲究的是一个"契"字。

"契"，是契合、相投的意思。在甲骨文里，"契"字的右边是一把刀的形状，左边一竖三横，表示用刀在木头上刻字。

由此看来，古代的"契"字，本义是刻东西，是动词，后来才演变成名词"契约"。《说文解字》里的解释是："契，大约也。"

这个"大约"，是指邦国之间定的契约。《礼记·曲礼》中有："献粟者执右契。"这里的"契"就是契约。

"契"跟后来的"碶""锲"（读 qiè）是一个意思。后来引申为"默契""契合"，加上朋友的"友"，就是情投意合的朋友的意思。

元代马致远的杂剧《青衫泪》的第三折有句唱词："我想此处司马白乐天，及某至交契友，不免上岸探望他一遭。"这里的"契友"就是非常好的朋友的意思。

罗贯中《三国演义》的第四十五回，也有一段人物对话："此吾同窗契友也。虽从江北到此，却不是曹家说客。公等勿疑。"

这里的"同窗契友"，说明虽然他们在一起读过书，算是"同窗"，但更强调的是"契友"，因为从交情的深浅来说，"契友"当然要比"同窗"感情深。

世界上最能让人相信的就是契约。"契友"可以说是自己最信得过的朋友。

129　"知音"千载难逢

"知音"是什么意思,似乎不用解释。但它的本义是什么,还得跟您多说两句。

"知音"的本义是懂得音乐的人。知"音"嘛,您别忘了这个"音"字。

"知音"这个词最早出现在《礼记·乐记》里,原文是:"是故不知声者不可与言音,不知音者不可与言乐,知乐则几于礼矣。"这里的"知音",就是通晓音律的意思。

"知音"的第二层意思,才是最好的朋友。当然,这个最好的朋友,也跟音乐有关。

有部古籍叫《列子》,相传这部书是战国时的列御寇所著,书中内容多为民间传说、寓言和神话故事。

《列子·汤问》里有一段非常经典的故事。

> 伯牙善鼓琴,锺子期善听。伯牙鼓琴,志在高山,锺子期曰:"善哉!峨峨兮若泰山!"志在流水。锺子期曰:"善哉!洋洋兮若江河!"伯牙所念,锺子期必得之。伯牙游于泰山之阴,卒逢暴雨,止于岩下;心悲,乃援琴而鼓之。初为霖雨之操,更造崩山之音。曲每奏,锺子期辄穷其趣。伯牙乃舍琴而叹曰:"善哉,善哉!子之听夫志,想象犹吾心也。吾于何逃声哉?"

这就是历史上有名的俞伯牙和锺子期的故事。后来,冯梦龙把它写成小说,收在《警世通言》里,题目叫《俞伯牙摔琴谢知音》。

小说的故事比之前更完整了，俞伯牙弹琴，只有锺子期听得懂，后来锺子期病故，俞伯牙悲痛万分，认为这世界上再也不会有人像锺子期这样懂他弹琴的意境了，所以就把心爱的琴摔坏了，从此不再弹琴。

"知音"是知心、知己、知人。所以"知音"是情投意合的朋友。

在文学艺术界，人们把那些能深刻理解自己的作品，并能够做出公允、正确评价的人叫"知音"。

南朝的刘勰在《文心雕龙》里专门谈到了"知音"："音实难知，知实难逢，逢其知音，千载其一乎！"这是刘勰的感叹——"知音"千载难逢。

的确，在我们的现实生活中，像俞伯牙遇到锺子期这样的"知音"，实在太幸运了。

有时在社交场合，我们常能听到别人介绍嘉宾时说"这位是我的'知音'"或"这位先生是著名音乐家某某的'知音'"。

这种"知音"多数时候只是客套的说法，难以达到俞伯牙和锺子期那样的程度。因为真正的"知音"是无需对外张扬的。

130　人生得一"知己"足矣

"知己"应该有两种含义，一种是知道自己是怎么回事，在与对手抗衡时，能够避实就虚，因势利导，取得胜利。这就是《孙子兵法·谋攻》里所说的"知己知彼，百战不殆"。

"知己"的另一种含义，就是特别了解自己、相知相亲、情谊深厚的人，换句话说，就是自己最亲密的朋友。

"知己"的出处是《战国策·楚策四》里的一段话："骥于是俛（同"俯"）而喷，仰而鸣，声达于天，若出金石声者，何也？彼见伯乐之知己也。"

这里说的是千里马见到伯乐后"俛而喷，仰而鸣，声达于天"。只有遇到"知己"才会这样。

古人关于"知己"最有名的两句话，一是司马迁在《史记·刺客列传》里说的："士为知己者死，女为说（同"悦"）己者容。"

另一句来自唐代王勃写的《送杜少府之任蜀州》："海内存知己，天涯若比邻。"

这两句话充分说明了什么才是"知己"，以及一个人一生当中有几个"知己"的意义。

当然，"知己"作为称呼，人们可以在公开场合放心大胆地去"认领"，但真正的"知己"不是说出来的。

鲁迅先生曾给瞿秋白写过一副对联："人生得一知己足矣，斯世当以同怀视之。"

一生有一个知己就足够。鲁迅先生是不是把"知己"的标准说得太高了？不是，这是他通过自己的人生经历得出的结论。

事实也确实如此，人的一生也许朋友很多，但真正能称得上"知己"的，却寥寥无几。这种感慨只有患难之后，才能体会到。

131 "八拜之交"是哪"八拜"

"八拜之交",是一种非常深厚的交情。您可能会问:"'八拜',顾名思义,是不是要拜八下呀?"

没错。"八拜之交"的"八拜",就是拜八下。这个典故出自宋代邵伯温的《邵氏闻见前录》。

书中讲了这么一件事,"公至北京,李稷谒见,坐客次,久之,公着道服出,语之曰:'而父吾客也,只八拜。'稷不获已,如数拜之。"

这段话的大意是,文彦博任北京守备,李稷上门拜见,文彦博让他在客厅等着。过了好长时间,文彦博才穿着道服出来,对他说:"你的父亲是我这儿的常客,你对我行八拜之礼就行了。"李稷因辈分低,只好向文彦博拜了八拜。

"八拜"怎么拜呢?不是对着人行八次礼,即拜八下,而是向东、东南、南、西南、西、西北、北、东北这八个方向,各叩拜一次。所以说"八拜"是古代的大礼,一般情况下,晚辈见长辈才行这种礼。

后来,人们把关系非常好的朋友称为"八拜之交"。如王实甫《西厢记》里第一本第一折中,就有这样的唱词:"有一人姓杜,名确,字君实,与小生同郡同学,当初为八拜之交。"

显然,"八拜之交"是当年人们比较看重的交情。有人把古代八个有名的结拜兄弟,归为"八拜之交":鲍叔牙与管仲的"管鲍之交",俞伯牙与锺子期的"知音之交",廉颇与蔺相如的"刎颈之交",羊角哀与左伯桃的"舍命之交",陈重与雷义的"胶膝之交",范式与张劭的"鸡黍之交",祢衡与孔融的"忘年之交",刘备、关羽、张飞的"生死之交"。

这些"之交",我们现在只能当故事听,虽然现代社会也讲友谊和交情,但"八拜之交"已属江湖称谓,离普通人的生活比较远了。

我们重视友谊和交情,应该以朴实纯真的感情为基础,而不是为了某种利益的交往。

132 不论辈分的"忘年交"

"忘年交"就是没有年龄界限,甚至不分辈分大小的交情。"忘年",就是忘了自己的年龄。

历史上有许多忘年交的例子,最有名的是孔融和祢衡。《后汉书·祢衡传》中说:"衡始弱冠,而融年四十,遂与为交友。"

您大概知道《击鼓骂曹》的故事,这位击鼓的狂人叫祢衡,他是东汉末年有名的才子,但恃才傲物,桀骜不驯,谁也不服,他公开放言:"这世上我就服两个人,一个是比我年长的孔融,另一个是比我小的杨修。"

孔融是孔子的后代,他四岁让梨的故事家喻户晓。后来,祢衡终于与孔融见了面,两人交谈甚欢,相见恨晚。

祢衡说孔融是"仲尼不死",意思是看到孔融,仿佛看到孔夫子复活了。

孔融比祢衡年长许多,也夸赞祢衡是"颜回再生"——见到祢衡,如同见到了颜回。

这么亲切,两人的交情当然非同一般,虽然他们年龄相差很大,但这种忘年的交情被后世津津乐道。

在现代，这种忘年交的例子也有很多。比如鲁迅和萧红的交情，两个人年龄相差三十岁，但鲁迅欣赏萧红的文才，萧红景仰鲁迅的学识和威望。这段"忘年交"，成为近代文坛的佳话。

齐白石与梅兰芳相差三十三岁。梅兰芳虽然是京剧大师，梅派泰斗，但酷爱绘画，久仰齐白石的大名。两位大师级的人物神交已久，所以一见如故，遂结为"忘年交"，成为近代书画界的美谈。

"忘年交"这个称呼，主要是"忘年"，打破了年龄界限，但是它跟师生关系和师徒之间的情谊不是一回事。

通常，"忘年交"不是师生关系或师徒关系，也不是结拜之交，更不是恋爱关系，而是相互景仰、相互欣赏、相互学习，感情到了一定程度，形成的一种没有年龄和辈分界限的情谊。

133 "总角之交"并没"角"

"总角"，您听着可能有些陌生，甚至不知是什么意思。

其实，在古代这个词是非常普通的，就像我们现在说"麻花""马尾"一样。在古代，"总角"只是女孩的一种发型而已。

古代的女子从八九岁到十三四岁，属于少女未笄。通常女孩把头发分成两半，在头上梳成两个发髻，如同头上长着两个犄角，所以被人称为"总角"。

在古代，女孩到十五岁，叫"及笄"。所谓"笄"，就是女子头上的簪子。"及笄"，就是女孩十五岁，到了可以在头上插簪子的年龄了。

男子是二十岁行冠礼,就是到了二十岁才可以戴帽子,称之为"弱冠"。

所以,古代的"及笄"和"弱冠",表示人到了可以婚配的年龄,即成年了。而"总角"代指人未成年。

《诗经·齐风·甫田》里有:"婉兮娈兮,总角丱兮。"郑玄注:"总角,聚两髦也。"苏东坡在《被酒独行》诗里也有"总角黎家三四童,口吹葱叶送迎翁"的诗句。

弄明白什么是"总角",当然也就知道什么是"总角之交"了。这种交情是在少年时代就结下的,青梅竹马,相互知根知底、情同手足。所以"总角之交"是十分难得的,值得您一生珍惜。

134 终生难忘的"发小儿"

"发小儿",也叫"发孩儿"。我原来以为"发小儿"这个称呼是北京土语,后来跟东北、华北其他地区的人接触,发现他们也说"发小儿"或"发孩儿"。看来,"发小儿"是北方通用的称呼。

"发小儿"就是从小一块儿长大的人。"小"到几岁呢?一般来说没有什么标准。我有一个多年不见的中学同学,偶然相遇,他对别人介绍我时,就说我是他的"发小儿",其实,我们是在念中学时才认识的。

但大学的同学就不能归到"发小儿"之列了。

按我的理解,十八岁之前经常在一起玩的,都可以算"发小儿"。"发小儿"包括小时候的邻居、幼儿园或小学的同学等,总之,双方要有所接触。

有一部电影《发小儿》,由姜武执导,讲述的是两个从小一起长大的伙伴的爱情故事。姜武是北京人,他对"发小儿"的定位比较准确:从小一起长大的伙伴。

当然,并不是从小一起长大的都是"发小儿",同是一所小学,也同是一个班的同学,但两个人没有什么接触,只是彼此知道姓什么叫什么,这不能说是"发小儿",只能算是同学。

"发小儿",一定是一起长大的伙伴。"伙伴"十分重要。

135 生死与共的"莫逆"

记得小时候,我认识的两个大哥,见了面总爱说:"我们是'莫逆'。"

那会儿,我还不会写"莫逆"两个字,以为跟抹墙的腻子有关。

后来,才知道"莫逆"是"莫逆之交"的简称。"莫逆",是没有隔阂、感情融洽的意思。

"莫逆"一词出自《庄子·大宗师》,里面有一段话:"子祀、子舆、子犁、子来四人相与语曰:'孰能以无为首,以生为脊,以死为尻(kāo,屁股),孰知死生存亡之一体者,吾与之友矣。'四人相视而笑,莫逆于心,遂相与为友。"

庄子是特会讲故事的人,他这段话的意思是说:一个知道生死存亡为一体的人,才能成为"莫逆"。换句话说,"莫逆"是融入人的生命里的交情,"莫逆之交"如同"生死之交"。

与之相关的称呼还有"金兰之交""贫贱之交"等。

136 "袍泽"的情分不可断

"袍泽"是古人说的衣服。"袍"是长衣服的统称,"泽"的古字是"襗",指的是内衣。

"袍泽"这个词出自《诗经·秦风·无衣》:"岂曰无衣?与子同袍。王于兴师,修我戈矛,与子同仇!岂曰无衣?与子同泽。王于兴师,修我矛戟。与子偕作!"

因为"袍"与"泽"是紧密相连的,人们常把打仗的军人比喻为"袍泽",后来,人们把军队中的战友称呼为"袍泽"。"袍泽之交"就是部队战友之间的友情。

"袍泽"是古代人的称呼,现在这个称呼已经被"战友"所取代。相比而言,"战友"比"袍泽"要直白得多。

137 "战友"得穿过军装

"战友"这个称呼是有所限定的,特指在一起打过仗或当过兵的人,即一起穿军装服兵役的人。

一般来说,"战友"的情谊最深,尤其是经历过战争的军人。"战友"是出生入死、共同经历过生死考验的人,相互之间的感情自然刻骨铭心。

在正常情况下,"战友"是不能随便称呼的,不是在一起当过兵的,是不能称呼"战友"的。

但是在特殊的年代,"战友"就变成了泛称,不但穿军装的军人之间可以互称"战友",甚至同学、同事,只要属于同一个阵营的,都可以叫"战友"。

当时,社会上有一个非常响亮的口号:"要做毛主席的好战士!"于是各行各业的人都争当"好战士"。

记得我上小学时,在写的作文里都自称是"小战士"。在"战士"走红的年代,"战友"自然成了普遍的称呼。

我记得当时的工人突击完成一项生产任务,叫"搞会战";知识青年上山下乡叫"战天斗地";我上中学时,学校组织我们学生下乡劳动,叫"参加夏收战斗";当时各单位出的小报,都叫"战报"。

您想,到处都是"战场""战斗",对人的称呼能不发生变化吗?于是"战友"成了最流行的称呼。当时的发言稿的开头都是:"战友们!"

当然,当历史翻过这一页,"战友"这个称呼又回归它原本的意义了。您现在再管同事或朋友叫"战友",人家会以为您喝大了。

如今,不是一起当过兵,或者在一个部队、一个连队共过事,谁好意思开口叫"战友"呢?

138 "世交"至少要两代人

书画家吴欢是著名戏剧家吴祖光的儿子,有一天,他见到了故宫博物院的研究员朱家溍的女儿朱传荣。两个人都是我的朋友,而且他们的父辈我也很熟。

他们见面的时候,我在场。吴欢对朱传荣说:"咱们是世交。"

朱传荣说:"是呀!我父亲跟你爷爷都是故宫的典守者。"

吴欢的爷爷吴瀛,是故宫博物院的创办人之一。朱传荣的爷爷朱文钧,是著名的收藏鉴定家,德高望重,故宫博物院成立之初,就任博物院专门委员会的委员。

吴瀛与朱文钧是老朋友,朱家溍跟吴祖光也是朋友,到吴欢和朱传荣这儿,两家已经是第三代的交情了,所以吴欢说他们是"世交"。

"世交"这个称呼,重点是这个"世"字,"世"至少是两代人以上。换句话说,两代人以上的交情,才可以叫"世交"。

"世交"这个称呼古已有之。《二刻拍案惊奇·卷十七》中有段描写:"后边魏杜两人俱为显官,闻景二小姐各生子女,又结了婚姻,世交不绝。"可见当时的人对"世交"是很重视的。

交情就是友情。友情能维持一生一世就不容易,维系到两代、三代就更难了,所以对"世交"应该格外珍惜。

139　到底什么是"本家"

"本家"的称呼,在不同时代和不同地区有所不同。一般来说,"本家"是指同宗族的人,也就是同姓有血缘关系的人。如《红楼梦》里的一句:"雨村老先生是贵本家不是?"

当然,同姓还有血缘关系的人比较少,后来,"本家"又指同一个姓,老家(原籍)又相同的人。如南宋的袁淑在《效古》诗中的句子:"讯此倦游士,本家自辽东。"这里的"本家",就是指同姓同乡的人。

有的地方,把已经出嫁的女子的娘家叫"本家",如《后汉书·梁节王畅传》中的:"臣畅小妻三十七人,其无子者愿还本家。"这里的"本家",就是指已经嫁人的女子的娘家。

民国以后,"本家"这个称呼的外延不断扩大,有人把同姓的人也叫"本家",这个"本家"的人可就多了。

第七次全国人口普查,姓李的约有9530万,姓王的约有8890万,姓张的约有8480万,姓刘的约有6460万。

如果这"四大姓"的人把同姓的人叫"本家",您琢磨琢磨这个"家"得有多大?所以,同姓、有血缘关系的人称为"本家",还是比较确切实在的称呼。

140　"当家子"不能乱当

"当家子"的"当",读音是 dàng。这个称呼并不是北京独有，而是全国通用。所谓"当家子"，就是本家、本族的意思。

但"当家子"这个称呼，在实际应用的时候，它的外延就宽泛了，比如《三侠五义》第四十六回里有个对话，"老儿道：'小老儿姓赵。'赵虎道：'哎呦！原来是'当家子。'"

《三侠五义》是清末著名评话艺术家石玉昆的话本小说。他本人是天津人，生活年代大约在清朝的咸丰年间。

可见，那会儿的人见了面，就已经喜欢"盘道"（相互打探底细）了。同姓，即是"当家子"，也属"盘道"的内容。

在现实生活中，"当家子"这个称呼早已经失去了同族、同宗的本意了。人们在人际交往过程中，只要跟对方是同姓，都可以称之为"当家子"。

比如两个姓李的人见了面，一聊，同姓，于是其中一人说："您也姓李？五百年前，咱们可是一家。"那位会跟进一句："是呀，咱们是'当家子'呀！"

您看说得多亲热！李姓是中国的第一大姓，姓李的在全国约有9530万，比一个中等国家的人口都多，两个姓李的怎么那么巧，五百年前就是一家呢？

其实，中国人知道"当家子"是同族、同宗、本家的意思，对同姓的人称呼"当家子"，只是人际交往中套近乎的一种说词。

在社交场合，人们素昧平生、萍水相逢，为了建立关系、联络感情，相互之间往往要寻找契合点（共同点）。

比如在饭桌上，人们经常会相互打听：贵姓？哪儿的人？家住哪儿？什么职业？什么学校毕业的？属什么的（年龄）？结婚了吗？孩子多大了？什么血型？等等。

听起来好像是在查户口，或者打探人的隐私，实际上是在寻找契合点。

在众多的信息里,您总会找到一两个相同点,于是就有了"亲和"的理由和交朋友的条件。"当家子"不过是其中的一个契合点。

按中国人的规矩,您可以把同姓叫"当家子",抓住这个契合点接着再聊,以寻求进一步友好交往的机会,但您寻找契合点要实事求是,不能瞎编。

本来您姓赵,对方姓李,为了跟人家套近乎,您聊着聊着,也姓了李,成"当家子"了。这就犯了大忌。

141 "同道"就是志同道合

"同道"作为称呼,是指志同道合、思想和意志相同的人。

"同道"的"道"是非常重要的。宋代的欧阳修在《朋党论》里有句名言:"大凡君子与君子,以同道为朋。小人与小人,以同利为朋。"这说明君子重义,小人重利。

通常"同道"是不分高低贵贱,也不分年龄大小的,只要是为了实现一个共同的目的,思想一致,观念相同——用大白话说,能说到一块儿,想到一块儿,就可以称为"同道"。

唐朝的诗人张谓在《夜同宴用人字》里说:"平生颇同道,相见日相亲。"这话透着亲。

能彼此相知相信,称为"同道"的人,在生活中并不多,所以,诗人才会说出"相见日相亲"的话。

142 "同窗"真有窗户吗

"同窗"这个称呼,是指在同一所学校就读的人。

"窗"有两层意思:一是门窗的"窗",即同一座楼、同一个教室的意思;另一个是"十年寒窗"的"窗",这个"窗"沾着一个"苦"字,换句话说,就是在一起苦读的意思。

"同窗"跟现在的"同学"意思相同,必须是同班或同年级的人,才可以称"同窗"。

如果是在同一个学校念的书,但比自己年级高或比自己年级低,就不能称"同窗",只能称"师兄""师姐""学长""学姐"或"师弟""师妹""学弟""学妹"。

现在"同窗"这个称呼,已经被"同学"所取代,但有时强调在同一所学校念书结下的友谊时,还会用到这个称呼,比如说"我跟他是同窗好友",等等。

143 "同学"之称意思多

"同学"这个称呼世人皆知,所谓"同学",就是同师授业的人,或者说是在同一所学校、同年级、同班一起学习的人。

"同学"的称呼古已有之,如《周书·宇文孝伯传》里有:"及长,又与高祖同学。"

唐代诗人司空曙的《题暕上人院》里也有:"更说本师同学在,

几时携手见衡阳？"

可见古人也常常拿"同学"来说事。同时，也很重视"同学"这层关系。

"同学"既是一种称呼，也是一种关系的证明。一个人很平庸，但说出跟一个名人是"同学"，自然会被人高看一眼。

其实，"同学"之间也是有学习成绩好坏、品行优劣等区别的。仅从"同学"这层关系，说明不了任何问题。

但现实生活中，"同学"往往是一种障眼法，很多时候，人们会被"同学"这层关系所蒙蔽。

现在，"同学"已经成为使用频率比较高的称呼了。细品"同学"俩字，这个称呼已经脱离本义，变成类似当年"同志"的称呼了。例如年轻人之间，可以称呼"小李同学"或"小张同学"。

当然，在公共场合，人们见到少年儿童，会叫"小同学"。这无可厚非，叫"小同学"毕竟比叫"小孩儿"要文明。

"同学"是个很好玩的称呼，这个称呼涵盖的内容太丰富了。原本是同师授业或者同班、同年级一起学习的人，现在只要一起参加过培训，甚至一起参加过短期学习班，都可以叫"同学"。

不过，参加几天学习班，也算是在一起学习过，称呼"同学"，您也挑不出什么毛病来。

跟"同学"这个称呼相似的，还有"同门""同科""同举""同舍生""同砚""同席"，等等。

"同砚"这个称呼有意思，古人写字要用砚台，两个人同用一个砚台，可见关系不一般。

"同席"，就是共同坐在一张席子上读书。刘禹锡曾经写下这样的诗句："常时同砚席，寄此感群离。"

144 "同庚"等于同岁

"同庚",就是同一年出生的。如果您和对方的年龄一样大,便可以称"同庚"。

您可能会问了,既然是同一年出生的,称呼"同年"不是更通俗易懂吗?

这您就有所不知了,古代的称呼都是有特定含义的,不能望文生义,想怎么叫就怎么叫。当然,"同年"也是同一年的意思,但跟"同庚"是两码事。

"同年"是指在科举时代同一年考中的人,而不是同岁。

"同庚"的"庚"字,最早出现在甲骨文,它属于会意字,假借天干的第七位"庚"。

"庚"有多种字义,其中按《周易》五行之说,它属金,代表西方。西方是秋天的方位,所以《律书》的《月令》注里说:"庚之言更也,万物皆肃然更改,秀实新成。"

"庚"有更替的"更"之义,换句话说就是年月的更替,所以,"庚"也有年龄的含义,也叫"年庚"。

知道了"庚"的字义,您就明白了什么叫"年庚"。过去,考官问考生年龄,往往会问:"'年庚'几何?"

人们见了面往往也会问:"您贵庚?"对方会回答:"回您,在下年庚三十有五了。"那人如果跟这位是同岁,会说:"我们'同庚'。"

"同庚"这个称呼有些陈旧了,现在人们碰到同年出生的人,一般都直截了当地说"同岁"了。

145 "把兄弟"怎么个"把"法

"把兄弟"这个称呼现在人们很少用了,但过去人们在相互介绍时常说:"这位是×××的'把兄弟'。"或者直接说:"这位是我的'把兄弟'。"

"把兄弟",简单说就是拜把子的兄弟。拜把子就是结拜、结义的意思。为什么叫拜把子呢?

"把子",就是把许多东西绑在一起的意思。例如一帮人,也叫一"把"人。"把"也可以做量词,比如一把筷子。

结拜,就是几个人或许多人凑到一起,结盟成为兄弟,所以叫拜把子,结拜的人叫作"把兄弟"。

关于"把子"还有一种说法,在湖南、湖北、四川等地区,在船上说了算的船老大,人们都叫"舵把子",也就是领头人、龙头老大的意思。后来,人们叫着叫着,就把"舵把子"的"舵"字省去,叫成了"把子"。

兄弟结拜时,大家先要定好谁是老大。老大定下来之后,才能结拜,所以结拜,被人们叫作"拜把子"。

这种说法有一定道理,但仅限于南方,北方人说的"把子"跟"舵把子"无关,因为北方河少,找个船老大很难。

过去结拜是一件挺神圣的事,讲究也多。结拜口说无凭,必须要磕头换帖,有的还要歃血为盟。歃血为盟就是结拜的人用刀刺破皮肤,把两人或几人的血都滴在酒里,同饮血酒,义结金兰。

结义的人可以互道"把兄弟",年长的称作"把兄",年少的称作"把弟"。

这种结拜,突出的是一个"义"字,不是亲兄弟,胜过亲兄弟。

中国人最熟知的"把兄弟"是《三国演义》里"桃园三结义"的刘备、关羽、张飞。

此外,《隋唐演义》中程咬金、秦琼、单雄信等人的"瓦岗结义",以及《水浒传》里的一百零八将等,也被人们津津乐道。

不过,在现实生活中,这种结拜已经不多见了,所以,"把兄弟"这个称呼几乎听不到了。

146 "年兄"不是同年兄弟

我之前参加一个活动,见到一位跟我年龄相仿的朋友,我们寒暄了几句后,他对我拱了拱手说:"我跟'年兄'多日不见,今天邂逅,不甚荣幸。"

"年兄"?我愣了一下。难道这是对我的称呼吗?

我知道这位朋友平时喜欢看古典小说,当然,也没少受影视作品里古装戏的熏陶,所以,平时爱"之乎者也"地说点儿转文的词,显然他误解了"年兄"这个称呼。

"年兄"这个称呼,是指在科举考试中同榜登科的人。"年兄"的这个"年",跟年龄大小没有一点关系。

因为是同年参加科举考试,所以,也叫"同年"。同年同科上榜,是不分岁数大小的。所以,年纪大的可以管年纪小的叫"年兄",年纪小的也可以管年纪大的叫"年兄"。

唐朝诗人李端在《晚夏闻蝉寄广文》中有"因垂数行泪,书报十年兄"的诗句。当年,一起参加科举考试,一同榜上有名实在不容易,所以,"年兄"相见,想起寒窗苦读的日子,忍不住"因垂数行泪"。

科举制度早就取消了,不可能再有"同年"的事,所以"年兄"这个称呼也跟着进了历史博物馆。

不过,在现实生活中,人们喜欢类比,有时人们把现在的"高考"比作昔日的科举考试,也会把一些过时的称呼倒腾出来,比如把高考第一名说成高考"状元"等。

在某种特定的场合,人们把一起参加高考并同时考上某个重点大学的人叫"同年"或"年兄",这种情况作为打哈哈的玩笑可以,但在正式场合是不合适的。

因为古代的称呼在特定的年代是有所指的,如果望文生义、不加思索地直接拿过来用,就会贻笑大方了。

147 "圈友"的多样化

"圈友"是个老称呼,原本是指某个活动"圈子"里的朋友。

"圈子"是个很有意思的社会现象,它不同于"朋党",也不同于"同乡会""校友会"之类的组织,而是由几个或更多的谈得来的朋友自由组合成的松散的小团体。

把"圈子"叫团体有些夸张,因为"圈子"并没有什么活动宗旨、利益取向,它就是经常在一起吃饭、喝酒、打牌、聊天、旅游的"朋友圈"。

这个"朋友圈"里的人,往往是各种机缘巧合拼凑的,不见得是同学或同事，只要相互说得来，就可以往一块儿凑，美其名曰：合并同类项。

"圈友"如果跟"圈儿"里的人谈不来，瞅着不顺眼，也用不着较劲，可以随时撤出，谁跟谁都无所谓。这种进出自由的组合方式，反倒使"圈子"不会散伙，有的"圈子"有几十个人，有的只有五六个。

"圈子"里要有个张罗的人，有点像互联网时代的"群主"。"圈友"们的活动往往是"AA制"，每次活动花多少钱，大家均摊，这也是"圈子"得以存活的基本条件。

进入互联网时代，"圈友"的称呼发生了变化，这个"圈儿"一般是指互联网上的"博客圈""朋友圈"。

"圈友"也从线下发展到了线上，特别是微信的"朋友圈"，"圈友"们每天刷屏，晒自己参加的各种活动的照片，这用网络语言评价，叫"刷自己的存在感"。

时代在发展，人们的生活方式随着科技的进步发生了巨大的变化，当然，人们的称呼也会随之嬗变，"圈友"这个称呼的变化便是实例。

148 "驴友"及各种"友"

"驴友"是个有双重含义的称呼，"驴"是"旅"的谐音，所以，"驴友"，也可以叫"旅友"，但是"旅友"跟"驴友"还是有区别的。

"旅友"是指爱好旅游的朋友，经常结伴出游，或开私家车自驾游，或跟旅行社抱团结伴游，或几个人相约当"背包客"，等等。总之，他们是经常在一起旅游的朋友。

"驴友"则纯属户外运动的朋友，他们经常结伴一起爬山、徒步、骑车、野营穿越等。

有的"驴友"身穿冲锋衣，一身户外运动装备，身背双肩包，足蹬登山鞋，手持登山杖，专找高山，挑战自我。

这些户外运动爱好者，白天风吹日晒，夜晚睡帐篷，像驴一样能驮能背，吃苦耐劳，一走就是几十公里，而且相互鼓励，乐此不疲，所以，人们形象地称他们为"驴友"。

随着全民健身运动的普及，喜欢户外运动的人越来越多，"驴友"的队伍也像滚雪球似的发展壮大，而且人们也以当"驴友"为荣。

俗话说，物以类聚，人以群分。当休闲成为人们的生活主题后，志趣相投的人凑到一块儿，结伴做他们喜欢的事。这种类似"驴友"的称呼，现在有几十种，比如"车友""球友""棋友""画友""书友""歌友""诗友""琴友""藏友"等。

现在，人们的生活质量提高了，养生、健身成了人们休闲的主体。人们的兴趣爱好也丰富多彩了，玩的人凑到一起，时间长了，自然就成了朋友。叫什么"友"，您一听便知这些人是玩什么的。

149 "东道主"有来历

"东道主",就是客人来了,请他吃饭的主人,换句话说,就是掏钱请客的人。

"东道主"的出处是《左传·僖公三十年》里的一段话:"若舍郑以为东道主,行李之往来,共其乏困,君亦无所害。"

这段话来源于春秋时期有名的"烛之武退秦师"的故事。

晋国的公子重耳回国执政后,为了报复郑国,就与秦国联合出兵讨伐郑国。大兵压境,郑文公赶紧跟谋士烛之武商讨对策。烛之武说,你别慌,看我如何劝秦穆公退兵。

烛之武来到秦国,对秦穆公说,秦国在西方(今陕西),郑国在东方(今河南),与秦国不相连。如果让郑国作为秦国的东道主,去对付秦郑之间的晋国(今山西),牵制住晋国,你说是不是对秦国有好处?秦穆公认为他说得有道理,想了想就下令退兵了。

"东道主",通常是指接待客人的当地主人,如举办各种会议、活动的主办方,就是"东道主"。

朋友聚会,负责通知的张罗人,您别看他跑前跑后地忙来忙去,但他不是"东道主"。决定搞这次聚会,并且买单的那个人,才是"东道主"。

"东道主"招待别人也叫"坐东",也可以写成"做东"。比如晚上有个聚会,朋友会问:"谁'做东'呀?"

"谁做东",换句话说,就是晚上的聚会谁掏钱。这是参加聚会之前要弄明白的事。

"东道主"不能自称,一般是张罗人或参加聚会的人说;但"做东"却可以自己说,因为你不说,别人不知道谁掏钱。

150　"座上宾"坐哪儿

"座上宾",是指在宴会、庆典等仪式或活动中,受到主人特殊招待的尊贵客人。

"座上宾"一般要坐主桌或正席,并且由主人相陪,以体现"上座"的意义。

有时,"座上宾"的称呼要由主人亲口说出来。比如八十多岁的某老是德高望重的文化名人,他能出席主人搞的活动,是抬举主人,给他捧"人场"。主人见了某老自然要十分客气,他会走上前说:"把您都给惊动了,太荣幸了!您是我们的'座上宾',您的到来,让会场蓬荜生辉。"

"座上宾"自己不能说,看主人的态度和安排的座位不说自明。

通常,"座上宾"是形容词,表明某人的身份和地位,与之相对应的是"阶下囚",所谓"阶下囚",就是蹲大狱的囚犯。显然这是一个天上、一个地下的反差。

151　"稀客"不是从西边来的

"稀客",是熟人之间见面打招呼时用的一个称呼。所谓"稀",是"稀少、少见"的意思。"客",不见得是来客,包括所有相识的亲朋好友。

通常碰到不常见的人,或者分别很久、一直没见面的熟人,人们会上前打招呼说:"您可真是稀客呀!"

还有一种情况,您在人群中,突然发现好久不见的熟人,可能会马上过去打招呼:"是你呀!真是稀客,见到你真不容易。"

"稀客"这个称呼仅限于熟悉的人,对陌生人不能这么称呼。

152 "嘉宾"是有说法的

"嘉宾"是指尊贵的客人,也可以叫"贵宾",或用英文 VIP 表示。现在搞活动或演出都设有嘉宾席,这一点无可厚非。

因为任何事情都有高低贵贱之分,也有远近亲疏之别,"嘉宾"无疑是属于"高贵""亲近"之列的。

不过,"嘉宾"这个称呼比较特殊,通常只能外人这么称呼您,如:"这位先生是我们的'嘉宾'。"

您虽然被列入"嘉宾",但自己却不能说:"我是'嘉宾'。"因为是不是"嘉宾",不是自己来决定的,而是由主办方确定的。

153 "点首之交"也属交流

两个人住一个小区,彼此并不熟悉,只是平时见了面微笑着点点头,或者说一声:"您好!"而且两个人也并不想深交,觉得维持这种不亲不近、萍水相逢的状态挺好。

这就是我们说的"点首之交"。

"点首之交"也被叫作"点头的交情"。生活中常有这种现象,住一条胡同或一个小区十几年,甚至几十年,但两人各有各的生活圈,彼此没有更多的交往,只是见面打下招呼。

"点首之交"作为称呼,一般不会明说,也不能直接这么称呼对方,因为这种交情往往游离于情感之外,而且双方也无任何利益关系。

所以,也没必要跟对方说明什么,只是在介绍跟某个人的关系时,可以强调一下:"我跟他是'点首之交'。"

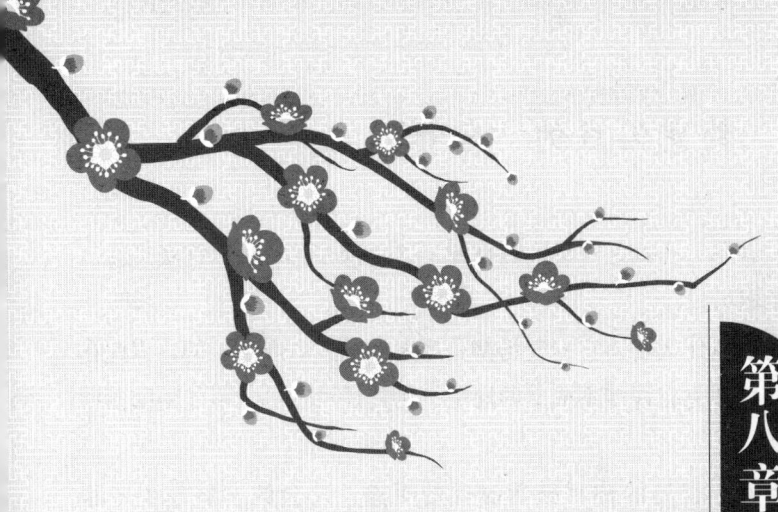

第八章 必须要懂的职场称呼

154 约定俗成的"官称"

"官称",就是官场上的称呼,这是过去的说法,官场现在已归入了职场。

甭管叫什么场,它的气场都是严肃刻板、中规中矩的,因此在对人的称呼上有许多不成文的规矩,尤其是对官员,不能随随便便乱称呼。

当然,官场的称呼随着时代的更迭、社会的发展发生了很大变化,但万变不离其宗,那就是对领导的称呼,要充分体现"敬""重"俩字。

旧中国,官场一律以头衔(官职)或职称相称。局长,就叫局长或局座;科长,就叫科长,没有什么别的称呼。

新中国成立后,中国共产党依然保持战争年代的称呼,不管职位高低,"官称"一律叫"同志"。如李志国,就叫李志国同志,也可以叫志国同志;王建伟,可以叫王建伟同志或建伟同志。

在老同志当中,年龄和职别差不多、相互之间比较熟的,可以直呼其名。对级别更低的干部,也是用"某某同志"称呼。

其实,直接叫名字更显得亲切,也平易近人,作为领导干部也显得亲民。1984年,在国庆三十五周年群众游行时,北京大学的学生自发打出"小平您好"的标语,一直被传为美谈。

这个事例说明党和国家领导人在称呼上,还是喜欢接地气的,直呼其名透着亲和力。后来,"小平同志"成了一个标志性的称呼。

除了"同志"之外,一般在机关工作的人,习惯以"老"和"小"相称。年纪大点的,叫"老张""老李";年纪小一点的,叫"小张""小李",很少有叫头衔的。

在20世纪50年代到80年代，您如果在机关单位叫头衔，领导干部会不高兴，觉得你在疏远他。我曾在北京市委机关工作过，对此深有体会。

但是20世纪90年代以后，随着世风的变化，"同志"的称呼似乎成了老同志的专利，年轻的领导干部很少有人这么叫了，而"老张""小李"这样的称呼也显得土了，官场上逐渐又恢复了从前的"官称"。

与以往的官称不同的是，把"长"给省略了。王部长，叫"王部"；李局长，叫"李局"；刘处长，叫"刘处"；马科长，叫"马科"；陈董事长，叫"陈董"；张总经理，叫"张总"；赵工程师，叫"赵工"；等等。

"官称"的演变，表明了时代的发展和世风的变化，"张处""李局"，虽然职务在称呼上有所体现，但总觉得"老张""小李"叫着更亲切。

155 "官吏"属于旧称

"官吏"是个旧时代的称呼，现在人们已经不用这个词了。

"官吏"，指的是在行政机关管理国家事务的人。过去的行政机关，老百姓也叫"衙门"，在"衙门"里当差的叫"衙役"，当官的叫"官吏"，也叫"衙吏"。

"吏"在甲骨文里，本义是打猎的人，后来引申为为诸侯做事的官员。《国语·周语上》里有："王乃使司徒咸戒公卿、百吏、庶民。"韦昭注:"百吏,百官。"这说明当时的官,就叫"吏"。

《说文解字》的解释是:"吏,治人者也。"汉代以后,"吏"特指官府的小官和差役。

"官吏"是过时的称呼,现在的职场已经规避"官"和"吏"的概念了,旧时的"官吏"一律改称政府工作人员,或者叫公务员。

正因为如此,我们只能在历史书上,看到"官吏"这个称呼了。

156　官不在位称何"官"

有些领导干部喜欢"官称",他在位的时候,您称呼他"张局""李局"没问题,但是,当他调离了、离退休了,或者犯错误免职了,总之,他不在其位了,您叫"张局""李局"还合适吗?

按传统的规矩,不在其位,您就不能再称呼他的官职了。比如李鸿章在位的时候,您称呼他李中堂没问题,但他不在位了,您再叫他中堂,就算不懂规矩了。

叫他什么好呢?其实,称呼他李大人就可以了。不当官了,您再称呼他的"官称",显然是不合适的。

末代皇帝溥仪在紫禁城当逊帝时,在宫里安了部电话。当时,电话还属稀罕物,整个京城也没有多少人家里有电话。

那时的电话,都配有电话簿。溥仪在宫里闲来无事,按电话簿瞎给人打电话玩儿,一天,他把电话拨到了胡适家。

胡适是著名学者,二十多岁就当上了北大教授。溥仪当然知道胡适的大名，随口邀请他到宫里聊聊天。胡适虽是北大教授，但常以平常人的心态行事，便随口答应了。

转天，溥仪按约定的时间，派太监来胡适家接他。胡适走到紫禁城的时候，一个问题困扰着他：跟溥仪见面，该怎么称呼呢？

胡适心想，溥仪是被推翻的皇帝。他呢，是反对帝制、主张新文化运动的旗手之一。显然，见面怎么称呼，成了一个大问题。

据后来他写的《宣统与胡适》里说："在养心殿见着清帝，我对他行了鞠躬礼，他请我坐，我就坐了。他的样子很清秀，但颇单弱；他虽只十七岁，但眼睛的近视，比我还厉害。……他称我'先生'，我称他'皇上'。"

按说胡适见溥仪属于私人会见，并不属于"官场"的正式会晤，胡适称呼溥仪"皇上"的做法，遭到了全国人民的声讨。

您想一个新文化运动的领袖级人物，居然称一个废帝为"皇上"，显然是不合时宜的。

但称呼溥仪什么好呢？胡适在见他之前肯定翻来覆去地琢磨这事，以他的聪明，居然也没找到更合适的称呼。最后在当年的皇帝叫他"先生"的情况下，只好称他"皇上"了。

十年之后，鲁迅先生在杂文《知难行难》里，还把胡适称溥仪"皇上"的事给抖搂出来，讽刺了他一番。

由此看来，称呼不在其位的官员要格外小心，因为官场情况复杂，您不知道叫老领导原职，他本人爱不爱听，或者别人爱不爱听。当然这些是旧时代官场上的事了。

新中国成立后，共产党内对领导干部的称呼有要求，不论职务高低，一律称呼"同志"。所以，见到离退休的老领导，最好的称呼就是叫他"同志"，或"张老""李老"。

称呼不在职的老领导为"同志",也是一种敬称,他肯定不会有想法或有意见,因为党内多次就称呼问题发文,党内一律称呼"同志"。

157 "上司"的确在上面

众所周知"上司"这个称呼,指的是上级领导。可是为什么上级领导要说"上司"呢?这个"司"是什么意思呢?

"司"在古代指的是官称。《广雅》中说:"司,臣也。""司,主也。"汉代的"三公"称为"司":司徒(丞相)、司马(太尉)、司空(御史大夫)。

《晋书·华谭传》中说:"又在郡政严,而与上司多忤(wǔ,不顺从的意思)。"清钱大昕《恒言录·仕宦》中明确说:"汉人称三公为上司。"这种说法后来成为泛称,在官场上,人们把职位比较高的官叫"上司"。

"上司"这个称呼一直延用到现在,人们把上级的官员和工作人员统称为"上司"。

需要说明的是,"上司"虽然是上一级的领导,但跟自己要有工作关系。这是一种领导和被领导的关系,如果没有这种关系,是不能用"上司"这个称呼的。

现在人们已经习惯用"上级"这个称呼取代"上司"了。但这两个称呼是有区别的,就工作关系来说,用"上级"比较合适。可是说到某个人的时候,还是用"上司"比较适宜。

"上司"也指天神，晋代的陶弘景在《授陆敬游十赉文》中写道："今故赍尔香炉一枚，熏陆副之，可以腾烟紫阁，昭感上司。"这里的"上司"可不是您的领导，而是民间传说中天上的仙官儿。

158 "顶头上司"的头在哪儿

"顶头上司"指的是您的直接领导，换句话说，就是直接管你的人。

一般来说，"顶级上司"是单位里的最高领导。什么叫"顶头"？就是您的头顶。如此说来，"顶头上司"也就是您脑袋顶上的领导。

假如您是处室的公务员，通常一个处室有七八个人，有处长和副处长，通常副处长分管几项工作，其中就有您的工作，那么这位副处长就是您的"顶头上司"。

因为一个处室的主要负责人是处长，处长是抓全面工作的，一些具体工作副处长要向处长汇报，所以处长是您的"上司"。

弄明白什么是"顶头上司"和"上司"，在做具体工作时，就知道什么事该找谁了。

159 "首长"听着好亲切

"首长"是个比较特殊的称呼,它是指在特定的范围内,特定的人群,位居首位或跟他职位差不多的人。

通常是部队和政府职能部门的领导被称为"首长",现在主要是军队的领导被称为"首长"。

所谓"特定的范围内,特定的人群",是指相对独立的部门。比如部队的某个团,团里的领导都可以被称呼为"首长"。但是到了连级,因为属于基层单位,所以连级干部,一般不叫"首长"。

反过来说,团级干部在自己的单位,可以被称呼为"首长",但是在师级或军级领导面前又属下级,要称呼师级领导和军级领导为"首长"。

在古代,"首长"这个称呼是指头领,没有特指。《新唐书·兵志》中,对"首长"的论述是:"十人为火,五火为团,皆有首长。"

梁启超在《新民说·十三》中说:"善为群者,必委立一首长,使之代表全群。"显然,"首长"在古代不但是个称呼,而且还是尊称。

"首长"这个称呼在中国人民解放军部队里流行,主要是区别于过去军阀和国民党军队的称呼。

旧军队有枪就是草头王,欺压民众,鱼肉百姓。老百姓瞅见他们就害怕,也弄不懂他们的官衔制,所以见到穿军装的都叫"长官"或"老总",使这些称呼变了味儿。

中国人民解放军是老百姓的子弟兵,在军风军纪上,跟旧军队和国民党的军队有着本质区别。不管是战争年代,还是和平时期,他们都能和老百姓打成一片,军民鱼水情,军民一家亲。

军队内部虽然有军衔制,也讲究级别,但始终保持着官爱兵、兵敬官的优良传统,为了体现对部队领导的尊重,把"首长"这个古代的称呼发扬光大了。

现在,不管多大的官,当兵的都叫"首长",下级的军官称呼上级领导也叫"首长"。人们印象比较深的是国家领导人和中央军委的领导检阅部队,国家领导人向受阅部队的官兵举手致意说:"同志们好!"官兵向国家领导人敬礼致意,并齐声高呼:"首长好!"

当然,老百姓见到部队的领导,也以"首长"相称。可以说,"首长"这个称呼,语言平实、含义深厚,是军队和老百姓都喜欢的敬称。

160 "长官"早已告辞

"长官"是行政单位或军队中级别高的官吏。《管子·禁藏》里说:"吏不敢以长官威严危其命,民不以珠玉重宝犯其禁。"这里说的"长官",就是指高级别的官。

唐宋的时候,"长官"多指县令,也就是老百姓的父母官——县太爷。苏东坡的诗《夷陵县欧阳永叔至喜堂》中有:"故老问行客,长官今白须。"这里的"长官",指的就是夷陵县令。

也许是因为县太爷是离老百姓最近的官,所以到了清代,"长官"就成了老百姓对官吏的泛称。

这种叫法一直沿袭到新中国成立前,老百姓见到穿官衣的,包括见到穿军装的军人,一律称呼其"长官"。其实,有的人并不是官,但听别人叫他"长官",心里也舒服。

新中国成立后,新政府实行人民民主,干群平等,官兵平等,共产党内不管职务高低,一律以"同志"相称,人民军队也是这样。

这样一来,"长官"这个称呼就淡出了人们的工作和生活。现在,已经很少有人叫领导干部为"长官"了。

161 "上头"就是上级

中国的老百姓知道对上边的领导,在称呼上有很多忌讳,于是发明了许多类似隐语的称呼,"上头"就是其中之一。

"上头"这个称呼,指的是上级领导或上级单位。有时也指上级单位的工作人员,如:"这位是'上头'派的人。"

旧中国的官场,有"官大一级压死人"的说法。这是什么意思呢?

这说的是上一级管着下一级,上级说什么,下级都要乖乖地听着,并且还要执行指令,不执行的后果不言自明。所以下级对上级敢怒不敢言,当然,"怒"也是在背地里。

正因为如此,官场的人对上一级的领导都有几分畏惧,"上头"这个称呼的流行恰好说明了这一点。

但一个单位要保持应有的凝聚力,干群之间、上下级之间关系融洽至关重要,"上头"过于威严,往往会让"下头"畏首畏尾,反倒不利于干好工作。

需要说明的是,"上头"这个称呼,是不能使用在正式场合的,也不能当着上级领导的面说,它只适合同事间或朋友间聊天时使用。

162 "头儿"上不了台面

"头儿",是人们对基层单位领导的俗称。当然,这种称呼上不了台面,是同事间或朋友间聊天时用到的称呼。

"头儿"一般是指具体部门的领导,具体部门,比如工厂的车间、机关的科室、商场的班组等。

通常一个单位的基层部门,人不多,但管得比较细,而且领导直接跟员工打交道,所以跟员工混得比较熟。

员工叫领导的名字,显得生分;叫职务、职称又觉得疏远;为了体现跟领导的关系亲密,往往叫他"头儿"。

"头儿"这个称呼简单明了,又有多种含义,听着顺耳,用着方便,基层领导也能接受。

一般对外人介绍自己的领导,也说:"这位是我们单位的头儿。"或者说:"他是我的头儿。"

163 能戳得住的"台柱子"

一个单位或一个团体,都会有挑大梁的人,这个人也可以叫"台柱子"。

"台柱子"原本是梨园行的一个术语,"台"指的是戏台。"台柱子"即戏班的"角儿"。"角儿"读 juér,即挂头牌的演员,也叫"挑班的"。

后来，"台柱子"被引申到其他行业或单位，被广泛使用，人们把单位的骨干、能挑大梁的人，称为"台柱子"。

"台柱子"作为对人的称呼，不是客套，也不是虚礼，而是指实实在在的能人。不是有本事的人，怎么能挑大梁、挑班？所以，您使用这个称呼时，要实事求是，别盲目夸张。

164 统筹全局的"一把手"

"一把手"就是单位的最高领导人。这个领导人不是那种华而不实、开空头支票的，而是有人、财、物的支配权，有经营管理的决定权，说话算数的人。

一个单位的主要领导往往身兼多职，尤其是大集团、大公司的领导，人们有时在对他们的称呼上拿捏不准，但"一把手"这个称呼就能说明一切。单位的领导对这个称呼也不会有任何异议。

通常"一把手"还有副手，叫"二把手"，当然，还可以"三把手""四把手"这么往下排，但这就没什么意义了。一般情况，说"一把手"，人们就明白是什么意思了。

在现实生活中，喜欢幽默的人，把家里主事儿的人也叫"一把手"。

这个"一把手"不好说是男是女，因为每个家庭情况都不一样。总之，谁在家里说了算，谁就是"一把手"。

165 "靠山"来自李白

"靠山",指的是在社会上可以依靠的人或势力。"靠山"作为称呼,属于中性词,没有好坏,它只是一种说法而已。

世界上可依靠的东西多了,树可以靠,墙可以靠,为什么单说"靠山"呢?原来这个"山",不是大山的"山",而是一个人名。是谁呢?唐代的安禄山。

"靠山"的典故,出自大诗人李白之口。话说当年,唐玄宗被安禄山的甜言蜜语迷惑,想提拔他当宰相,并且让张洎(jì)写诏书。恰在此时,已经看出安禄山野心的右相杨国忠进谏反对。

杨国忠是唐玄宗的宠妃杨玉环的哥哥,他的话,唐玄宗不能不听,于是没让张洎写诏书,安禄山也没当上宰相。

张洎把这事跟李白说了。李白对他说:"我看那个胡儿(指安禄山)有谋反之心,你千万不能靠山(指安禄山的"山"),还是应该靠皇上。"张洎听从了李白的建议。

不久,安禄山起兵反唐,张洎受到皇帝重用。事后,他对李白说:"幸亏我没靠山呀!"从此,留下了"靠山"这个典故。

年轻人在刚步入社会的时候,会有这样的体会:出来工作,有没有"靠山"大不一样。当然,现实生活中,有的人因为有"靠山"而飞黄腾达的事例不少,但最后的结果未必如愿。

因为"靠山"一倒,他也得跟着吃瓜落儿。所以,一个人真有出息,有作为,不要"靠山",而是靠自己奋斗。

166　这个"老爷"没人叫了

"老爷",是旧时老百姓对当官的或有权势的人的称呼。

我们在表现旧时代的影视和戏剧作品中,会看到有钱人家的仆人对主人的称呼一般都是"老爷",如话剧《雷雨》里,周家的仆人鲁贵见到主人周朴园,总是以"老爷"相称。

新中国成立后,"老爷"作为封建地主阶级和资产阶级的典型称呼,自然受到了批判和摒弃,您叫谁"老爷"等于害谁。

不过,后来也有人被称为"老爷",但这是在讽刺那些高高在上、不关心群众的领导者。

167　"麾下"在谁之下

"麾下"是一个敬称。"麾"是古代指挥军队的旗子,所以,"麾下"最早的意思是指挥军队的将帅,后来引申为将帅指挥的军人。

"麾下"的出处是《史记·魏其武安侯列传》中的一段话:"独二人及从奴十数骑驰入吴军,至吴将麾下,所杀伤数十人。"这里的"麾下",是指吴国的将军指挥的旗下。

经过两千多年的演变,现在"麾下"这个称呼的使用范围,早已脱离了军队,成为现实生活中普遍使用的一个敬称。

尽管它的原义没有大的变化,但角色和用法却变了。只要这位是您的领导,您都可以称自己是他的"麾下";或者介绍别人时说:

他是×××的"麾下"。

过去,"麾下"是直接用于口语的,如"我们是您的'麾下'""×××的'麾下'来了"等。现在已经没有这么称呼的了;现在"麾下"多用于书面语。

168　经常隐身的"后台老板"

"后台老板"是戏曲界的一个称呼,指戏班子的班主。

观众到戏园子听戏,听到的只是演员们在唱戏,锣鼓铙钹在伴奏,以及名角出场后的叫好声。

其实,按梨园行的术语说,这都是"场面",真正驾驭这个戏班子的人在台后呢。他就是"后台老板"。

"后台老板"并不掌管戏班子的演出,甚至演员的进出他都不用操心,因为戏班子有聘用的"经纪"(类似企业的经理)在照管,但是决定戏班子命运的却是"后台老板",因为他是这个戏班子的班主。由此可见"后台老板"的地位非同小可。

后来,这个称呼被引入"官场",指在背后操纵和指挥的人或者组织。

在旧时的"官场",往往会有派别之争,这种对垒错综复杂,各派的势力盘根错节,但他们的后面都有"人",这个"人"就是"后台老板"。

"后台老板"属于隐语范畴,通常人们是不能问,也不能说的。只可意会,不可言传。

169　"搭档"源于抬橱架

"搭档"这个称呼,我们现在经常使用。一个单位的"一把手"和"二把手"就叫"搭档";一部电影的男女主角叫"搭档";说相声的,捧哏和逗哏的演员,也叫"搭档"。

"搭档"的原义,是两个人一起抬东西。但这个东西为什么不是桌子、椅子、柜子,而是"档"呢?

原来这个"档"比较特殊,它是存放案卷用的带格子的橱架,类似于现在常用的开放性书架。但过去这种架子是专门存放案卷的,所以才有"档案""高档""一档子事"等词。

"搭档",现在多指在一起工作的合作者,或一起做事的合伙人。通常一个人跟另一个组成的一对,也叫"搭档"。

很多时候,有一个好的"搭档",事业就成功了一半,中外历史上有不少这样的范例,比如马克思和恩格斯、刘伯承和邓小平等。

"搭档"是需要两个人相互配合的。两个人抬一件东西,看上去都在搭手,但这个双手用力,那个奔拉肩膀,您说这东西怎么抬?

所以,"搭档"是个中性称呼,换句话说,叫"搭档",不见得是那种配合默契的好"搭档"。事实上也是这样,不管干什么工作,遇到一个好"搭档"都难能可贵。

170 "同僚"的"僚"有讲儿

"同僚"是个老称呼，即在同一个衙门（政府机关）共事的官吏，按现在的说法，就是在一起工作的同事。过去，如果说某某跟某某是同事，往往要说他们是"同僚"。

"同僚"一词出自《诗经·大雅》："我虽异事，及尔同寮。"这里的"寮"跟"僚"同义，就是当官的意思。

《左传·文公七年》中有一句话："同官为寮，吾尝为寮，敢不尽心乎？"这里的"寮"与"僚"也是同义，说的是一起当官，不能不尽力。

"同僚"虽然是旧时的称呼，但现在人们有时还使用，需要注意的是，"同僚"这个称呼在使用上仅限于领导干部和在政府机关工作的同事，在企业、学校、科研机构等单位一起工作过，不能叫"同僚"。

但在企事业单位一起当领导的，可以叫"同僚"，比如同在一个企业，一个是董事长，一个是监事会主席，两个人就可以互称"同僚"。但如果一个是董事长，一个是财务人员，就不能互称"同僚"，只能说是"同事"。

其实，"同事"与"同僚"并没有明确的界定，您只要弄明白那个"僚"字是官的意思，就很好区别什么是"同僚"，什么是"同事"了。

不过，"同僚"的称呼已经过时，现实生活中几乎用不上，但您应该知道它是个什么称呼。

171 "同志"有特殊意义

"同志"这个称呼，人们太熟悉了，曾几何时，它是使用率最高的称呼。

"同志"取自"志同道合"这个成语。春秋时期的左丘明在《国语·晋语四》中说："同德则同心，同心则同志。"只有志同道合的人，才可以称为"同志"。

近现代史上，"同志"是指有着共同理想和奋斗目标的革命志士之间的称呼。孙中山先生成立同盟会时，会员都叫"同志"。

孙中山先生的遗嘱里那句"革命尚未成功，同志仍需努力"是"同志"一词的经典注解。

中国共产党在建党之初，就规定党内以"同志"相称。鲁迅先生在《且介亭杂文末编》中写道："那些切切实实，足踏在地上，为着现在中国人的生存而流血奋斗者，我得引为同志，是自以为光荣的。"

我曾经接触过一些资深的老共产党员，他们平时称呼彼此一般不说姓，只说名，如李向民，就说向民同志。而且他们以"同志"这个称呼为荣，什么时候不叫某个人为"同志"了，那就证明他犯错误了。

其实，革命本身也包括人的称呼。旧时代，老百姓见了当官的，都要下跪叫"老爷"，搞革命的目的就是要实现官与民的民主平等，"同志"这个称呼，正是革命的产物，也是在革命的背景下产生的。

一声"老爷"，透出官与民的离心离德；一声"同志"，显示民与官的平起平坐，感觉像亲人一样，透着和蔼亲切。

新中国成立后，"同志"成了人们最普遍的称呼，为了体现劳动人民当家做主人的理念,甭管官大官小,也不管您是什么职业,统统没有高低贵贱之分,一律都叫"同志"。

1965年,中共中央发出《关于党内同志之间的称呼问题的通知》要求:"今后对担任党内职务的所有人员,一律互称同志。"这里说的"党内职务的所有人员",其实就是指所有领导干部。

在泛称"同志"的同时,同事之间还以"老"和"小"相称,岁数大的叫老张、老李、老王,岁数小的叫小张、小李、小王。

当官的如部长、局长、处长,也这么叫。局长年轻,科长年纪大,科长照样叫局长小王、小李,整个社会风气都是如此。

1978年,党的十一届三中全会公报中重申:"党内一律互称同志,不要叫官衔。"但是,随着改革开放的推进,外来文化的浸染,"同志"这个受大众喜欢的称呼,悄然发生了改变。

最初,是社会上人们以"师傅"为敬称,取代了"同志"。之后是"先生""女士"的风行,然后又刮起了"老板"风,后来不管什么人,见面就称"老师"。党内也出现了以官衔相称的现象。

当然,改革开放后,社会发生的一系列发展变化。有的人成了富翁,有的人下岗待业,有的人官运亨通,有的人失意落魄。当然,人们的心态肯定也是不同的。

此时,人们重新审视"同志"这个称呼,就会发现叫"同志"的未必是真正意义上的"同志"。

于是人们就把"同志"这个称呼封存起来,当然,改口也有个过程。

当然,党内的老干部们,依然按党内的规矩办,以互称"同志"为荣。一直延续到现在。

《后汉书·刘陶传》里说:"所与交友,必也同志。""同志"

这个古老的称呼，受过革命的洗礼之后，依然保持着它应有的质朴和纯洁。

这个称呼比起时下流行的那些"张局""李处""孙校"等官称或"师傅""老师"等称呼，听着要舒服得多。

"同志"是最朴实，也是最深入人心的称呼。这个称呼在民众当中的丢失，令人惋惜。

2016年10月，党的十八届六中全会通过的《关于新形势下党内政治生活的若干准则》明确要求"坚持党内民主平等的同志关系，党内一律称同志"。

党中央再次强调党内使用"同志"这个称呼，说明已经被很多人淡忘的"同志"称呼，有希望会重新回到我们的现实生活中来。

172 足智多谋的"智囊"

"智囊"这个称呼是指头脑发达、足智多谋的人。

有人看到"智囊"有个"囊"字，会发挥自己的想象力，以为"囊"是一个大的口袋，"智囊"就是把智慧都装在了这个口袋里，用的时候，随手从口袋里掏。其实，这纯是一种猜想。

原来"智囊"这个词是有典故的。相传汉代的晁错足智多谋，当朝皇帝汉景帝经常找他出谋划策。他脖子下面长了一个大肉瘤，好像袋子一样，因此汉景帝称他是"智囊"。所以您瞧，"智囊"是从这儿来的。

当然，历史上号称"智囊"的并不只有晁错一个人，《史记·樗里子甘茂列传》里记载："樗里子滑稽多智，秦人号曰'智囊'。"

"樗"读 chū，樗里子也叫樗里疾，是秦惠文王的弟弟，战国时秦国有名的善于用计的将领，他先后击破韩、赵、魏联军，败楚破齐，后来当了秦国的丞相，也属"智囊"级别的人物。

《后汉书·鲁恭传》里有："祖父匡，王莽时，为羲和，有权数，号曰'智囊'。"这位鲁恭也是有名的"智囊"。

明朝的冯梦龙，编了一部《智囊》，后来又做了增补，他先后搜集了从先秦到明代的1238个"智囊"级别人物的故事。可见中国历史上"智囊"级的人物并不鲜见，现代的"智囊"级人物就更多了。

"智囊"作为对人的称呼，一般都是别人叫出来的，没有自称"智囊"的。当然，"智囊"得真有智慧，而智慧也要有成功的案例来佐证，如樗里子称"智囊"，人家领兵打仗，确实能战无不胜，攻无不克。这种人叫"智囊"，老百姓都心服口服。

一个成功的领导者，身边需要有出主意的"智囊"。现如今，成功的企业家都讲究聘用"智囊团"。甭管"智囊"还是"智囊团"，要真能体现智慧两个字，就要给企业出谋划策，出好的点子，这才名副其实。

173　"顾问"不能只顾不问

"顾问"，是运用自己的专业特长，提供咨询的人，例如：政治顾问、军事顾问、法律顾问、文化顾问、企业顾问、投资顾问、工程顾问、管理顾问等。

俗话说：顾问顾问，有问才有顾。"顾问"是一种职位，"顾问"都是某一方面的专家，在某些专业上阅历和经验丰富，能处理一些疑难或棘手的问题。当然有些"顾问"的意见通常是独立的或中立的，不具有普遍性，这才有价值。

古代就有供帝王咨询的侍从大臣。汉代应劭的《风俗通·十反》中有："旧俗常以衣冠子孙，容止端正，学问通览，任顾问者，以为御史。"那时给人当"顾问"的，都容止端正，学问通览，看上去像是御史这样的高官。

《封神演义》第二十四回有一段对姜子牙的描写，"子牙拜而言曰：'尚乃老朽非才，不堪顾问，文不足安邦，武不足定国。'"

"尚"，就是吕尚，姜子牙的名字。他认为自己老了，当不了这个"顾问"，所以说了一些推辞的客气话。

现在跟古代一样，能当"顾问"的，多是上了岁数的人。有句老话："家有一老，赛过一宝。"真是一点不假。

174 "泰斗" 仰头才能看到

"泰斗"，即泰山北斗的简称。泰山，是五岳之首；北斗，即大熊星座的北斗七星，是人们在夜里抬头就能看见的天上最亮的几颗星星。

把泰山和北斗放在一起，就等于说这是天上地上最牛的人。所以"泰斗"这个称呼常用于了不起的人。

据考证,"泰斗"这个称呼,跟"唐宋八大家"之一的韩愈有关。《新唐诗·韩愈传》里有一段话:"自愈没,其言大行,学者仰之,如泰山北斗云。"

这段话的意思是韩愈死后,人们仰其学问,把他看作"泰斗"。就韩愈的学问和诗文的地位,尊他为"泰斗",并不为过。

过去,江湖上的武侠门派,喜欢把开宗立派的牛人称作"泰山北斗",但开宗立派的人,几百年出一个就不错了。

于是后来对能尊称"泰斗"的条件有所放宽,把那些德高望重或者有卓越成就、为众人所敬仰的巨擘级人物,尊为"泰斗"。

说老实话,即便条件放宽,能称得上"泰斗"的人也凤毛麟角。当然,这里有是不是或敢不敢当的问题。

在现实生活中,我们经常能看到一些喜欢吹吹拍拍的人,动不动就称呼一些离退休的领导或资深的老专家是"泰斗",让人觉得心里别扭。

其实,这样称这些老同志,他们心里也不舒服。例如启功先生有一次参加活动,主持人介绍他时,称他是书法界的"泰斗"。

"泰斗"?我什么时候成"泰斗"啦?老人家听了心里不大高兴。

但他没跟主持人急眼,而是微笑着站起来,晃了晃身子,笑道:"我的身体没毛病呀,你怎么说我太抖了呢?"

一席话逗得大家哈哈大笑,主持人也意识到自己的话说大了,赶忙过来给老人家道歉。

"泰斗"是尊称,这没错,但这种称呼位置太高了,一般人是难以承受的,所以我们对"泰斗"这个称呼,一定要慎用。

175 "耆宿"得是老人

"耆宿",指社会上有名望的老年人。"耆"是什么意思呢?《说文解字》的解释是:"耆,老也。"

这个"老"有没有年龄标准?还真有。《礼记·曲礼》中说:"六十曰耆。"那会儿的人,六十岁就算"老"了。

不知道现在的人六十岁就可以领到"老年证",是不是依据的《礼记》里的"六十曰耆"?

《后汉书·樊鯈传》里说:"耆宿大贤,多见废弃。""耆宿"在古代,就是大贤级别人物的称呼了。

现在的人对上年纪的名人,也常称他们是"耆宿",不过,能称"耆宿"的人至少七十岁以上。六十到七十岁的人,虽然也有"老年证",但真把他们当老年人看,他们还很不情愿。

在官场和职场,人们忌讳别人说自己老,所以,您在使用"耆宿"这个称呼时,一定要留神,不能完全按古代人的标准来看现在的老年人,更不能往不愿意被称"老"的人身上贴"耆宿"的标签。

与"耆宿"相同的称呼,还有"耆叟"(一般老者)、"耆老"(年高有地位的人)、"耆儒"(博学的老人)、"耆硕"(年高有德的人)、"耆英"(年高有德行的人)、"耆彦"(年高有威望的人),等等。

此外,还有一个词:"耆卿"。不过,这不是对人的称呼,而是北宋词人柳永的字。

柳永是个大名人,他写的《雨霖铃·寒蝉凄切》大家可能都会背。柳永因字"耆卿",所以自称是"白衣卿相"。不过"耆卿"却是他的个人"专利"。

176 "翘楚"原是灌木枝

"翘楚"这个称呼现在用得比较多,但这个词的来历您未必知道。

"翘楚"出自《诗经·周南·汉广》:"翘翘错薪,言刈其楚。"什么是"翘楚"呢?郑玄的注释是:"楚,杂薪之中尤翘翘者。"意思是杂乱的柴火当中,支棱出来的部分。换句话说,就是显鼻子显眼的东西。

古代的人烧火做饭用的柴火,主要是灌木荆条。"翘楚"原本是形容它的,后来,文人墨客觉得这个词挺好,于是把它拿过来引用,把那些出类拔萃的人,称为"翘楚"。

如辛弃疾的《贺新郎》里有这样的句子:"王郎健笔夸翘楚。到如今、落霞孤鹜,竟传佳句。"这里辛弃疾就用"翘楚"来赞赏写《滕王阁序》的王勃。

现在人们写文章的时候经常用"翘楚"这个称呼,但是"翘楚"这个称呼不能乱用,比如一个高中生在学校运动会上,获得了百米冠军,有人称他是田径运动的"翘楚",这就夸张了。

"翘楚"通常指行业内的顶尖人才,或者是知名度非常高、社会公认的人才,一般的人则称不上"翘楚"。

在职场,尤其是官场上要慎用"翘楚"这个称呼。因为职场、官场是以职务论高低的,职务没有"翘楚"这一说,所以乱用"翘楚",不仅有阿谀奉承之嫌,还可能让人以为您这是拿人"开涮",即讥讽对方,这岂不是自讨没趣?

177　唐代开始有"状元"

中国的科举考试始于隋代，但"状元"这个称呼的产生却是在唐代。在科举考试的最后一关殿试考取了一甲，即第一名的叫"状元"。

为什么叫"状元"呢？因为唐朝的科举考试规定，凡是赴京应礼部考试的人，都得先投状。

用现在的话说，参加考试您得先填表报上去，考官认为您符合考试条件，您才有资格参加考试。因此投状考试得了第一名的人，叫"状元"。

科举考试跟现在的高考性质差不多，但不可同日而语。科举考试更加残酷。

第一关是童生试，也叫岁试，录取后为"生员"，也就是我们常说的"秀才"。

接着进行科试，也就是"秀才"考试，成绩优秀的才可以参加乡试。

乡试每三年一次，也叫大比或秋闱。如果考试通过了，就成为"举人"。

这一关，比现在的高考可难多了，首先录取举人的名额由朝廷下达，明清时代，各省按人口的比例分配名额，最多也就一百多人，全国录取的"举人"也只有一千到一千二百人左右，您想难度大不大吧。"举人"考试的第一名叫"解元"。

接下来的一关是会试，会试是在乡试的第二年的春天，在京城进行，由礼部掌管，所以又称春闱和礼闱。考取的人叫准"进士"，等到殿试合格之后，才能成为"进士"。

从"秀才"到考上"进士"，可以说万里挑一，因为每届"会试"录取的"进士"只有二百多人,最多的也就三百多人。这些人可以说是超级"学霸"了。

最后一关是殿试,它在会试的一个月后举行,考题由内阁大臣出,但最后要由皇帝圈定。考试获得前三名的分别叫"状元""榜眼""探花",他们为一甲,此外,还有二甲、三甲,都算"进士"。

经过若干年的奋斗,拼到殿试,当上"状元"实属不易。从唐代开始,中国历史上的"状元",一共才有五百五十二人,真可谓凤毛麟角。

正因为考"状元"难,能考上的人极少,所以后人把那些经过努力,在某个行业出类拔萃的人,比喻为"状元"。

有句老话:"三百六十行,行行出状元。"也就是说,哪个行业都有能人和高手,那些经过技术大赛获得第一名的人,就相当于"状元"。

近些年,各地把参加高考,获得文科或理科总分第一名的考生,也叫文科"状元"或理科"状元"。其他类型的考试也纷纷效仿,把第一名称为"状元"。

真正的"状元"已经退出历史舞台,现在的所谓"状元",也只是象征性的,当然,"状元"的称呼仅限于考试,真正的本事还要看工作实践。

考试成绩和实际成就是两码事。历史上,有大作为的"状元"并不多,现实生活中也一样,高考"状元",未必就是未来的科学家或文学家。

所以,我们不必玩命去争当"状元",而应该脚踏实地念好书,让自己有真才实学。

178　称呼"方家"不见笑

一些作家或画家，有时会在赠送给他人的书上或画上写"请×××方家指正"。"方家"是什么意思呢？

"方家"是"大方之家"的简称，语出《庄子·秋水》中的一句话："吾长见笑于大方之家。"这里的"方"，是"道"的意思。

"方家"的本义是指深明大道、道义修养深厚精湛的人。后来，人们多用这个词来形容那些功夫深厚的饱学之士，或者精通某种学问技艺的人。

"方家"一般是对别人的尊称，没有自己称自己是"方家"的。既然是尊称，这里就有奉迎和礼节的成分，换句话说，有的人虽然被尊为"方家"，其实也未必真就是"方家"。

当然，有时人们互称"方家"，是一种客套，比如画家在画上题款、作家在书上签名时写的"方家"，人们知道这是客气，所以一般也不会较真儿。

179　"大家"是什么"家"

"大家"，在这里不是大伙儿的意思，而是著名专家的意思。换句话说，就是大的专家。

现代人喜欢用这个"大"字来造势，动不动就是"大"什么，如"大亨""大帅""大总统""大将军""大师""大佬""大咖"等。

说什么事，人们也喜欢用这个"大"字，比如"大手笔""大宅""大雅""大饭店""大市场""大工程""大讲堂"等。

古代的人是不敢轻易言大的，比如"大家""大伙儿"，古人一般要说"众人""诸位"等，回避这个"大"字。"大元帅""大将军"，古人也不会在"元帅""将军"之前，加一个"大"字。

"大家"在古代，并不是指众人、大伙儿，而是指卿大夫之家，如《国语·晋语一》中的："大家邻国，将师保之。"韦昭注："大家，上卿也。"

这里说的"大家"，指的是上卿之家。古代的上卿，相当于现在的国务院副总理，副国级，您说这官大不大吧？所以叫"大家"，也是有原因的。

后来，人们又称豪门贵族为"大家"，如唐代韩愈的《杜君墓志铭》中写道："杜氏大家，世有显人。承继绵绵，以及公身。"这里的"大家"，是说杜氏是贵族世家。

至于说"大家"是大作家、大专家的意思，是宋代以后了。宋代的叶适在《答刘子至书》中写道："盖自风雅骚人之后，占得大家数者不过六七。"这里的"大家"就是指有名的作家和诗人。

现在这个称呼依然延用，人们在介绍某位在文学艺术领域取得重要成就、德高望重的老人时，一般要尊称他是"大家"。

前几年，中央电视台还专门开设了一个叫《大家》的栏目，主要介绍各个领域的领军人物和巨擘，可见"大家"这个称呼还是被社会认可的。

附带说一句，"大家"还是亲属的称谓，比如在潮汕地区，新媳妇管婆婆就叫"大家"，跟上面我们说的"大家"是两码事。

180　"把式"也有真假

"把式",也写作"把势",最初是武术和摔跤的术语,指的是某种功法的架势。所以,过去练武术摔跤和练杂耍的,被称为"练把式的",老北京在天桥卖艺的艺人,也被称为"天桥的把式"。

因为"练把式的"以功夫到家取胜,所以,后来"把式"成了许多行业手艺人的一个称呼,如赶大车的叫"车把式",铁匠铺的钣金工叫"铁把式",养花的叫"花把式",养鱼的叫"鱼把式",等等。

当然,"把式"也有真假之分,有的人虽然号称"把式",但没有真本事,这就是假把式。老北京天桥有句顺口溜儿:光说不练假把式,光练不说傻把式,又说又练真把式。

"把式"这个称呼的另一个含义是老手和行家。比如说:"这位在脚行儿(运输业)干了多年,是位'把式'。""他在京城建筑行儿可是个'把式'。"

从前,"把式"这个称呼,在职场是敬语。甭管干什么,能干到"把式"级别的,得够后来八级工的水平。"把式"有点儿像现在的工程师。

不过,时过境迁,因为"把式"这个称呼带有江湖色彩,所以新中国成立后,这个称呼就逐渐被淘汰了,年轻人也许就不知道什么叫"把式"了。

181 "跟包儿的"跟谁

"跟包儿的"是老年间的一个称呼,但现在偶尔也有人使用。

"跟包儿的"最早是戏曲界的术语。不管过去还是现在,人们听戏主要是看角儿,所以演员一旦成了角儿,那么就地位陡增。

当然,角儿的派头也会随着在舞台的地位的提高而增长。为了体现自己的派头,那些有名的角儿,一般要雇人当"跟包儿的"。

"跟包儿的"一般都是年轻人,通常男角儿雇男的,女角儿雇女的。平时,他们主要管理角儿的后勤杂务,角儿到剧场演出时,他们替角儿拿着服装、化妆品等。因为戏曲演员的服装很多,裹在包里看上去很大,"跟包儿的"这个称呼就是这么来的。

过去,能雇"跟包儿的"的几乎都是角儿,一般演员没有这个经济条件,所以,身后有"跟包儿的"是地位和身份的象征。

"跟包儿的"这种差事,在新中国成立后逐渐淡出人们的视线,但这个称呼却没销声匿迹。

20世纪80年代,随着改革开放的深入,人们的娱乐生活逐渐丰富,由此诞生了演艺界新生代的明星大腕。他们的高收入,必然带来高消费,在扬蔓儿抖范儿上,这些演艺明星并不逊于前辈,有时演出,身后不但有"跟包儿的",还有保镖。

当然,时代变了,当年的"跟包儿的"现在改叫"助理"或"助手"了,但不管叫什么,"跟包儿的"职责没变,味儿也没变,只不过说明书变了。

182　"白领"和"蓝领"

"白领",单从字面上理解,就是白色衣服的领子的意思,但作为称呼,它是英语 white-collar 的直译,指的是从事脑力劳动的职员。

从事脑力劳动的工作多了,比如作家、画家、教师、律师等,但"白领"作为称呼,是对生产、加工、运输等企业而言的,这些企业的管理人员、技术人员,以及政府的公务员等,属于"白领"。

"白领"这个词,最早出现在欧洲,20世纪二三十年代,指领取薪水的非体力劳动者,因为工作环境好,穿着整齐,衣服的领子洁白,所以被称为"白领"。

与之相对的是"蓝领"。"蓝领"是英语 blue-collar 的直译,指从事体力劳动的工人。由于他们穿的工作服一般都是蓝色的,当然,衣领也是蓝色的,所以叫"蓝领"。

"白领"和"蓝领"这两个称呼,大约在20世纪90年代传入我国,曾经在社会上流行了几年,但始终没有叫起来,近几年,已经渐渐地淡出人们的视野。

这两个称呼之所以不被中国人认同和接受,主要是"白领"和"蓝领",并不是我国脑力劳动者和体力劳动者在穿着上的标志。

此外,脑力劳动和体力劳动有时难以区分,即便有这种区分,人们在职场上也不愿意把它标志化,拉开彼此的距离。

所以,"白领""蓝领"这两个称呼,作为舶来品,在我国夭折在所难免。

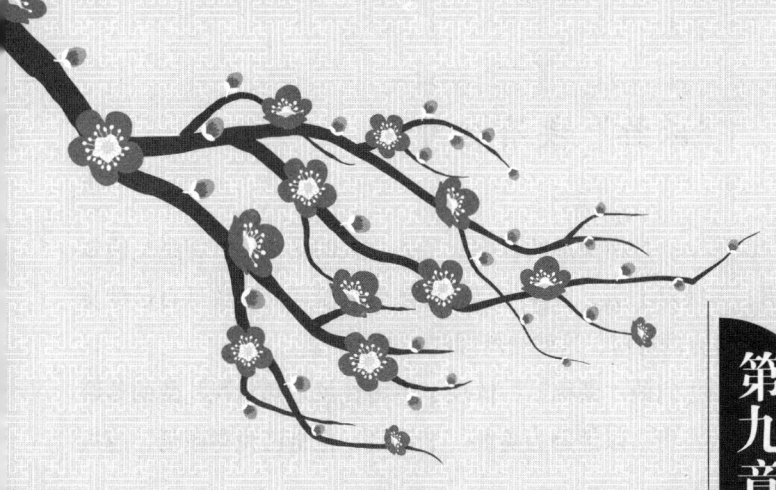

第九章 透着讲礼数的谦称

183　"谦称"要有分寸

"谦称",是指谦虚的自称。在人与人的交往中,特别是晚辈对长辈、下级对上级,以及与自己尊敬的人说话时,放低自己的身段,抬高对方的身份,这就是所谓的"谦称"。

人与人之间的"谦称",体现了中国礼仪之邦重视礼数的传统文化。中国人历来以谦逊为美德。老话说:把自己说得越低,越被人高看。

有的人也许平时说话喜欢跟人抬杠,对人对事经常七个不服,八个不忿,但说到自己(第一人称)的时候,却不敢"拿大"(称大),尽量往小了说。这就是称呼文化对人的一种约束力。

"谦称"的使用要恰如其分,既不能过高地抬对方,又不能过低地贬自己。就"谦称"的本义来说,大都是贬自己的。当然,贬自己,意在抬高对方。

虽然这是咱们老祖宗留下的美德,但有的时候,过分的谦虚,反倒容易引起对方的误会。所以,使用谦称要把握分寸,别把自己的身段放得太低。

184　"在下"在什么之下

"在下",是对自己的谦称。有人认为"在下",是在对方之下的意思,其实,这是猴吃麻花——蛮拧了。

"在下"这个词出自《诗经·采菽》，原诗是："赤芾在股，邪幅在下。""芾"（fú），即熟皮做的、遮挡膝盖用的护具，也叫"蔽膝"。"邪"字就是"斜"字，用一块不斜的"芾"裹在小腿上，也叫"邪幅"。

"邪幅在下"，就是在膝盖以下的位置，意在说明地位之低，当然这也是一种谦称。

了解了"在下"的原义，您就会明白，"在下"是从装束上看出地位高低的意思，后来，这个词成了谦虚者的自称。

过去，"在下"这个称呼在官场上常用，比如一个官员在跟部下谈话，部下听完这位官员的话以后，会说："您的话，在下都记下来了，一定照办。"

在日常社会交往时，年轻人会见年长的人或德高望重的人，在自我介绍时会说："在下是某某某，很荣幸能拜见大人。"

随着社会的发展，人们开始重视社会地位的平等，"在下"这种自己踩低自己的称呼，自然属于被淘汰之列。

在现实生活中，人们很难听到"在下"这个称呼了，尽管它是个谦称，但"谦"得有点过了。

同事或朋友相处，大家的地位都一样，您说您"在下"，岂不是"自残"吗？再者说，您说您"在下"，实际上就意味着对方"在上"，也让对方感到难为情。

185　"高足"跟脚没关系

"高足"是对他人的有才能弟子的称呼,当然这个词带有褒义。

"高足"这个词最初是指骏马。据史料记载,汉代的驿马分为三等,高足、中足、下足。"高足"为上等马,跑得飞快。

后来引申为高才,是对别人的弟子、门生、学生的敬称。语出《世说新语·文学》中的一段话:"郑玄在马融门下,三年不得相见,高足弟子传授而已。"

现在"高足"这个称呼还常用,但多用于书面语。有时,人们为了体现对长者和老先生的敬重,也会举例说出他的"高足",证明他这个当老师的才华不凡。

186　"足下"来自介子推

一般人理解"足下",就是脚下的意思。没错,《老子》的第四十六章,明明白白地说:"合抱之木,生于毫末;九层之台,起于累土;千里之行,始于足下。"

"千里之行,始于足下"这个成语妇孺皆知,说的就是不管你走多少路,都得从迈步开始。

但是我们要说的"足下",跟这个"足下"是两回事,它是下级对上级或同辈的一个敬称。

这个"足下"的出处是,战国时期的《韩非子·难三》里的一段话:"今足下虽强,未若知氏;韩、魏虽弱,未至如其晋阳之下也。"

什么叫"晋阳之下"呢?原来这是一个有名的典故。

"春秋五霸"之一的晋文公,当年还是晋国的公子重耳时,颠沛流离十九年,后来当了晋国的国君后,他封赏有功之臣,偏偏没来得及封赏跟随他逃亡、在危难的时候割自己大腿上的肉给他吃的介子推,就出兵征战了。

其实,介子推也不愿受晋文公的封赏,带着老母隐居到了绵山。晋文公知道后,派人上山搜寻,但耿介的介子推坚决不见晋文公,逼得晋文公让人放火烧山,迫使介子推下山。没想到介子推抱着大树,搂着自己的母亲被活活烧死了。

晋文公十分悲伤,为了纪念这位倔强的挚友,让人砍下一段焦木,做成了跂拉板(木屐)穿在脚下。

每当晋文公看到这双跂拉板,总会情不自禁地说:"悲乎,足下!""足下"这个词就是这么来的。

后来,"足下"这个词演变为下级对上级的敬称,类似"您",如唐代的韩愈在《与孟东野书》中的一段话:"与足下别久矣,以吾心之思足下,知足下悬悬于吾也。"这里的"足下"就是敬称。

"足下"这个称呼现在已经很少用了,在人们的书信往来中,偶尔能看到这个称呼。

需要注意的是,如果使用"足下"这个称呼,一定是下级对上级,或者晚辈对长辈,不能颠倒这种关系。

187　"小可"并不真小

"小可"是宋元时期的大白话,跟"小的"的意思相同,是对自己的谦称。

您在描写宋朝故事的《水浒传》里,会看到大量这个称呼,如第五十七回:"小可若是不去,恐他兄弟们心下不安,小可情愿请几位弟兄同走一遭。"又如第五十八回:"小可宋江怎敢背负朝廷?"

"小可"也有寻常的意思,如元曲作家孟汉卿在《张孔目智勘魔合罗》第三折里有一句台词:"我与你说,人命事关天关地,非同小可。"这里的"小可",就是很普通的事。非同小可后来做了成语,表示不是一般小事的意思。

"小可"作为第一人称的谦称,早已经过时。现在已经很难听到这个称呼了。不过,它在古书中出现的频率比较高,您还是应该知道这个词的意思。

188　"鄙人"可不是髭人

您在看古籍时,常会遇到"鄙人"这个词。"鄙人"是知识浅陋的人的意思,古人常以此作为谦称。

其实,"鄙人"最初的意思是指在郊野或偏远的地方居住的人。如《韩非子·喻老》中所说的"宋之鄙人,得璞玉而献之子罕"和《战国策·燕策》中"北蛮人之鄙人"中的"鄙人",就是指偏远地方的人。

"鄙人"也有鄙俗之人的意思,所以,汉代以后,成了自谦的称呼,如《史记·张释之冯唐列传》中,"唐谢曰:'鄙人不知忌讳。'"

宋代的苏轼在《司马温公神道碑》中,也有这样的话:"异时薄夫鄙人,皆洗心易德,务为忠厚。"这里的"鄙人",就是对自己的谦称。

古人说自己是"鄙人",未必就是居住荒郊野外的鄙俗之人,而是体现自己的谦逊,所以,"鄙人"反倒成了好词。

当然,时过境迁,口语也因时事而更迭,"鄙人"这个古人的谦称,也早已淡出人们的语境。现在的人,如果谁再说自己是"鄙人",会像相声里说的,以为是被枪毙的人呢。

189 "不才"并非无才

"不才",是没有才能的意思。《孟子·离娄下》中有:"中也养不中,才也养不才,故人乐有贤父兄也。"《韩非子·五蠹》里也有:"今有不才之子,父母怒之弗为改。"这里的"不才",都是无能之意,不过,这是说别人,不是自己。

中国的古人有意思,说别人"不才",也许是真无能,说自己"不才",则成了谦称。当然,谦称的"不才"也许意思正相反,不是"不才",而是有才。

正因为如此,"不才"是古人经常用的第一人称的谦称,即便是有名的才子，也称自己"不才"。

如宋代王安石的诗《落星寺》："雁飞云路声低过，客近天门梦易回。胜概唯诗可收拾，不才羞作等闲来。"王安石自称"不才"，难道是他真无能吗？

元代的诗人萨都剌在《寄沙郎中》中，也说自己："不才瘦马走州县，君已落笔中书堂。"您琢磨琢磨他们是不是自谦？

既然如此，您看古籍时，如果遇到"不才"这个词一定要动动脑子，看看这位"不才"是真无能，还是一种谦称。

当然，"不才"作为古人的谦称，现在已经很少有人用了。

190　假"不敏"和真"不敏"

"不敏"就是不敏捷、不聪明的意思，这是古人常用的谦称。

古人在说到自己的时候，经常用笨、傻、呆、拙之类的话来表示自己不行，当然说自己不行，就意味着对方行。

不过，古代的文人说话委婉，讲究含蓄，笨、傻、呆、拙之类不好听的话，他们不会直截了当地说出来，而是用其他的谦称来表达，"不敏"就是其中之一。

"不敏"最早出现在周代的多部典籍中，如《国语·晋语二》中，就有"欵也不才，寡智不敏，不能教导，以至于死"这样的话。《论语·颜渊》中也有"回虽不敏，请事斯语矣"。

"不敏"这个称呼现在也还使用，但主要是用于书面语。此外，在跟领导和师长说客气话时，有时也会用到这个谦称。

需要说明的是，"不敏"在用于第一人称时是谦称，如："兄弟不敏，对您恭敬不周，请您多多包涵。"

但是，用于第二人称或第三人称时，"不敏"则成了贬义词，如果您见了朋友，说他的儿子"不敏"，就是说他的儿子真"不敏"。所以，说这话时要留神，"不敏"这个词用到这儿，可是在寒碜人。

191 "末学"倒数第一吗

"末学"，是学问肤浅、知识淡薄的意思。《庄子》里对"末学"的解释是："末学者，古人有之，而非所以先也。"他的意思是说，"末学"并不是与"先学"对应的。

"末学"是古人说到自己时的谦称，如苏轼《与封守朱朝请》中有："前日蒙示所藏诸书，使末学稍窥家法之秘，幸甚，幸甚。"

古代的文人之间，常以"末学"为谦称。其实，自称"末学"，未必真的才疏学浅，主要是体现自己谦逊的美德。

自然，生活中确实有做学问不求甚解的"末学"，如晋代的范宁在《春秋穀梁传》序中说："释穀梁传者虽近十家，皆肤浅末学，不经师匠。"这里的"末学"，就是指那些学问浅薄者。

东汉，佛教传入中国以后，很多佛教弟子也常以"末学"做谦称。但他们说的"末学"，跟我们说的有所不同。

在现实生活中，"末学"这个谦称已经没人说了，不过，它所蕴含的文化内容，我们还是应该了解的。

192 "晚生"并非晚上出生的

"晚生",跟什么时候出生的没关系。"晚生"是古代文人在前辈面前的谦称。

"晚生"与"先生"相对应,意思是自己晚生于先生,所以学识比不上先生。

"晚生"这个称呼流行于宋代,年轻人会见长者,一般都用这个谦称。到了明清,这个称呼多用于书面语,但口语中,文人之间仍习惯用这个称呼。比如小说《儒林外史》的许多地方,年轻人拜见长者,就习惯用"晚生"这个称呼,比如第三十九回,"萧云仙道:'晚生得蒙老先生指教,如拨云见日,感谢不尽。'"

"晚生"这个谦称现在依然延用,但主要用在书面语;在日常生活和社交活动中,很少有人用"晚生"这个称呼。

193 "下官"是"官"吗

"下官"本来是小官和下属官吏的意思,后来,成为一般官吏的谦称。

过去,"下官"这个称呼在官场常用,如明代冯梦龙的《东周列国志》第五十七回里的一段话:"下官不敢回楚,明日与夫人别寻安身之处,偕老百年,岂不稳便?"

再如清代吴敬梓的《儒林外史》第一回里写道:"而今皇恩授

他咨议参军之职,下官特地捧诏而来。"

"下官"的"下"字,说明从官阶上是在下的,比如县长和省长,当然县长的官位比省长要低好多,所以见了省长,要称自己是"下官"。"下官"敬重"上官",这是旧时代的官场规矩,没得商量。

当然,现在的职场也讲下级服从和尊重上级,但已经没有"下官"这个称呼了。

194 "卑职"早已谢幕

"卑职",就是卑微职务的意思,这是过去在官场下级对上级的谦称。

南朝的史学家姚思廉在《陈书·沈炯传论》中有这样一段话:"沈炯仕于梁室,年在知命,冀郎署之薄官,止邑宰之卑职。"

吴敬梓的《儒林外史》第五回写道:"汤知县又磕头道:'这事是卑职不是,蒙大老爷保全。'"

由此可见,"卑职"这个称呼在下级官吏中很常用。

我们在历史题材的影视作品中,也会看到小官对大官张嘴闭嘴自称"卑职"的场景。

称自己"卑",就意味着对方"尊"。过去的官场,官大一级压死人。小官见了大官就得"卑"着点,不卑也得"卑",这是没辙的事。

现在的职场,虽然也有上下级,也讲下级要服从上级,但这是

第九章 透着讲礼数的谦称

一种工作关系，而不是尊卑关系了，所以"卑职"这个称呼，早就被扔进历史垃圾堆了。

195 "老夫"是真"老"

"老夫"是古代老年男子的谦称，当然，也有年轻人称"老夫"的，不过，这是一种调侃。

古代人是不能随便说"老"的，"老"在年龄上是有标准的，通常超过七十岁的男子，才有资格称"老"。《礼记·曲礼》中说："六十曰耆，七十曰老。"您瞧，说得多明白。

《礼记·曲礼》中又说："大夫七十而致事，若不得谢，则必赐之几杖，行役以妇人，适四方，乘安车，自称曰老夫。"

敢情"老夫"这个称呼是从这儿来的。那会儿的人规矩真多，七十岁的"老夫"出门，才可以享受拄拐杖、坐马车的待遇。

后来，"老夫"作为称呼，已经没有这么多规矩了。"老夫"属于中性词，称"老夫"，透出自己的谦和。

时过境迁，称"老夫"也没那么多约束了，只要您觉得自己"老"，四十多岁称"老夫"也没人管您。

196 "老拙"不"拙"

一看"老拙"这俩字，您就会觉得它不怎么样。确实，"老"有老朽之意，"拙"有笨拙之意，又"老"又"拙"，这能招人待见吗？

从字面上说，"老拙"是循规蹈矩、笨拙木讷的意思。正因为如此，古人才用这两个字做谦称。

宋代的苏轼在《与孔毅父书》中写道："到扬吏事清暇，而人事十倍于杭，甚非老拙所堪也。"

他说自己到扬州任职以后，日常工作比较清闲，但人事关系却非常复杂，比自己在杭州当官的时候复杂十倍，这些烦心事是"我"这个"老拙"所难以承受的。这里的"老拙"就是谦称。

元代的刘唐卿在《降桑椹蔡顺奉母》第五折中写道："辇毂之下，幸遇大人尊颜，实乃老拙万幸也。"这里的"老拙"也是"谦称"。

古代的老年人在日常生活中，经常使用"老拙"这个"称呼"。"老拙"的称呼一直延用至今。

不过，现在"老拙"的使用率已经很低了，主要用于书面语，口语用的很少。

197 "老朽"其实不想"朽"

"老朽"，是中国古代老人的谦称。"朽"，《说文解字》里的解释是:"朽,腐也。"就是糟朽的木头。

老人以腐烂的木头自喻,说得惨了点,但古人觉得把自己说得越低,越会被别人高看。孔子在《论语》里也说:"朽木不可雕也,粪土之墙不可圬也。"

人老了,容易自惭形秽。唐代的郑愚在《潭州大沩山同庆寺大圆禅师碑铭序》里有一句:"以耽沉之利欲,役老朽之筋骸。"这种自谦有点自怜了。

明代李贽在《答沈王书》中写道:"老朽久处龙湖,旷焉索居,无由长进。"李贽的自谦倒是让人肃然起敬。明清以后,"老朽"已经成为老年人常用的称呼了。

"老朽"这个称呼,现在也在书信往来中常见,口语说自己"老朽",则有点调侃的意味。

198 "愚兄"必须打引号

在生活中,您也许经常能听到"愚兄"这个称呼,与之相匹配的是"贤弟"。

称比自己小的为"贤",称比对方大的自己为"愚",这恰恰是中国人的美德。

"愚"肯定不招人待见,由它组成的词有"愚蠢""愚笨""愚鲁"等,您瞧吧,没一个可人疼的。但古代的人非要把这么差意思的词,揽在自己身上,自称"愚兄"。

与此同时,把那个千人疼万人爱的"贤"字,留给了同辈但比自己小的人，称呼他"贤弟"。您说古代的人是什么胸怀吧？

中国人有意思，越是亲的人在称呼上越透着寡淡和随意；越是外人，在称呼上叫着越亲。所以，叫"愚兄"和"贤弟"的，一般不会是同母所生的亲兄弟。

"愚兄"是叫了上千年的"谦称"，您别看他叫自己"愚兄"，但没有人认为他笨、他愚蠢，相反，会认为他有文化、有教养。

不过，您在自称"愚兄"时，一定要看准对象。第一，对方一定要跟自己是平辈；第二，对方一定要比自己年纪小。对比自己长一辈或晚一辈的人，是不能称呼自己是"愚兄"的。

199 "孤家"高处不胜寒

"孤家"的字面意思是孤独老人。"孤"字在《说文解字》里的解释是："孤，无父也。"它的本义是从小父亲就去世了，或父母双亡。

说起来，这个"孤"够惨的，所以"孤"不是可人疼的字，但作为称呼，"孤"配上一个"家"可了不得了，"孤家"是古代帝王的自称。

《礼记·玉藻》中说："凡自称，小国之君曰孤。"但您别以为"寡人"只是君王的自称，其实，在春秋战国时期，不但诸侯君主，一些士大夫、王公大臣等也自谦为"寡人"，如《左传》中有"请子奉之以主社稷，寡人虽死亦无悔焉。"

秦始皇统一中国之后，从他开始，皇帝几乎都以"朕"自称，但历朝皇帝的自称也不相同，有的依然称自己是"寡人"。

皇帝号称自己是真龙天子。普天之下，只有一个天子，难怪他自称"孤家"。当然这是玩笑。

史学家们分析，皇帝称自己是"孤家"，表示自己谦虚。谦虚当然是好事，不过，您挑什么字不好，干吗非挑这个凄凄惨惨的"孤"字呢？要不怎么古代的君王长寿者少呢？当然，这是玩笑话。

"孤家"经常跟寡人合称，叫"孤家寡人"。这倒好，这个称呼不用解释了，是好词坏词，您一看就知道了。

第十章 妙趣横生的俗称

200 "行家"没有自封的

"行家"是对内行人的称呼,通常也说"行家里手"或"在行"。

中国古代,社会分工是比较细的,有三百六十行之说,各行各业都有高手,也有"行家"。

"行家"就是懂行的人。什么叫懂行?就是在这个行业干的年头长了,行里的所有业务和技能都知道,而且也能拿得起来,并且能说出门道来。

明代的臧懋循在《元曲选·序》中写道:"曲有名家,有行家……行家者,随所妆演,无不摹拟曲尽,宛若身当其处,而几忘其事之乌有。"

这里说的是戏曲界"行家"的本事,其实,其他行业的"行家",在从事自己专业活动的时候,都能做到"宛若身当其处,而几忘其事之乌有"。

现在已进入网络时代,高科技更需要"行家里手",所以"行家"的称呼仍在延用。

需要说明的是,"行家"属于敬称,所以没有自称"行家"的。自称"行家"的,未必是真"行家"。

201 "老手"都是高人

"老手"是相对于"新手"而言的。现实生活中,不管干什么,都有"老手"和"新手"之分。

"老手"是指从事某项工作的时间长、经验丰富、技术熟练、干什么都得心应手的能人。

在现实生活中，对一些技术或业务能力强的人，找不着恰当的称呼，就用"老手"相称。因为"老手"的称呼含义比较多，又带有褒义，不会引起歧义，所以常常被人们使用。

202 "大拿"并非都拿得起来

"大拿"是北京土话，后来被广泛使用。作为称呼，"大拿"有两个意思。一个意思是指非常有本事的人，什么事都能拿得起来。换句话说，什么事都能做主。后来，"大拿"也引申为单位管事的领导。比如："他是我们的厂长，也是单位的'大拿'。"

"大拿"的另外一个意思是反讽，即说是"大拿"，但实际上什么事都拿不起来。

生活中有这样一种人，喜欢咋咋呼呼，看什么事都觉得简单，认为自己是不干，真干比谁都强。但您真让他干，他是"猴儿戴胡子——一出没一出"。人们把这种人也叫"大拿"。

"大拿"这个称呼现在还常用，您在使用时要区别不同对象，别把假"大拿"说成了真"大拿"。

203 "大了"的华丽转身

"大了"的"了",读 liǎo,即一目了然的"了",这是一个非常有意思的称呼。

"了"主要有两个字义:一是明白,二是完结。这恰恰符合"大了"的词义。

什么是"大了"?说白了就是能张罗事的明白人,他的作用是善于"应场"主事,在一些大场面,能妥善处理一般人解决不了的问题。

过去,人们举办大型活动,比如开业盛典、红白喜事等,因为来的人多,涉及方方面面的关系,所以要找人出面来张罗,这就是所谓"应场",这个能"应场"的张罗人就叫"大了"。

一般来说,"大了"不但人脉广,手眼通天,而且八面玲珑,能说会道,他能处理临时发生的大事小情,所以办事的主家搞活动找一个"大了",心里踏实。

"大了"这个角色如今依然存在,只不过身份没变,名分变了。因为不管是过去,还是现在,搞活动都要有一两个张罗的人,能在现场指挥调度,确保活动万无一失。

当然,这个张罗人现在已经变成了团队,比如文化活动,有专门的文化公司来帮您操办;婚礼可以找婚庆公司来主持;丧事也有这样的操办团队,提供"一条龙"服务。

204　能镇得住的"老大"

这里说的"老大",不是家里兄弟姐妹排行的老大,而是作为称呼的"老大"。

"老大"最早是江湖上的称呼,一些流氓团伙和有黑社会背景团伙的头目,被称为"老大",有的也叫"大哥"。

"老大"不论年龄大小、辈分高低,主要看他在团伙里的地位。他不但能调动团伙的人马,而且团伙里的大小事,都是他说了算。

后来,"老大"这个称呼逐渐演变成头目、领导的代称,人们对大大小小的社会团体和集体,甚至工作单位的主要领导,都称之为"老大"。

现在,"老大"已经是泛称了,比如老张是公司的总经理,职工在聊天时可以说:"他是我们的'老大'。"五六个朋友组团到外地旅游,大伙儿得选个牵头人,这个牵头人也可以被称为"老大"。

205　"主事儿的"真主事儿

"主事儿的"是北京人常用的一个称呼。所谓"主事儿",就是管事儿,换句话说,就是某个单位或某件事的负责人。

在现实生活中,我们不论干什么事都得有责任人,出了什么问题,可以直接找他。这个人就是"主事儿的"。

为什么会有"主事儿的"这个称呼呢?因为有些时候,您遇到困难或问题，找个主事儿的人挺不容易。所以，人们在做事之前，先明确谁主事儿。

比如您参加有人组织的户外运动，爬某座名山。在出发之前，您就要弄清楚谁是"主事儿的"。有的时候，领队不见得主事儿，向导更不会主事儿。"主事儿的"也许不跟着大家一起爬山。

只有弄清楚谁是"主事儿的"，在爬山过程中遇到突发事件时，才能找到负责人解决问题。

206　"东家"才是主人

"东家"作为称呼，有两层意思：一是掏钱请客的人，所以掏钱请客也叫"做东"或"坐东"；二是雇人干活的雇主。

为什么把雇人干活的叫"东家"，而不叫"西家"呢？

因为中国人是以东方为正统的，"东"为大，为上。自古以来"东"为尊，所以"东"代表主人。

雇人的叫"东家"，房子的主人叫"房东"，招待人吃住叫"东道主"，持有股份的叫"股东"。您瞧，沾着个"东"字的，都是能当家做主的。

"东家"，简单说就是真正的主人。在现实生活中，人们往往把经理或掌柜的跟"东家"混为一谈，这是不对的。其实，经理或掌柜的都是"东家"雇用的管理者。

许多私人企业，"东家"不懂经营，也不用经营，他可以聘任经理，帮他经营管理企业。现在的职业经理人，就是干这差事的。

所以，有时您看到的私人企业总经理，掌管一个大集团，权力挺大，其实他并不是真正的"东家"。

207　南北有别的"老板"

"老板"，是个有意思的称呼。为什么这么说呢？

假如您去广州或杭州，住宾馆或到酒楼吃饭。服务员见到您，一定会称呼您"老板"。即便您是一个普通的上班族，他们也会这么称呼您。

"老板"这个称呼，在南方就如同北方人嘴里的"大哥""大姐"一样，是一个很普遍的"公共称呼"。

"老板"这个称呼古已有之，但在北方，"老板"是戏曲界的术语，特指戏班的班主，或者有名的演员，比如梅兰芳被称为"梅老板"，马连良被称为"马老板"，等等。

至于说称呼私企的经理为"老板"，这是改革开放以后的事了。之前，在北方很少有人把企业的负责人叫"老板"。

确切地说，"老板"作为对企业经理的称呼，是从南方传到北方来的，是"南风北劲"的结果。20世纪80年代，"老板"这个称呼在北方流行之初，很多人还不适应。

因为在以前的政治宣传中，"老板"是资本家，属于阶级斗争的对象。后来，随着改革开放的深入发展，人们才逐渐觉得"老板"这个称呼没毛病。

现在，"老板"这个称呼早已经名正言顺了，一般人都知道

第十章　妙趣横生的俗称

"老板"指的是工商业主，私企的经理、董事长，或者是企业的法人代表。

当然，在经济发达的南方，素不相识的人见了您，无论您的身份、职业，也会称您为"老板"。

208 "大腕"都属名人

"大腕"，是对在某一行业或某一方面有本事、干出了名堂、产生一定社会影响的人的称呼。

"大腕"也可以写成"大蔓儿""大万"，但自从冯小刚的电影《大腕》上映后，"大腕"的写法似乎统一了，通常都写成"大腕"。

其实，"大万""大蔓儿"和"大腕"在字义上，还是有区别的。

"大万"是江湖上的隐语，"万"是指江湖上的人见了面，相互报上姓甚名谁，也叫"道字号"。

"大万"在武侠小说里常能看到。有个成语叫"扬名立万"，指的就是这个"万"。

"大蔓儿"的"蔓"，一定要带儿化音，这是过去戏曲界的术语，意思跟江湖上"道字号"的意思差不多，但也有引申，比如一个演员一炮打响，演戏红了，出了名，同行可以说他成了"蔓儿"。

这个"蔓儿"的意思，跟"大腕"的"腕"比较接近，或者说"腕"是由"蔓儿"引申过来的。

"大腕"的"腕"，是手腕的"腕"，所以"大腕"容易让人理解成靠各种手腕出名的人。其实并非如此。

应该说，"大腕"是一个流行语，一般有名的人都可以被称为"大腕"。因为这个词是从北京土话脱胎出来的，所以通常说的时候要加儿化音。

209 "知客"不怵大场面

"知客"也叫"咨客"，他是帮助主家招待客人的人，有的地方也叫"知宾"。

什么叫"知客"？"知客"俩字似乎已经告诉您了。"知"，就是知道的意思，"知客"知道来的都有哪些客人，以及这些客人的身份、客人与客人之间的关系，等等。

"知客"多出现于红白喜事，虽然他知道客人是谁，但他是红白喜事的总负责人，并不负责直接接待客人。

"知客"跟"大了"的角色有些类似，但又有所不同。有什么区别呢？

举个例子，在红白喜事中，突然出现了意外，有人带着棍棒来砸场子。

这时候，就得手眼通天的"大了"出面了，"知客"挡不了这种驾。不过，红白喜事中的大小事儿，都是由"知客"来张罗和调度的。

由于"知客"角色的重要性，现在人们办红白喜事，都要找一个靠得住、能张罗的熟人当"知客"。

虽然喜事有婚庆公司，丧事有殡葬公司负责，但他们主要负责主持红白喜事的仪式,不管主家的宾客接待任务,因为他们并不熟悉主家的来宾。这个角色,必须得由"知客"来担当。

寺庙里负责接待客人的僧人,也叫"知客"。《水浒传》第六回有这样一句话,"知客又道:'你听我说与你,僧门中职事人员,各有头项,且如小僧做个知客,只理会管待往来客官、僧众。'"

寺庙里的"知客"主要负责接待客人,并不主事,寺庙的负责人叫"住持"。

210　"堂头"原来有名堂

"堂头"是过去饭庄酒楼的大堂经理,或者叫领班。

所谓"堂",就是饭庄酒楼的大堂。您知道什么是"堂",自然也就知道什么是"堂头"了。

"堂头"是直接接待和接触顾客的,这个位置非常重要,相当于餐馆的脸面。厨师做的菜再好,"堂头"不向顾客介绍和推荐,也是白忙活。

任何一个饭庄酒楼都需要回头客。"堂头"的责任之一就是想方设法吸引回头客,所以他需要能说会道,眼观六路,耳听八方,礼数周全,服务到位,让顾客吃了这顿想着下顿。

一个饭庄酒楼的生意火不火,也要看"堂头"的能力和人脉。因此,"堂头"的角色非同一般。

过去开饭馆,一般是先找"堂"后聘"灶"。"堂"即"堂头","灶"就是厨师。餐饮业有所谓"一堂二灶三先生"的说法,由此可见"堂头"的重要性。

"堂头"这个角色现在依然重要,只不过这个称呼已经过时,取而代之的是"大堂经理"或"领班"。

211 掌灶的"大师傅"

一般人都知道"大师傅"是对厨师的称呼。为什么"师傅"前边,要加一个"大"字呢?

这个称呼是古代传下来的。众所周知,"民以食为天",人活着离不开吃,天下之事,以吃为"大"。

掌灶的厨师直接管着人们的吃喝,所以,在古代,木匠、瓦匠、铁匠可以叫"师傅",唯有灶上的厨师要高于这些手艺人,叫"大师傅"。

在古代,"大师傅"还是对寺庙里僧人的称呼。文康的《儿女英雄传》第七回有这样的人物对话:"我们这庙里爷儿六七个呢,大师傅是个当家的。"这里的"大师傅"就是指庙里的僧人。

"大师傅"原本是个敬称,但现在的厨师都讲究级别了,以高等级的厨师为尊,特级厨师还被尊为"烹饪大师","大师傅"再"大",也没"烹饪大师"听着顺耳。何况您在"大师"后面添个"傅"字,人们就觉得有点掉价了。

所以,现在"大师傅"这个称呼,已经逐渐被餐饮业弃用了。掌灶的高级厨师和特级厨师,人们都叫"大师",一般灶上的厨子,则称为"厨师"。

212　滑稽可笑的"老夫子"

"夫子"是古代男子的尊称，比如孔子，人们尊称他是孔夫子。但是"夫子"前边加上一个"老"字，这个称呼的尊意就没了。

"老夫子"是人们对那些思想因循守旧，性格木讷矜持，略带迂腐之气的文化人的称呼。

"老夫子"对现实生活中的许多新生事物持否定态度，而且喜欢发表自己的看法，习惯倚老卖老，在年轻人面前"拍老腔儿"。

虽然他们呆板木讷，循规蹈矩，但有时并不招人讨厌，因为他们并没有害人之心，而且有时教训人的出发点也是善意的，只是他们的思想落伍陈旧，端出来的"心灵鸡汤"让人感到不可思议，甚至滑稽可笑，像京剧里的丑角儿。从这一点看，他们还有一些可爱之处。

漫画家王泽在1937年到1943年，创作的系列漫画《老夫子》，塑造了一个憨厚、木讷迂腐，但滑稽可爱的"老夫子"形象，曾在国内脍炙人口。人们正是通过这个形象，认识了什么是"老夫子"。

现实生活中，不乏"老夫子"这种人。虽然他们的思想观念已经远远落后于时代，但他们却常常以祖师爷的口吻教训年轻人，北京话叫"拍老腔儿"。

其实，他们的观念也许还停留在有皇帝的年代呢，怎么跟得上现代化的脚步？但他们并不觉得。当然，年轻人听了他们的观点，也会觉得好笑。

"老夫子"多是上岁数的人，但是，您明知道他是"老夫子"，也不能当面称呼他"老夫子"。

您想他既然是"老夫子"，您不这么称呼他，他还跟您"老夫子"呢，您真这么称呼他，他更得跟您来"老夫子"了。

213　立德立言的"笔杆子"

"笔杆子"是指舞文弄墨、有一定写作能力，或者以笔墨为生的人。

早年间，人们通常把从事写作的人叫"笔杆子"，或者"耍笔杆儿的"，也称为"爬格子的"，当然这多少带有调侃的味道。

通常一个部门和单位，为了对外宣传和书写文书报告等公文，都有一个或几个写作能力强的人，这些人就是人们常说的"笔杆子"。

"笔杆子"是个泛称，一般来说，能写东西的人，都可以叫"笔杆子"，包括写诗的诗人、写小说的作家、写剧本的剧作家、写歌词的作曲家等。

"笔杆子"还是一个政治术语，指的是文化宣传，常常与"枪杆子"（军队）相提并论。

214　此"先生"非彼"先生"

老北京有句顺口溜儿："天棚鱼缸石榴树，先生肥狗胖丫头。"这里的"先生"并不是我们通常说的"先生"，而是指"管家"。

过去，有钱有势的大宅门，男主人是不管家里的经济支出的，女主人也如是，她只管花钱，不会理财，所以一般的大宅门要雇用管家。

管家既管理宅门的日常事务，又管宅门花钱的账目。管账的财会人员,过去也叫"账房先生",因此管家也被叫作"先生"。

"先生肥狗胖丫头"是老北京大宅门可对外炫耀的"老三样"。当然现在这三样已经是"过去时"了,而且管家这个角色也没有了,所以管家"先生"的称呼也成了历史。

215 叫"伙计"得分谁

某一年的央视春晚有个小品,里面有个山东人,跟人聊天,称呼对方"伙计",而且一口一个:"伙计,你听我说,伙计。"我真的吃过饭了,伙计。"我绝对不会骗你,伙计。"逗得观众捧腹大笑。

老一辈的山东人爱把"伙计"当作口头语,但也不会这么夸张。当然,这是小品,本来就是搞笑的。

其实,"伙计"这个称呼,并不是山东人的专利,过去,老北京店铺的学徒都叫"伙计",而且,当时顾客到买卖铺子购物,也管站柜的小徒弟叫"伙计"。

"伙计"这个称呼有几个特点,您得知道。首先它只适用于男性,而且相互之间要比较熟,对女性不能称呼"伙计",对不熟悉的人也慎用这个称呼。

其次,"伙计"这个称呼有居高临下的意味儿,通常是年纪大的可以对年纪小的称呼"伙计",反之,岁数小的不能对岁数大的叫"伙计"。

此外,"伙计"这个称呼,通常适用于知识界、学术界、艺术界外的劳动者，反之则要慎用。因为不同的界别，不同的人群有不同的称呼，不能乱来。比如您称呼大学教授或电影明星"伙计"，就有点不合适了。

当然，您跟这位大学教授是老乡或"发小儿"，跟这位电影明星是老搭档，这么称呼可以。假如您跟人家素不相识，只是人家的一个"粉丝"，这么称呼就欠妥了。

216 "大款"可是有钱人

"款"，在北京话里是钱的意思，顾名思义，"大款"就是非常有钱的意思，换句话说就是富翁、富豪。

"大款"是20世纪八九十年代北京的流行语。当时人们的收入普遍比较低，一些个体经营者靠各种手段率先致富发家，他们最先有私人轿车，有私人别墅，平时消费也出手大方，所以，被人们称为"大款"。

"大款"作为对人的称呼，又引申出"款爷""款姐"等称呼。当然，这些称呼都是别人说的，自己再有钱，也不会自称"大款"。

世上风水轮流转，随着中国经济的飞速发展，人们的收入水平大幅度提高，衡量财富的标准也不一样了。

当年资产百万就算"大款"了，现在，资产百万已经黯然失色，亿万富翁，甚至百亿富豪都出现了，因此"大款"的称呼也已过时。人们很少再说谁是"大款"了，取而代之的是"土豪""亿万富翁"等。

217 京城独有的"板儿爷"

"板儿爷"是20世纪八九十年代流行于北京的一个称呼。所谓"板儿"是指板车。板车，也叫平板车，是流行于20世纪50年代到90年代的人力货车。

这种车的构造比较简单，三个充气的胶皮轱辘，上面是一米多宽、两米多长的长方形的木板，依靠和自行车差不多的链条传送动力，人骑在座子上，脚踩脚蹬子带动。

这种平板车并非北京独有，北方和南方的一些城市都能见到这种车。

板车的主要功能是拉货，当年中国的大小城市机动车很少，物流主要靠人力平板车。

计划经济年代，运货的平板车归国有运输公司或运输合作社管理，所以，蹬平板车的工人都比较规矩，不敢干私活，也就是说，不敢用公家的平板车拉别的活儿。

改革开放以后，运输业市场放开，因为平板车拉货方便，也相对自由，所以出现了靠蹬平板车谋生的人。他们的平板车拉货也拉人，在机动车普及之前，平板车对城市的交通运输业起到了很好的补充作用。

蹬板车全凭自己的体力，不需要什么文化和技术，所以干这活儿的多是城市的闲散人员。

他们为了揽活儿，难免油嘴滑舌；为了多赚点钱，也少不了偷奸耍滑。但他们又热情豪爽，能说会道，身上还有一股子爷劲儿，一来二去地，形成了一个特有的人群，蹬板车的也被人们称为"板儿爷"。

大概在 20 世纪 90 年代初,一些大城市出现了乘坐仿古三轮车的旅游项目,北京的什刹海、前门等旅游景点,还出现了坐三轮车的胡同游。这些蹬客运三轮车的,也被称为"板儿爷"。

"爷"是北京特有的称呼,与"板儿爷"这个称呼前后脚还出现了"的爷""倒儿爷"等。

"的爷","的"读 dī,即出租车司机,因为出租车在广东话里叫"的士",所以有此称呼。

2000 年以后,机动车逐渐成为城市物流的主角,而且出现了新型的电动车,靠人蹬着走的平板车逐渐被淘汰出局。当然,没了平板车,"板儿爷"的称呼也就成了历史。

218　"倒儿爷"已成过去时

"倒儿爷",也称"倒二爷",是改革开放之初,在北京地区比较流行的称呼。"倒儿爷"的"倒儿",指的是投机倒把和倒买倒卖。

其实,倒买倒卖在市场经济中是非常正常的商业行为,但在计划经济年代,则属于违法的事。

改革开放之初,倒买倒卖这种商业活动开始活跃,但许多人面对商品经济大潮,隔岸观望,不敢试水。

一些胆大的则先下手为强,依靠各种门路,淘到了第一桶金,这些先行动起来的人被人们称为"倒儿爷"。

"倒儿爷"是带有讥讽意味的称呼,折射出人们对先发财的人的嫉妒、怀疑、鄙夷、观望等复杂的心态。

时过境迁，改革开放已经四十多年，当年人们的许多顾虑，随着市场化的深入已经被一一化解了。

自然，当年像"倒儿爷"这样的称呼，也已经随往事成为过眼云烟，不过，这个称呼还是会让人不由自主地回首往事，生出几多感叹。

219　"大头"有时并不冤

"大头"有三种含义：一是脑袋大，民间有一种说法，脑袋大的人聪明，所以"大头"并不是一种贬义称呼。

二是"大头儿"之意。职场上的人，把领导叫"头儿"，"头"带儿化音。"大头儿"就是大领导的意思。一般大领导是指上一级，甚至上几级的领导。

三是"冤大头"的简称。本来这个物件值两百块钱，卖主儿跟买主儿说了几句好话，这位愣掏三百块钱把它买了。这就是所谓的"冤大头"。

"大头"作为称呼，主要是指"冤大头"。比如前边说的那位花冤钱的买主儿，他的事让人知道了，大伙儿就会称呼他是"大头"。

不过，这个"大头"就带有贬义了，所以，即使他花了冤枉钱，您也不能当面称呼他"大头"。

老北京人忌讳"大头"这个称呼，别看他花了冤枉钱，但他并不觉得吃了多大的亏，而且也不会为此想不开，或者回过头去找后账。老北京人把面子看得非常重要，有句话："胳膊折了往袖口里揣，牙掉了往肚子里咽。"就这么着也不愿别人说自己是"大头"。

老北京人有句口头禅"不冤不乐"，就是专门给花了冤枉钱的情况预备的。知道这些之后，您称呼老北京人"大头"就要留神了。

220　牢不可破的"铁磁"

"铁磁"，是北京的流行语。这个词跟磁铁没关系。

"铁"，表示关系像钢铁一样牢不可破。"磁"，也可以写成"瓷"，即北京的土话"瓷器"。这个词也可以写成"瓷气""磁器"或"磁气"，是非常好的哥们儿的意思。

"铁磁"流行于20世纪七八十年代的京城中学生，后来传入社会，成为流行语，现在也还有人说。

一般来说，"铁磁"这个称呼仅限于男性之间，女性很少用。当然，现在这个称呼用的人少了，二者区别已经不大了。

221　一专多能的"万金油"

"万金油"，就是我们常说的清凉油。这种清凉油最早是由福建的胡文虎发明的。

"万金油"的主要成分有樟脑、薄荷脑、丁香油等十几味中草药,涂抹在皮肤上,不但能提神醒脑,而且对蚊虫叮咬、皮肤瘙痒、烫伤等,能起到一定的缓解作用。

由于药物清凉,对缓解瘙痒和疼痛有"秒杀"的作用,所以这种抹药被人们叫作"万金油"。

"万金油"也是对某类人的一个俗称。人们常把那些能胜任多个岗位的人,叫"万金油"。

"万金油"式的人,工作比较踏实,而且听话,顺从领导,办事努力,任劳任怨,有一定的工作能力。所以,领导比较喜欢这种人。

但是,像"万金油"只能解决一时瘙痒,去不了病根一样,"万金油"式的人也是如此,虽然能胜任许多岗位,但未见得对这些岗位的工作都精通并有创造性的成果。

俗话说:术业有专攻。您要想在某个领域取得成就,必须死守一门,刻苦钻研。因此"万金油"式的人,难以成为社会的精英人才。

不过,作为对人的一种称呼,"万金油"还是褒义的。某人一专多能,在多个岗位上历练过,您称他是"万金油"还是可以的。

222 "能耐梗"也"梗"人

"能耐梗"是北京土话,说的是那种有一定工作能力,但性格耿介、喜欢较真儿、爱跟人抬杠的人。

说一个人有能耐，这是赞誉的话，但是"能耐"后面，带一个"梗"字，这就不是"能耐"了。实际上，这个"梗"字把"能耐"给否了。

"梗"，就是植物的枝和茎，引申为耿直、刚正，还有阻碍、阻塞、阻滞等字义。您一看"梗"的字义，就会觉得这不是顺耳的词。

"能耐梗"的人，往往刚愎自用，觉得自己有点本事就了不起了，什么事都觉得自己做得对。您提点意见，他当场就跟您"爆衩儿"（恼怒）。所以，这个"梗"，如脑梗、心梗一样，让人发怵。

生活中，"能耐梗"大有人在。不过，您知道了"梗"字的厉害，对这种人就要谨言慎行了，千万别当面称呼他"能耐梗"，留神他跟您犯"梗"。

有意思的是这个"梗"字，现在成了网络语言。网络上的"梗"，其实是"哏"的讹化，是指动漫、真人秀、电子游戏等内容中的笑点。有"经典梗""撞脸梗""创意梗""言情梗"等。这么一看，这个"梗"倒是个好词儿了。

223　"活宝"也是一"宝"

"活宝"的"宝"，是宝贝的意思。所谓"活宝"，是指用各种搞笑的方式逗人开心的人。

一般来说，"活宝"多少都有点儿艺术天分，至少有口才，而且一般是"人来疯"，就是人越多，他越来情绪。

有的说个笑话，有的唱首歌，有的来段小曲儿，唱念做打，说学逗唱……总之,"活宝"能调动身上所有的艺术细胞,把人给逗乐了,这就是"活宝"的功夫和价值。

当然,"活宝"是耍出来的。在耍的过程中,难免有贫嘴刮舌、说大话、说晕话的时候,但瑕不掩瑜,因为"活宝"能给人带来欢乐,让人开心,所以,人们对这些毛病也就一笑而过了。

"活宝"的可爱,在于能调节气氛。现实生活中,严肃的时候多,轻松的时候少,正因为如此,"活宝"才成了生活中的一个亮点,他能让别人绷着的脸放松下来,把正颜变成欢颜。

仔细观察,在工作和生活中,总会碰上一两个"活宝"级的人物,给您带来欢乐。

生活需要"活宝",所以"活宝"的称呼似乎没有什么忌讳。因为"活宝"们并不顾及谁说什么闲话,所以您当面叫他"活宝",他也会赠给您一个笑脸。

224　给人当陪衬的"灯泡"

"灯泡"是个特殊的称呼,有点隐语的意思,但您说您给谁谁当过"灯泡",大伙儿也明白您说的意思。

"灯泡"是白炽灯的前身,主要是屋里照明用的,过去的路灯也用"灯泡",只不过瓦数大些。

"灯泡"的作用是为人照亮,它自己并不需要亮儿。您明白了"灯泡"的这个作用,也就知道"灯泡"这个称呼的意思了。

人们在社交场合,为了体现自己有身份或有实力,往往要找个比自己更牛的人作陪,以壮门面和声势,这个人就是这里说的"灯泡"。

20世纪的法国巴黎,专门有做"灯泡"的人,叫"陪衬人",巴尔扎克的小说曾描写过这种"陪衬人"的命运。

不过,在现实生活中,有时候您可能不知不觉地给人当了"灯泡",我本人也扮演过这种角色,只不过"灯泡"的亮度有限而已。

225 "二百五"的来历

"二百五",是嘲讽那些生活中冒傻气、做事不认真、爱出洋相之人的一个称呼。

为什么叫这种人"二百五"呢?这个称呼的来历,有点让人啼笑皆非。

话说战国时期,为了对付强大的秦国,纵横家苏秦说服了韩、魏、燕、赵、齐、楚六国,联合起来共同抗秦,他被封为六国丞相,史称"六国封相",也就是一个人挂六国的相印。

没想到,正当苏秦要为六国效力的时候,被刺客给杀了。齐王得知此事,大为震怒,但凶手已经跑得无影无踪。

怎么能捉到凶手呢?齐王想出了一个"引蛇出洞"的妙计。他下令把苏秦的头割下来,挂在城门上,张贴告示,说苏秦是内奸,早想把他杀掉,现在有人为民除害,齐王下旨重赏黄金一千两。

告示张贴出去以后,果然有人来说苏秦是他杀的,要领这笔赏金。可出人意料的是,这位自称凶手的人刚说完,又来了三位,争相说苏秦是自己杀的。

齐王问他们，既然是你们四个人杀的，那这一千两黄金怎么分？四个人说，那还不好办？一千两黄金我们四个人分，一人二百五十两呗。

齐王听到这儿拍案大怒，让人把这四个"二百五"给杀了。这四个冒傻气的成了替死鬼，而真正的凶手是秦国派来的刺客，这时早已经回到秦国了。

这就是"二百五"称呼的来历。

除此之外，关于"二百五"的来历，还有几种说法。其中之一是，古代人用银子，以两为单位，一般五百两是个整数，用纸包好，是"一封"，二百五十两是"半封"。生活中，人们把办事不靠谱、疯疯癫癫的人叫"半疯"。"半疯"跟"半封"是谐音，所以人们又把"半疯"叫"二百五"。

226 "半瓶醋"当然会晃荡

"半瓶醋"，是带有嘲讽之意的称呼。所谓"半瓶醋"，是形容一个人的知识水平不高，但是又爱炫耀，所以，他说着说着就露出真面目，原来瓶子里装的醋不满，是半瓶醋。

为什么叫"半瓶醋"，不叫半瓶酒或半瓶油呢？主要是因为醋是酸的。形容一个人是"半瓶醋"，其寓意里还有一层酸腐的意味。

"半瓶醋"的称呼，在古代就在民间流传开了。元代无名氏写的剧本《司马相如题桥记》里，就有这样的台词："如今那街市上常人，粗读几句书，咬文嚼字，人叫他做半瓶醋。"

"半瓶醋"就是人们常说的"一瓶子不满,半瓶子晃荡"的人。还有一个词"半吊子",也是对这种人的嘲讽。

227 唐太宗与"醋坛子"

"醋坛子"是个有意思的称呼,关于"醋坛子"称呼的来历,有这样一个典故。

话说唐太宗李世民手下的重臣房玄龄,是有名的怕老婆的"妻管严"。房玄龄的夫人性情刚烈,是个脾气非常暴戾的女子,外号"河东雌狮"。

那年头,一般当官的都纳小妾,但房夫人坚决不允许这位房大人纳妾。只要房大人提起这茬儿,"河东狮"就会怒吼。

李世民不知实情,念及房大人是有功之臣,赐给了他几个美女。但房大人坚决不肯接受。

唐太宗笑道:"看来你真是个正人君子,见到这么漂亮的女子居然不动心。对夫人的感情太专一了。"

房玄龄一听这话,连忙苦笑道:"食色性也。天底下哪有见了美女不动心的男人?我不是不想找美女,是家里有'母狮'。"他把夫人反对他纳妾的实情说了出来。

唐太宗不相信,堂堂的宰相竟有这样蛮横的妻子,便让房大人带妻子来见他。

房夫人虽然豪横,但皇帝召见,不敢不来。唐太宗见了她,指着地上的一个坛子,开门见山地说:"朕念及丞相治国有方,要赏给他几个美女为妾,以慰其功。你要么同意,要么就把这坛毒酒喝掉。"

房夫人看了看身旁的房玄龄,毫不犹豫,端起那个装"毒酒"的坛子,"咕咚咕咚"一饮而尽。

其实,坛子里装的不是毒酒,而是山西人爱喝的醋。由此,房玄龄夫人得了一个"醋坛子"的绰号。

此后,人们把在男女关系上嫉妒心强的人叫"醋坛子",把爱怀疑丈夫或妻子的行为,叫"吃醋"。

比如张先生在街上碰到一位大学女同学,俩人好久不见,女同学性格开朗,在跟张先生聊天时握了下手,恰巧被张先生的女朋友看到了。

虽然这是很正常的事,但她却对张先生的情感产生了怀疑,甚至为这事提出要分手。这就叫碰倒了"醋坛子",或者说张先生的女朋友是一个"醋坛子"。

228 "气管炎"不一定是炎症

"气管炎"是"妻管严"的谐音。所谓"妻管严",是对比较顺从老婆的意愿、受老婆管制的男人的称呼。当然这个称呼有点讽刺和戏谑的味道。

不过,通常"妻管严"是夫妻之间和睦相处、彼此默契的结果,从某种意义上说,这种"妻管严"是男人心甘情愿的。

"妻管严"往往也是男人之间调侃的对象,当然也有嘲讽的意思。但有些男人觉得这个称呼没什么不好。

我认识一个大哥，出了名的怕老婆，大伙儿常拿他怕老婆的趣闻当笑料，他听了不但不恼，反倒面带得意之色，有时还会说："'气管炎'怕什么？不得'肺气肿'就没事。"

为什么他得了"气管炎"还自鸣得意？后来，我发现他这是耍鸡贼，因为每当大伙儿拉他吃喝玩乐的时候，他都拿"妻管严"说事，甚至在酒桌上喝酒，他也会把老婆搬出来。

大伙儿知道他"妻管严"，怕他回家"跪搓板"，当然不会死乞白赖地灌他。敢情"妻管严"，有时也是一种大智若愚。

229 怕见人的"㥮窝子"

"㥮窝子"，也可以写成"杵窝子"，形容一个人唯唯诺诺、畏畏缩缩、三脚踹不出个屁。

干吗叫"㥮窝子"呢？"窝子"指的是家。也就是说，这种人在家里还是能说笑自如、无拘无束的，一见了生人就心理紧张，不知所措了。

跟"㥮窝子"类似的，还有一个词叫"窝里横"，说的也是家里英雄，外面狗熊。

一个人之所以会"㥮窝子"，主要是平时接触人少、没见过什么世面造成的心理抵触。当然，跟人的性格也有一定关系。

"㥮窝子"的人脸皮都薄，而且自尊心特别强，所以，碰上这种人，说话要留点儿神，千万别当面称呼他"㥮窝子"。

第十章 妙趣横生的俗称

230 "铁公鸡"不会长毛

"铁公鸡"是带有嘲讽之意的称呼。人们在形容一个人小气、吝啬、抠门的时候,喜欢用"铁公鸡"这个词。

为什么叫"铁公鸡"呢?因为铁的东西不可能长毛,所以说一个人是"铁公鸡",实际上是说他一毛不拔。

公鸡身上那么多毛,这位一根毛都不肯拔,您说他多抠门吧。

我很小的时候,听过一段数来宝:"瓷公鸡,铁仙鹤,玻璃耗子琉璃猫。"这也是形容一个人有多么抠门的。

您瞧,不是瓷器就是铁,不是玻璃就是琉璃,都是不能长毛的物件。

一个人到了"铁公鸡"一毛不拔的抠门程度,那他离孤家寡人就不远了。您想,谁愿意跟这样的人交朋友?当然,在现实生活中确实有这种人,否则就不会有"铁公鸡"这样的称呼了。

大方的反义词是小气。一个人在生活中过于小气,就让人看不起了。当然,碰到这种人,您也别上来就说人家是"铁公鸡",这么说伤人,也显得咱们小气了。

231 "老八板儿"原来是曲调

"老八板儿"是北京土话,形容一个人说话办事呆板,过于拘谨,因循守旧。

"八板"是民间传统的曲调,它有曲子没词,包括古筝、笛子、三弦、民间小调、戏曲等八种曲调。这些曲调从清朝末年开始在北方流传,对民间戏曲如京剧、评剧、梆子等影响很大。

京剧曲牌的板眼,也采用的是"八板"。有个成语叫有板有眼,说的就是戏曲的板眼。从音拍来说,"板"是强拍,"眼"是弱拍。"八板"是一种八小节的音拍。

戏曲的"板眼"是有定式的,一旦形成并被广泛使用,轻易不能改动。所以,人们称呼那些拘谨守旧的人为"老八板儿"。

当然,"老八板儿"的称呼带有贬义,有嘲讽意味儿,所以在评价一个人时,要慎用这个词。

现实生活中,说话办事过于谨慎、思想比较保守的大有人在,但您要考虑人家的自尊心,轻易不要说人家是"老八板儿"。

232 可人疼的"憨大郎"

"憨大郎"是对憨厚朴实之人的称呼。"大郎"指的不是武大郎,"大"要读轻声,实际上是助词"的"。"憨大郎"等于是"憨的郎"。

通常"憨大郎"指的是少不更事的年轻小伙子。

比如小张和朋友参加抽奖活动,他抽了一个一等奖,朋友抽了一个纪念奖。

朋友耍鸡贼,对他说纪念奖比一等奖好,咱俩换吧。小张毫不犹豫地把一等奖给了朋友,临了还说了两声"谢谢"。

这时候,旁边的老人笑着说:"这小子,真是个'憨大郎'!"

"憨大郎"只是憨厚,而不是缺心眼儿,有的时候,您感觉他做出的事是冒傻气,其实他并非无知,只是把这件事看得很淡而已。

单位分鸡蛋,鸡蛋有大有小,一般人挑大的,"憨大郎"却挑小的,并且说小的有营养,他喜欢吃小的。

您以为他脑子进水了,其实是他不愿意计较这些事。从这点就可以看出"憨大郎"还是挺可人疼的。

233 拿着不顺手的"二把刀"

"二把刀"是手艺不精、干活儿在技术上欠火候的意思。为什么叫"二把刀"呢?

这个"刀"有两种说法:一种说是来自泥瓦匠的瓦刀,另一种说是来自厨师的菜刀。这两种行业都讲究刀功。

瓦匠师傅手里的瓦刀讲究技法,通常关键部位的细致活儿,由"头把刀"来干。干一般粗活的是"二把刀"。

"二把刀"是一种比喻,并非专指瓦工或厨师。现实生活中,有的人手艺不精,又马马虎虎,干出的活儿看上去非常粗糙。人们会说:"您这活儿真是'二把刀'呀!"

还有的人干活有自知之明,丑话说到头里:"我可是'二把刀',干不好,您别介意。"

"二把刀"虽然属于中性词,您说熟人是"二把刀",他不会介意，打个哈哈就过去了。但是跟您不熟的人，您说他是"二把刀"，他脸上肯定挂不住。所以对"二把刀"这个称呼，您得慎用。

234 "棒槌"其实不中用

"棒槌"是过去人们洗衣服用的家伙什儿。早年间，人们洗衣服没有洗衣粉，当然也没有洗衣机，为了把衣服洗干净，人们发明了"棒槌"。

洗衣服的时候，人们一边洗，一边用"棒槌"来敲打，以为这样敲打，可以把衣服上的油垢清洗掉，实际上效果并不是很好，但人们觉得打总比不打强，"棒槌"这个词的寓意也就在这里。

可能很多年轻人没见过"棒槌"。所谓"棒槌"就是实木棍棒。原来长短不一，后来人们把它的长度固定为一尺半，一头粗，一头细，拿着得心应手。

后来，人们发明了搓衣板，用"棒槌"敲打衣服的人就少了。再后来有了洗衣机，"棒槌"就进了博物馆。

由于"棒槌"是实木做的，而且作用只是敲打衣服，有时人们不管衣服脏净，洗衣服的时候，只是随意敲打，其作用也就可有可无了，所以人们把那些业务技术不精、干事马马虎虎的人叫"棒槌"。

"棒槌"是一个贬义词，使用时要慎重。

235 "马大哈"是真"哈"

"马大哈"指做人做事粗心大意、随意草率、马马虎虎、大大咧咧、嘻嘻哈哈、不靠谱。

生活中"马大哈"这样的人不少。相声大师马三立说过一个名叫《买猴儿》的相声,塑造了一个"马大哈"的形象。

"马大哈"作为称呼,是个贬义词,有人做事是"马大哈",但您也不能当面说他是"马大哈"。您这一"哈",可能让对方真"哈"了,伤了人家的自尊。

跟"马大哈"相近,还有一个称呼叫"半吊子",也是带有嘲讽之意的词,这种称呼也要慎重使用。

236 "二五眼"是什么"眼"

"二五眼",说的不是眼睛,跟眼睛没什么关系。这个"眼"指的是中国戏曲里的术语:板眼。

中国戏曲的曲谱讲究板眼,其中有"两板三眼""两板四眼",以及"两板六眼",但没有"两板五眼"。"两板五眼",就是这里说的"二五眼"。

因为戏曲的曲谱里没有"二五眼"这种板眼,所以人们把那些说话不着调、办事不靠谱、业务技术水平很低、一瓶子不满半瓶子晃荡的人,戏称为"二五眼"。

"二五眼"有时也被说成"稀松二五眼"。"稀松"俩字似乎是对"二五眼"的注解。

"二五眼"是个形容词,生活中确实有这种人,但它又是一个贬义词,所以,一个人再"稀松",您也不能当面称呼人家是"二五眼"。

237 "馊泔"的味道忒难闻

"泔",《说文解字》的解释是:"周谓潘曰泔。从水,甘声。"

周地叫淘米水作泔,后来,洗菜用过的水、刷锅碗瓢盆用过的水,甚至人喝剩的汤水都放在一起,被人统称为泔水。

苏东坡在《东湖》这首诗里有一句:"有水浊如泔。"一个"浊"字,说明泔水是非常脏的水。"馊泔"就是有馊味儿的泔水,可想而知这是多难闻的水了。

以"馊泔"称呼人,是形容这个人外貌脏兮兮,内心晦暗,性格自私,又固执己见,擅与人争,对人对事七个不服八个不忿。显然这种人就像"馊泔"一样让人厌恶。

世界很大,什么人都有,"馊泔"这种人的存在也不足为奇,但做人做事要讲规矩,可以允许"馊泔"这种人存在,但当面称呼人家"馊泔"等于骂人,所以我们不能这样做。

238　"黄牛"为什么"黄"

这儿说的"黄牛",跟我们常说的可以吃的黄牛是两码事。这个"黄牛"指的是倒卖票证的人,也就是我们平常说的票贩子。北京人也管他们叫"拼缝儿的",或者称"票虫儿"。

把票贩子叫"黄牛",始于上海,因为上海是中国现代经济比较发达的地区,做投机买卖的人比较多,对紧俏的票券一手低价买、一手高价卖的人也多,于是形成了一个倒票的群体,最初叫"黄牛党",后来叫着叫着成了"黄牛"。

为什么叫"黄牛"呢?有几种说法。

一种说法是,票贩子抢票时蜂拥而上,你争我夺,像黄牛群奔跑一样,所以人们把这些人形象地比喻为"黄牛"。

另有一种说法是,黄牛皮硬毛多,一年换两次毛,而且在农场,黄牛不做苦力,闲的时间多。这些与票贩子的特性相近,票贩子是挣毛利的,所以叫他们"黄牛"。

还有一种说法是,吴语方言中把人爽约、不守信用叫"黄牛"。比如,某人跟朋友约好下午三点到茶馆说事儿,但他五点钟才到,见面他可以说:"对不起,我'黄牛'了。"北京话也把本来说好要干的事没干成,说"这事黄了"。看来这个词义南北相同。

再有一种说法,旧上海拉黄包车的车夫都穿黄马甲,这些人每天在街面儿上混,和倒票的票贩子都熟,老百姓有急着买票的时候,就找他们帮忙。

其实车夫搞到手的只是"二手"票,或者说他们是中介,但他们的黄马甲等于给真正倒票的人涂了一层色。一来二去,人们就把票贩子叫"黄牛"了。

此外,还有一说,倒票的人一般都巧舌如簧,嘴里没实话,所以被上海人称为"黄牛"。

"黄牛"的生存之道是拼缝儿,即在票券紧张的情况下,倒手吃中间差价。以前这种机会很多,但进入网络时代,人们都网上购票,而且是实名制,这等于断了"黄牛"的生路。现在,"黄牛"的生存空间已经越来越小了。

239 此"牙"也会咬人

也许有些朋友看到"牙"这个词,立马会想到嘴里的牙。其实这是两码事。

这儿说的"牙"是一个称呼,指的是为买卖双方撮合事的人。这种人也就是现在的中介和经纪人。

"牙",也叫"牙子",这种行当古代就有,《水浒传》第三十七回说到"浪里白条"张顺时,写道:"兄弟张顺,他却如今自在江州做卖鱼牙子。"这位打打杀杀的张顺,原本是个"牙子"。

老北京有句顺口溜:"车船店脚牙,无罪也该杀。"意思是说这五种行当招人恨。为什么人家没罪,要"杀"人家呢?

主要是因为这五种行当,都是与人接触的服务业,他们当中难免有不择手段算计顾客,甚至敲诈勒索顾客的人,由此败坏了行业的信誉,造成了不好的影响。但这些行当,老百姓生活中又离不开,所以让人们对他们爱不起来,并且有一种怨恨心理。

"牙子"是五种"无罪也该杀"的行当之一,这个行当一手托两家，让两家都满意实在不容易，所以，在这五种行当里，是最容易招人恨的。

当然说"无罪也该杀"是一种气话。实际上，不但杀不了人家，有事还得主动找上门，去央求人家。

商品经济社会，离不开"牙子"这种行当，不过，现在"牙子"这种称呼已经过时了，许多人甚至不知道什么叫"牙子"了。

取代这个行当的称呼是中介或经纪人，他们有名正言顺的公司，而且在法治社会，他们也轻易不敢做破坏规矩的事儿。

240 "愤青"要有理性

"愤青"是愤怒青年的简称，所谓"愤青"，是有思想、有批判精神，但思想偏激、情绪化、有极端言论和行为的青年。

"愤青"这个称呼，最早出现在欧美。20世纪60年代，欧美一些国家的青年受左翼思潮的影响，主张颠覆传统社会的价值观。这些人集会游行，发表过激言论，被视为叛逆的愤怒青年。

1973年，香港邵氏电影公司拍了一部电影，名字就叫《愤怒青年》。影片描写了一些对社会现状不满并急于改变现实的青年。从此，"愤怒青年"的称呼流行于世。

"愤青"是时代的产物，也是一个很复杂的社会现象。对"愤青"应该理性对待。

和平与安定是人们所向往的，一些社会矛盾的解决，需要理性的思维方式。愤怒容易冲动，冲动会激化矛盾，并不一定是解决矛盾的良方。

241　这个"虫儿"不会爬

"虫儿"是一句北京土话，它是行家里手的意思。

"虫儿"作为人的称呼，是一种形象的比喻。地球上的很多生物和植物，在一定自然条件下都会生虫子，比如木头放时间长了，就会长虫子，这些物体内的虫子，自然对物体本身十分了解。

同样的道理，一个人在某个行当干得时间长了，会对这个行当非常了解，自然也就成了这个行当里的"虫儿"了。所以说"虫儿"是行家里手的意思。

"虫儿"是一个中性词，说某人是某个行业里的"虫儿"，实际上是对他的褒奖。比如许先生在书画店干了一辈子，退休时，同行说他是书画业的"虫儿"，比说他是书画业的专家更生动和形象。

"虫儿"既然是北京土话，读的时候就应该加儿化音。我曾在1994年写过一部纪实文学作品《人虫儿》，后来改编成同名电视连续剧。因为很多南方的朋友发音不会儿化，人虫儿给说成了人虫"儿"，好像是"人虫"的儿子。

当然，平时您说到"虫"时，不加儿化音也可以，但用于对人的称呼时，最好加上儿化音。

自然，您在称呼人家"虫儿"的时候，要看对象，假如人家不知道"虫儿"是什么意思，您称呼人家"虫儿"，就会让人尴尬了。

242 "老泡儿"成了"老炮儿"

《老炮儿》是冯小刚导演的一部电影的名字,影片描写了一个叫六爷的老北京人,此人性格倔强、直率、豪爽、狂傲,身上有北京人说的爷劲儿,被定格为"老炮儿"。从此,"老炮儿"成了有爷劲儿的老北京人的称呼。

其实,这有点儿以讹传讹,现实版的北京"老炮儿",并不是电影里塑造的那种类型的人。而且影片描写的那类人,应该叫"老泡儿",而不是"老炮儿"。

"老泡儿"本来是个隐语,或者说是个黑话,是进过"局子"(公安局)的老流氓的意思。为什么叫"老泡儿"呢?

"老泡儿"就是老泡在水里的意思。您想想老泡在水里的东西,是不是非常圆滑?所以"老泡儿"除了有一般流氓的特点之外,还有圆滑和狡猾的一面。

我是在北京西单的胡同里长大的。我小时候,接触过几个"老泡儿",其中有一个是我小学同学的二哥,在西单的地面儿上有一号。

在我的印象里,北京"老泡儿",跟电影里描写的完全不是一回事。

事实上,能称为"老泡儿"的,都是大哥级的人物,他们有的蹲过不止一次大狱,有过"二进宫"或"三进宫"的经历,所以他们有非同一般的生活经历,属于"老江湖"了。

因此这些人多深藏不露,他们手下有一帮小兄弟,自己则老谋深算,不轻易出面,也不轻易犯事儿。当然,他们始终保持着流氓本色,真出手时也心狠手辣。

当年的"老泡儿",现在都已经七十岁以上了,很多在京城叱咤风云的"老泡儿",也已在人生的舞台上谢幕。

可以说,"老泡儿"已经是过去时了,如果没有冯小刚拍的这部电影,人们早就把"老泡儿"们给忘了。

还得说电影的影响大,一部电影让"老泡儿"得以在老北京人的记忆里复活。不过,重现的"老泡儿"已经被演义,跟人们记忆里的差别很大。

但艺术往往可以修复历史,当"老泡儿"变成"老炮儿"时,人们也只能默认。既然"老泡儿"是过去的称呼,人们也就没有必要再较真儿,非要复原"老泡儿"。

现在"老炮儿"这个称呼已经叫开,您再说"老泡儿",反倒要让人过来加以纠正。既然如此,也就只能"老炮儿"了。

243 "练家子"练的是哪一门儿

"练家子",也叫"练家",属于北京土话,是对习武之人或有一定武功之人的称呼。

这里的"练"字,专指武功,而不是一般的锻炼身体。"家子"一词也跟名家的"家"是有区别的。

"练家子"不是武术家的意思,例如说:"马老师是个'练家子'。"这并不是说马老师的武功有多么厉害,只是说他是练武术的人而已。

当然,能被称为"练家子",武功肯定也不一般,不管怎么说,这个称呼里带着一个"家"字呢。

244 "大妹子"不是母亲生的

这儿说的"大妹子",不是兄弟姐妹的那个妹妹,而是社交场合的通用称呼。通常年龄稍大的人对年龄稍小的女性尊称"大妹子",这种称呼主要流行于北方。

能够让别人叫一声"大妹子"的,通常是自己比较熟悉的结了婚的女性。

不熟悉的女性,或者没结婚的姑娘,不能称呼人家"大妹子"。

因为,"大妹子"这个称呼有套近乎的意思。称呼自己不熟悉的女性或者姑娘"大妹子",显得您轻佻,也犯了忌讳。

245 "大妞儿"的脆生劲儿

"大妞儿"的"大",并不是指岁数的大小,而是说人的性格,准确地说是人身上的那股子劲儿。"妞儿"是女孩。"大妞儿",就是指有性格特点的大女孩。

"大妞儿"是北方人对性格爽快、快人快语、说话办事麻利的二三十岁女子的称呼。

通常"妞儿"是指没结婚的女孩,但有的"大妞儿"是结了婚也依然保持"妞儿"的性格的,所以"大妞儿"不以是否结婚为标准。

由于"大妞儿"身上依然有"妞儿"的特点,所以她们说话办事显得比较单纯，想问题也比较简单，没有什么顾虑，透着那么股爽快，这一点以北京的"大妞儿"最为典型。

246 "王老五"从哪儿来的

"王老五"是对单身没成家的男子的称呼。为什么不是刘老五、张老五，偏偏是"王老五"呢？

原来在1937年，蔡楚生先生导演了一部叫《王老五》的电影，讲述了小人物王老五的命运。

王老五因家贫，到三十五岁仍然没娶上媳妇。他单恋着邻居家的姑娘，姑娘家也很穷，虽然王老五对她很好，但姑娘并不喜欢他，这让王老五感到十分落寞和失望。但旧时代的婚姻是以经济条件为基础的，贫穷的王老五害了半天相思病，最后依然是一条"光棍"。

这部电影中王老五的命运，得到很多人的同情，后来王老五成了"光棍"的代名词。有人还编了一个顺口溜："王老五，命真苦，裤子破了没人补。"

过去男人单身是因为贫穷或者自身有缺陷，现在男女的婚姻观念已经发生了巨大变化。男性单身有种种原因，有的并不是因为穷，而是个性比较强，喜欢独处，有的喜欢自由，等等。正因为如此，他们并不认为单身有孤独感，而且也不认为单身是人生的缺憾。

现在大城市的未婚男性被称为"单身男"。"单身男"觉得一个人独处的日子很悠闲，也很自在，当然，他们也不会认同以前"王老五"的那种因未婚感到失落的心境，更反感"王老五"这个称呼。

显然,"王老五"这个称呼已经过时,很多年轻的单身男士甚至不知道何谓"王老五"了。

有意思的是,进入新时期,有人又把"王老五"从历史里翻了出来,把"王老五"打扮了一番,给他戴了顶华丽帽子,叫"钻石王老五"——特指那些自身条件好的大龄单身男士。

眼下,城市的大龄未婚女性多于男性,所以,自身条件好的大龄单身男士成了"香饽饽"。"王老五"有了"钻石",自然不愁引不来金凤凰了。

247 生涩的"青瓜蛋子"

不知是谁在马路上遗落了一个大纸袋子。二十出头的司机小刘开车过来,本来应该绕过这个纸袋子,但他以为那个纸袋子是空的,一脚油门冲了过去。

哪知那个纸袋子里装的是一个石雕。汽车撞在石雕上,后果可想而知。

旁边的张师傅数落道:"干吗这么愣呀?真是个'青瓜蛋子'!"

"青瓜",实际上就是现在我们吃的黄瓜。黄瓜在古代叫"青瓜"。

这种瓜,是西汉的张骞出使西域带回来的品种,所以很长时间叫"胡瓜"。但人们叫着叫着,"胡"被讹化,叫成了黄瓜,其实它压根儿就是绿色的。

黄瓜是长的,带着毛茸茸的刺儿,但小的黄瓜是圆的,所以人们把又嫩又小的黄瓜叫"青瓜蛋子"。

因为"青瓜蛋子"青涩、不成熟,也不好吃,所以人们把那些刚进入社会、头脑简单、做事鲁莽的青年人叫"青瓜蛋子"。

"青瓜蛋子",也叫"生瓜蛋子",是一个带有嘲讽意味的称呼,所以我们使用时要慎重。

尽管有些人年轻,由于自己阅历浅,会做出一些让人感到可笑,甚至觉得荒唐的举动,但我们也不要轻易称呼人家是"青瓜蛋子",因为这是很伤人自尊的一个称呼。

248　"老油子"腻口

"老油子",也叫"老油条",是对精明老到、处世圆滑、八面玲珑之人的称呼。

显然,"老油子"是一个贬义词,尽管现实生活中,有人精明,会做出一些让人意想不到的圆滑之举,躲过即将降临的灾祸,但谁也不愿意听别人叫自己"老油子"。

生活中,圆滑跟憨厚、成熟和老实、油腻与单纯往往是相对的,尽管前者能左右逢源,成事的时候多,但人们还是喜欢后者。

所以,您即使觉得有些人非常精明老到、逢场作戏,也不要称呼人家"老油子",因为叫人"老油子",无异于在骂人,会得罪人。

您是不是觉得这么做,本身就属"老油子"。错矣!这是中国人的规矩,老话说:当着矬人不说短话。当面称呼人家"老油子",是会伤人自尊的。

249　"爷"怎么称呼合适

"爷",是典型的北京男人的称呼。我曾写过一部长篇小说《北京爷》,书中专门对这个"爷"字做过解释。

众所周知,"爷",在汉语里有祖父的意思。加一个"大"字,"大爷"是父亲的哥哥之意,也是对一般长辈的尊称。

老北京的男人之间,往往以"爷"互称。姓张,称张爷;姓李,称李爷。排行老大,称大爷;老二,称二爷;老三,称三爷。儿子,称少爷;大儿子,称大少爷;二儿子,称二少爷。这些都属于尊称。不过,现在的北京人这么称呼的也不多了。

"爷",在老北京人的口语里,还有另外一层意思,就是那种桀骜不驯、鳌里夺尊、傲视群雄、七个不服八个不忿的派头。这也被称为"爷劲儿"。

"爷劲儿"是"天子脚下"的老北京人所独有的。由于它有很深的历史背景和文化底蕴,所以,又被研究者称为"爷文化"。

北京话有两个特点,一个是儿化,另一个是轻重音。同样一个"爷"字,读轻音,就是爸爸的哥哥,"大爷";读重音就是"北京爷"的"爷"。北京人有时也把这个"爷"叫"大爷"。

正因为"爷"这个称呼有多种含义,所以按北京老规矩,称"爷"要慎重。

首先,要看对方是不是老北京人;其次,要看跟对方说话投不投缘。如果对方不是老北京人,说话又不投机,您以"爷"称呼人家,很容易引起误会。

250　叫"大爷"北京人不爱听

历史上最早记载"爷"字的，是南朝萧梁时期的顾野王，他在《玉篇》里写道："爷，以遮切，俗为父。"当然，这里用的是繁体字的"爺"。

可以看出，南朝时，"爷"就是父亲的意思了。唐朝时，父亲也可以叫"爷"，如元稹的诗："良人顾妾心死别，小女呼爷血垂泪。"这里的"爷"不但是父亲的称呼，也是一种尊称。

到了宋代，"爷'变成了"老爷"的称呼。把祖父称为"爷"是明朝以后的事，明代张志淳《南园漫录》里有："夫俗称天子亦曰爷爷，爷爷亦祖父之称也。"

但南北方有所不同，苏杭一带，吴语方言区，叫父亲"阿爷"，叫祖父"阿爹"。

过去在北方，凡是见到当官的、有钱的、有势力的都称"爷"或者"老爷"，如《红楼梦》里贾宝玉叫宝二爷，县官叫大老爷、县太爷，一般的老人叫"老爷子"。

"爷"在民间老百姓看来是至尊的称呼，所以把敬畏的尊贵的人，甚至神灵都称为"爷"，比如王爷、相爷、万岁爷、老天爷、佛爷、财神爷、灶王爷、阎王爷等。

清代末年，"爷"才走下神坛，用到一般老百姓生活中，人们在社会交往中，开始以"爷"相称，比如老爷爷、老大爷、大爷、老爷儿们等。

正是因为"爷"的称呼比较特殊，所以北京人称呼"爷"有许多规矩。比如北京人平时不叫"大爷"，为什么？因为北京有句骂人的话："你大爷的！"

虽然有时"你大爷的"是句发泄语,而且没有脏字,但"爷"是敬称,骂了"大爷",等于骂了祖宗。

所以,北京人觉得这是骂人的一句狠话,因此,人们见了陌生的长者,轻易不称呼"大爷"。

251 "老姑娘"并不见得"老"

"老姑娘"是过去对大龄女孩的称呼。这个"老"字,不是老年的"老",是大的意思,所谓"老姑娘",指的是大龄女孩。

在现实生活中,姑娘是特指没结过婚的女孩。结过婚就不能叫女孩了,即便很年轻就离了婚的"单身女",也不能叫姑娘了。

按早年间的说法,女子只要"过了门"(出嫁),就不能算姑娘了。

从这个意义上说,"老姑娘"指的是没有结过婚的女子,即使她四五十岁了,但一直没结婚,也被称为姑娘。

"老姑娘"这个称呼,并没有什么歧视的意思,而且保留了"姑娘"的美称,但有些人觉得"老"字别扭,就改成了"大姑娘"。

有些人觉得"大姑娘""剩女""大龄女子"等直白的称呼,听着不顺耳,认为还是应该隐晦一些,所以现在已经被比较含蓄的称呼"单身女孩"所取代。

找不找对象,结不结婚都属个人隐私,每个人的情况和观念也不一样,我们应该尊重人家的选择。

对单身大龄女孩来说,"老姑娘"是个敏感的称呼,所以,虽然民间依然保留着"老姑娘"的称呼,但我们不能当着大龄单身女孩的面儿,称呼人家"老姑娘"。

252 "师父"与"师傅"的差异

"师父"和"师傅"音同,字义也几乎相同,所以常常被人弄混,把"师父"写成"师傅",或者相反。

按《现代汉语词典》的解释:师傅,是工、商、戏曲等行业中传授技艺的人。所以,"师傅",又是对有技艺的人的尊称。老师,是对传授文化、技术的人的尊称,泛指在某方面值得学习的人。

"师者,所以传道授业解惑也。"韩愈的《师说》,学子们几乎人人都会背。虽然"师傅"和"师父"都是师,而且都不光教弟子学文学艺,还教如何做人,但毋庸讳言,二者还是有区别的。

按中国人的老规矩,通常有本事的手艺人,都可以叫师傅,比如木匠师傅、瓦工师傅、剃头师傅等。

我记得在20世纪七八十年代,"师傅"取代了"同志",成了社会上的通用称呼,那会儿,您走在街上,不管见到谁,男女老少,不管是干什么的,都可以叫"师傅"。

但"师父"是不能随便叫的。"师父"只有徒弟能叫,徒弟要跟师父学习,必须要入"门"。

按传统规矩,进"门"拜师,一定要磕头,而且要有引(荐)师、保(证)师、代(道)师领进"门"。没磕过头,空口无凭,您说"谁谁是我的'师父'""我是谁谁的徒弟"不算数。

为什么"师父"的"父",要写成父亲的"父"呢?因为"师父"对你在做人做事上进行教诲,如同你的父亲一样,而且还有"一日为师,终生为父"的说法。

这么一说,您明白了吧?以后要区分好"师父"与"师傅"二者的关系,千万别混为一谈。

253 "老家儿"不是老家

"老家儿"是北京土话,带儿化音。

所谓"老家儿",不是家的意思,而是指家里的长者,主要是自己的父母。

老北京人说到家里老人的时候,一般要说"老家儿",比如:"你们'老家儿'身体还硬朗吧?""这是我们'老家儿'说的话。"

"老家儿"通常指自己或别人的父母,但也有例外,比如从小被寄养在叔叔大爷家,或跟着自己的爷爷奶奶、姥爷姥姥长大的,对这些抚养自己的人,也可以叫"老家儿"。

由于"老家儿"是土语,所以一般正式场合不用这个称呼。

比如,在某些典礼或仪式上,您把自己的父母说成"老家儿"就不合适,如果现场有许多人不是北京人,您说"老家儿",人家以为您说自己的家乡呢。

第十一章 流行的称呼

254 "男生""女生"不陌生

网络时代产生了许多新奇的称呼,这些称呼也许是网络上的一个"热词",在网上流传以后,说的人多了,就成了一个被大众接受的称呼了。

当然,这类称呼有的可能会进入人们的生活词典,长期保留下来;有的会随着新的类似的称呼产生,被淘汰掉,"男生""女生"就属于这类称呼。

所谓"男生",是指男性朋友;"女生"呢,是指女性朋友。

其实,"男生""女生"是学校的用语,这里的"生",本来是学生的意思,"男生"是指男学生,"女生"是指女学生。

有人说,这个称呼是20世纪八九十年代从台湾传过来的。这是一种误解,其实"男生""女生"早在民国时期就有了。我记得我上小学的时候,学校的老师和学生就是这么称呼的,那是20世纪60年代的事。

"男生""女生"成为网络用语,是因为网友在网上直接称呼男性为"男的""男士""先生",总觉得没新意,也有点儿平淡。

但怎么称呼好呢?直接叫"男性""男同胞"不合适,叫"男同志"又易让人觉得老气,于是搜索记忆,把自己上学时候的称呼"男生"拎了出来。

没想到这个熟悉的称呼,带有怀旧的意味,让网友们备感亲切,于是一呼百应,"男生""女生"的称呼在网上风行起来。

网上流行"男生""女生",线下当然开始也跟着这么称呼,很快在年轻人中流传开来,连电视台的主持人也开始张口"男生"闭口"女生"地称呼了。

但"男生""女生"毕竟是网上叫出来的称呼,适合年轻人使用,三十岁往上的人,觉得自己已经是成年人,再用这个称呼就有些"生分"了,所以不肯接受。目前,"男生""女生"的称呼,仅限于学生和年轻人。

255 "粉丝"可不是吃的

"粉丝"是用绿豆等的淀粉做的丝状食品,可以用它炒菜或涮火锅。但这儿说的"粉丝"可不是吃的,它是一个称呼。

"粉丝"是英文 fans 的音译,英文 fan 是"迷、狂热者、爱好者"的意思,可翻译成影迷、歌迷,或者某个明星的"追星族"。

也许是因为"粉丝"这个音译跟吃有关,有一定的诱惑力,所以被许多年轻人喜欢,也被一些"追星族"津津乐道,渐渐地成为一种时尚称呼。

现在"粉丝"这个称呼的外延不断扩大,不但影迷、歌迷等"追星族"叫"粉丝",对某人认同、崇拜或支持的人,也可以叫"粉丝"。

"粉丝"可以是某个歌星、影星、运动员、相声演员的崇拜者或支持者,如刘德华的"粉丝"、周润发的"粉丝"、马三立的"粉丝"等。

也可以是某个体育、艺术门类或团体的"粉丝",如"温网"的"粉丝"、歌剧的"粉丝"、芭蕾舞的"粉丝"、国安足球队的"粉丝"、德云社的"粉丝"等。

"粉丝"多指体育和文艺界的"追星族",现在文学家、科学家等文化名人的崇拜者,也开始称"粉丝"了。

256 "男神"不是神

"男神"最初是网络上的称呼,指那些特别出众的男人和男性偶像,后来,这个称呼也流传到社会上,意思基本没变,但用法却有不同。

"神"是一个宗教和神话概念,宗教意义上的"神"可了不得,是天地万物的创造者和统治者,神话里的"神"是具有超能力的。简单说,"神"是看不见摸不着的灵性。所以,男人再出众,您再怎么把他当偶像,尊他为"神",也是一种夸张。

但网络语言的夸张性人们已经司空见惯了。不过,作为网络称呼的"男神",拿到现实生活中使用,就带有调侃的意味了。

比如,某个女学生看到自己崇拜的影星,不由自主地说道:"啊,终于看到我的'男神'了!"您是不是觉得女孩嘴里的"男神",是她一时兴奋说出来的?追星族见到"星",失态在所难免,她的话您只当是个哈哈。

事实上,您也不会把这位影星当成"神",也许在您眼里他什么也不是。

所以,"男神"这个称呼本身就是一种幽默。别说您不信某位影星是"男神",就是被人称为"男神"的影星自己也不一定敢接受这个称呼。

257 "暖男"要的是暖意

"暖男"是个带有温度的称呼。什么叫"暖男"？主要是指对人有仁爱之心，能够细致入微地关心人、体贴人，让人感到温情暖意的男性。

当然，什么是"暖男"，每个人都有不同的见解和标准，比如，有的人认为"暖男"除了要有爱心，还要顾家，爱护家人，懂得照顾老婆孩子；有人认为"暖男"得会做饭，会做家务，把自己的小家打理得温馨舒适；有人认为"暖男"应该有模有样、长得标致，起码清秀，而且要打扮得舒适得体，不浮躁浮夸；等等。

毫无疑问，女同胞喜欢"暖男"这个称呼，上面的这些"暖男"标准，也都是女同胞的心理定位。坦率地说，这些标准并不太高，男士们稍微上点儿心就能做到，看来想当"暖男"不是什么难事。

现实生活中，"暖男"的形象是细节上对他人体贴，或者提供周到的服务。

前几年，在俄罗斯召开的一个国际会议上，时任德国总理默克尔穿得有些单薄。在会议现场，因为突然变天，俄罗斯总统普京把一件加厚的外衣，轻轻地披在了默克尔的肩上。这个细节被摄影记者抓拍到，图片发表以后，人们对普京的这一举动赞赏有加，普京也成了"暖男"的表率。

258 "理工男"不能一概而论

"理工男"是网络上出现的称呼，指学理工科出身的男性。

按人们通常的理解，学文科的人用的是形象思维，所以思想比较活跃，性格也多开朗；学理工的人用的是逻辑思维，所以思想比较严谨，内敛寡言，一本正经。

正因为如此，有人把不善言谈、矜持呆板、循规蹈矩的人，称呼为"理工男"。

其实，学理工科的人也未必都生硬呆板、矜持木讷，现实生活中，有许多画家、歌唱家、作家，大学读的都是理工科。

著名的科学家钱学森、华罗庚、茅以升、李四光等，都是理科出身，但他们写的书法、作的诗可以跟书法家和诗人相媲美。

现在活跃在文化界、娱乐圈的主持人、歌星、影星等有不少也是理工科出身，所以对"理工男"不能一概而论。

259 "家里人"指的是什么

"家里人"原本是逗闷子的一句话，比如张三跟我是朋友，别人呵斥他时，我上前护着他，别人问我："他是你什么人？"我随口说："家里人。"

当然，问我的人也知道我就这么一说，张三哪是我的"家里人"啊？

朋友之间相处时间长了，也常常拿"家里人"说事。其实大家都明白，这个"家里人"是在打哈哈。

现在，"家里人"已经成了一个非常流行的称呼，尤其是年轻人，来不来就跟人介绍身边的人："这是我'家里人'。"其实，那位也许是他的同事，也许是他刚认识的朋友。

有的电台、电视台主持人，也喜欢把热心观众说成是"家里人"，比如他们常说："我们听听'家里人'怎么说。""感谢'家里人'参加我们的活动。"

把朋友、同事，甚至听众、观众说成"家里人"，体现了一种亲切感，也透着亲近，这个称呼很接地气。

260 "熊孩子"并不"熊"

"熊孩子"，是对调皮捣蛋的孩子的谑称。

通常孩子到了五六岁，就开始调皮了。这个年龄段的孩子，说懂事，又不大懂事；说不懂事，多少也懂点事。

天真，加上好奇心；任性，加上长辈的娇惯，使他们的顽皮劲儿上来后难以管束，他们的淘气劲让人无法想象，也让家里的大人感到头疼。

这些"熊孩子"，可能趁您不注意，把玩具扔锅里煮；也可能会在您没注意的时候摸高够东西，把桌子上的宝贝瓶子给摔了。总之，他们什么事都能干得出来。所以大人会呵斥他们是"熊孩子"。

"熊孩子"只是淘气顽皮而已，不见得一定是品行不端的坏孩子。"熊孩子"这个称呼本身也不是骂人的词，它有恼怒、气愤、嗔怪、数落等含义。

我们成年人都是从童年时代走过来的，回首往事，谁没有淘气的经历呢？从这个角度说，也不能对自己的孩子求全责备，尽管孩子淘气折腾让你心烦气恼，甚至数落他是"熊孩子"，但教育归教育，该呵护还得呵护。

"熊孩子"这个称呼是怎么来的呢？换句话说，为什么把淘气的孩子叫"熊孩子"，而不叫其他动物孩子呢？

原来"熊孩子"这个词来自东北话，"熊"是东北人的一个常用语。形容一个人胆小怕事，东北人会说"你可真够熊的"。

东北人对瞅着不顺眼、看不惯的人，往往也会说"瞧你那熊样儿"，意思是瞧你那德行。后来引申到训斥孩子这儿，整出一个"熊孩子"。随着小品和影视作品的传播，这个词逐渐流行开来。

跟"熊孩子"类似的称呼，还有"大男孩""妈宝男""巨婴"等，这些也是网络上出现的称呼。

261 "知性女人"有知性

"知性女人"，是指那些心智成熟、知书达理、温文尔雅、有修养、有内涵的女性。

后来，对"知性女人"这个称呼又有多项补充，比如举止优雅、婉约有致、自强、自立、自信等，总之，都是令人赞赏的好词儿。

"知性"最初是网络语言，后来在社会上逐渐流行。

不同的时代，对女性有不同的评判标准，以前的评判标准是温柔顺从、贤妻良母的形象，现在则更强调女性有知识、有文化、自立自信、理性聪慧、贤淑优雅等。

"知性女人"这个称呼受到网络的热捧和社会各界的青睐，说明"知性"所蕴含的内容是被人们认可的。

不过，"知性"的内涵如果太高，恐怕会让很多人难以达标。

262 "吃瓜群众"爱吃"瓜"

"吃瓜群众"是网络用语，指在网络论坛中，只看而不发表任何意见的人，用网络语言说，就是对与己无关的事不发表意见，只是围观（浏览），是看热闹的人。

网上发帖评论一件事，往往会有人跟帖，这些人常用"前排售瓜""前排吃瓜"来形容参与发帖和跟帖的人，对只围观不言声的人，戏称为"吃瓜群众"。

后来，一些不明真相、在网上不爱跟帖参与谈论的人，戏称自己是"吃瓜群众"。

现在"吃瓜群众"已经成为流行语。人们在线下聊天时，也会说到这个称呼。2016年，"吃瓜群众"被《咬文嚼字》评为当年的"十大网络用语"。

其实，有些时候网上讨论一些话题，是非难辨。但有人把这个话题抛出来，就会有人跟帖。你跟，他也跟，你一句，他一句。公说公有理，婆说婆有理，往往会出现相互之间无休止地谈论或辩论下去的情况。所以，理智的网民甘当"吃瓜群众"也情有可原。

263 "谣棍"是什么"棍"

"谣棍",是指那些经常无中生有、造谣惑众、制造事端的人。"谣棍"最初是网络语言,后来成为流行语。

"谣棍"的"棍"字,除了棍棒之意外,还指品行恶劣的人,如恶棍、赌棍等。

元代康进之的杂剧《李逵负荆》里有句台词:"山儿,我如今放你去,若拿得这两个棍徒,将功折罪,若拿不得,二罪俱罚。"这里的"棍徒",就是指恶棍。您瞧那会儿的人,就把坏人叫"棍徒"了。

把造谣的人上升为恶棍级别,称之为"谣棍",一方面,说明人们对造谣者的痛恨;另一方面,也表明这个造谣之人的道德品质已经恶劣到了极点。

264 性格另类的"女汉子"

"女汉子",是指那些自认或被大众认为性格言行与男性相似、个性豪爽、特立独行、追求独立的女性。

"汉子"的性格是鲜明的,但"女汉子"的性格往往是难以界定的,尽管有些女子性格上有类似"汉子"之处,但只要是女性,身上都会有女人味儿。

所以,不管是自称"女汉子",还是被别人认为是"女汉子",

都是相对而言的，或者说是像"女汉子"，而不是真有什么"女汉子"。所以这个称呼带有调侃意味。

关于"什么是'女汉子'"，最初是某主持人在新浪微博上发起的讨论话题，引起人们的热议，网友们对"女汉子"有各种各样的判别标准。

有的认为，"女汉子"不化妆，爱穿男装，留男式发型，从而让自己男性化。有人认为，"女汉子"性格豁达，不拘小节，不怕吃苦，敢作敢当。有人认为，"女汉子"性格坚强，说话随性，敢作敢为。总之，一百个人眼里有一百个哈姆莱特。这个话题受到社会的关注，"女汉子"的称呼也不胫而走。

后来，"女汉子"成为流行语。2013年周艳泓演唱了流行歌曲《女汉子》，2015年春晚的小品《喜乐街》里，关于"女神和女汉子"的精彩对白影响广泛。

现在，"女汉子"已经成为比较流行的称呼，女孩如果性格开朗豪爽，做事大大咧咧，往往就会被人称为"女汉子"。当然，这个称呼带有几分调侃，对方也不会较真。

265 "美眉"跟眉毛无关

"美眉"是美丽的妹妹的意思，当然，它也是"妹妹"的谐音。

"美眉"最初是从港台传过来的。港台的影视作品中，经常有人操着所谓的"港台腔"，用这个词来称呼年轻的女子，如《星星知我心》里的人物，就是这样称呼女孩的。

"美眉"这个称呼听起来柔婉、亲昵,所以被许多年轻人喜欢,但这个称呼总让人感到有点酸溜溜的,所以并没有在社会上流行起来。

现在,"美眉"主要是线上和线下的年轻人使用,成年人这么称呼女孩的很少。与此同时,还有一个说哥哥的称呼叫"葛格",意思跟"美眉"差不多,也没有流行起来。

266　引人关注的"大妈"

"大妈"本来是北方地区对伯母的称呼,后来演变为对年纪大的妇女的敬称。

现在"大妈"已经是对中老年妇女的通用称呼,您在街头随意碰到一位中老年妇女,都可以用"大妈"来称呼。

毫无疑问,"大妈"是令人尊敬的人,因此,长期以来,这个称呼带有一种亲切感,表达的也是一种敬意。

但是,"大妈"现在成了对五十岁以上妇女的统称,随着一些"大妈"级的中老年人展示出鲜明特性,"大妈"成了社会性的专有称呼。

《牛津词典》里,专门有"中国大妈"的词条:"指中国的中老年女性,她们大多在四十岁以上,体态偏胖,精神饱满,说话声音大,走路扎堆,排队一般会加塞,经济条件普遍富裕,孩子生活已能自理,生活比较无忧无虑,喜欢购物,但是精打细算,喜欢买衣服,但是装束臃肿。她们的标准装束是墨镜、草帽、鲜艳的丝巾,特别喜欢拍照,拍照喜欢摆剪刀手,特别爱跳舞,尤其是夜间的广场舞。"

这个词条属刻板印象,有以偏概全之嫌。不过,随着中国老年人口的增多,社会老龄化问题日益突出,中老年人成了人们关注的群体,与此同时,中老年人自身的一些问题也凸显出来。

由于自身的原因,"大妈"们的一些做法,往往会造成年轻人的误解。比如,爱占小便宜,怕自己得不到而争先恐后去抢购,这种行为很容易被理解为自私自利。再比如,重视养生,喜欢买保健品;喜欢穿大红大绿,扎堆儿热热闹闹旅游,不分场合地跳广场舞;等等。这些已经成为当下"大妈"们的标志。

不可否认,受文化程度及自身修养的影响,一些不懂自律的中老年人做出的不文明之举,影响了"大妈"的形象,以至于让"大妈"的称呼有些变味。现在,一些自尊心强的中老年妇女,不喜欢别人称自己是"大妈"。

但是,"大妈"这个称呼叫了上千年,随着"大妈"们文化品位的提升,自身形象也会有所好转,相信"大妈"这个称呼还会得到理性的回归。

267 考试称雄的"学霸"

"学霸",有两个含义,一是指平时刻苦努力、考试名列前茅、总是得高分的人;另一个是指把持学术界、教育界的人,或者说是学术界和教育界位高权重的霸主。

不过，作为流行语，人们常说的"学霸"，指的是第一种人。

"霸"字，很容易让人想到"霸道""霸占""霸王"这样的词。的确，不论是古代汉语，还是现代汉语里，"霸"字都是贬义词。

不过，在最初的甲骨文里，"霸"是白色的月光之义。所以，有的学者认为：古代的"霸"与"白"字同义。

《国语》对"霸"的解释是："霸，把也，把持诸侯之权。"这里的"霸"，意思是春秋时期，诸侯联盟的首领。

元代以后，"霸"又引申为倚仗权势或实力横行一方的人。如明《大明会典》："嘉靖十年题准，生员内有刁泼无耻之徒，号称学霸，恣意非为……"

《二刻拍案惊奇·卷四》里有："其时属下有个学霸廪生，姓张名寅。"《红楼梦》第四回里也有："无奈薛家原系金陵一霸。"这里的"学霸"，是把持教育和把持地方的人。

现在流行的"学霸"称呼，并没离开"霸"字的两个意思。由此看来，把那些学习成绩优异的人称为"学霸"，是有历史依据的。

268　"学渣"的"渣"意

"学渣"，最初是在校园学生中流行的称呼，指平时学习不努力，考试成绩不理想的学生，与"学霸"相对。

"学渣"不是什么好的称呼。一些学习成绩不好的学生经常用"学渣"自嘲。

"渣"的字义，是物质经过提炼和使用后的残余部分，说白了就是没有实用价值的垃圾。

"渣"在网络语言里，主要有两个意思：一是与差、烂同义；二是带有调侃性的形容词，形容一个人懒散、随性的态度。相关的称呼还有"人渣""戏渣""渣男"等。

269 "小白"不是人名

"小白"，是网络流行语。最初，"小白"是小白痴的简称，网民在网上聊天时经常使用，后来，台湾人把随意窃取原创图文进行发布传播、挪用的人称为"网络小白"。

之后，"小白"成为流行语，意思有所改变。"小白"是指不懂礼节、缺乏社会经验、不会自我规范、理解能力差的人。

现在，"小白"的意思又有变化，被人们理解成"白板"，特指各行各业的新手。

比如，一个新上路的司机可以说："我是'小白'，请大家多多关照。"一个刚到新的岗位上班的人也可以说："我是第一天上班，希望大家对我这个'小白'多多指教。"

由此看来，"小白"属于中性词，可以自称，也能以此来评价其他人，但最好不要当面称呼别人是"小白"。

270 "北漂"是有故事的人

"北漂",也叫"北漂一族",指的是来北京打工或创业的外地人或外国人。

"北漂"跟一般来北京打工的人有所区别,通常来北京打工的,叫"来京务工人员",指的是在建筑施工、园林环卫或商业服务等行业的打工者。他们有相对固定的收入,吃住也不用发愁。

"北漂"多指有大学专科及以上学历,带着文学、美术、音乐、影视制作等梦想的年轻人。他们渴望依靠自己的奋斗,在政治文化中心的首都,开创出一片新天地,有所作为,成名成家。

当然,北京作为全国的政治文化中心,有为来自全国各地的年轻人在艺术上打拼所准备的舞台。事实上,许多成名的歌星、影星以及知名的画家、作家、音乐人等,当年都有"北漂"的经历。

不过,想在北京实现自己的艺术梦想,实在不容易。"北漂"的这个"漂"字,最能反映这个群体的生存状态。

"北漂"的情况也大不相同。有的还在"漂",在努力奋斗;有的靠自己的努力,已经得到一定的地位,成为名家;有的已经告别了"漂"的状态,有了自己的公司或谋到了稳定的岗位。

"北漂"的另一个特征是没有北京户籍,所以,有人虽已属成功人士,在北京有房、有家、有孩子,但没有北京市的户口,依然自称是"北漂"。

271 "网红"是怎么"红"的

"网红"是近些年非常流行的称呼。所谓"网红",简单说就是网上的红人。

其实,"网红"是一种社会现象,"红"在网上,实际上,是现实生活中发生的事,也是现实生活中存在的人。

"网红"是怎么"红"的呢?首先是在现实生活中发生的某个事件或某种行为,被人们推到微博、微信、抖音、快手等线上平台,引发关注,进而展开讨论,成为热点话题,自然就成了"网红"。

当然,"网红"也包括那些在网络平台长期露脸,讲解各类专业知识而走红的人。

互联网时代,信息传播的主要途径是网上的社交媒体,手机的普及,使人们的日常生活离不开网络。自从微博开通之后,紧接着微信、今日头条、抖音、快手等平台出现,给想在网上出名的人提供了机遇。

"网红"有两种情况。一种是事件的当事人,热点事件就发生在他身上,自然他就被关注,成了"网红"。

另一种是人为制造的"网红"。现在要想成"网红",首先要在网上赚取流量,也就是博人们的眼球,让大家都看你发布的内容,因此,出现了各种各样博眼球的标题。事不大,标题却写得惊天动地,被网民称为"标题党"。

当然,这里也有为了成为"网红",人为制造事端,搞虚假新闻的情况。好在国家已经立法,这种人为的"网红",会得到有效的控制。

272　"键盘侠"是什么"侠"

"键盘侠"来自英文 keyboard warrior，属于网络词语，意思是在网上遇见不平时，敲打键盘，慷慨激昂，行侠仗义，像是一个江湖大侠，但是在现实生活中真遇到事，却闪到一边，袖手旁观的人。

"侠"字本身是指见义勇为的行侠之举。路见不平，拔刀相助，自古以来就是侠客之风。但"键盘侠"是网上当侠客，现实生活中当"狗熊"，让人大跌眼镜。

2014年6月4日《人民日报》的一篇时评《激励见义勇为不能靠"键盘侠"》，使"键盘侠"这一称呼开始在社会上流行。

"键盘侠"后来泛指那些为躲避现实生活，在网上敲着键盘，毫无顾忌地谈论时政，对社会方方面面评头论足的人。

"键盘侠"由于自身的局限，总认为自己的观点才是正确的，跟别人较劲，当然也容易被人利用，形成群体性网络暴力事件。这种"纸上谈兵"的做法是不可取的。

273　"猛男"不是只有"猛"

"猛男"，就是看上去体格健壮、气势威猛的男人。这个称呼最早也是网络语言，后来成为流行语。

也许是对前些年流行的男士"高富帅""小鲜肉"等现象的一种反拨，这几年，人们对"猛男"有所青睐，这个称呼能在社会上流行便足以证明。

"猛男"虽然有气势、有霸气,但没有文化修养,表现出来的是头脑简单,四肢发达,言谈举止鲁莽,所以,并不是人们理想的男性形象。

什么是人们理想中的男性形象,不同的时代有不同的评判标准,不同的人也有不同的评判标准,因此,观点很难达成一致。当然,这也没有必要较真。

其实,现实生活中的男子是一个思想、性格、情感的综合体,"猛男"的身上既有侠骨,也有柔情;"文男"看上去文质彬彬,但骨子里也会有侠肝义胆。

所以,对"猛男"不能一概而论。类似的还有"肌肉男"等称呼。

274　"小鲜肉"不招人待见

"小鲜肉",指年轻、帅气、年龄在二十上下的演艺界男子。

2009年,某知名女演员,称某年轻男演员是"小鲜肉",让这个词在网上走红。

2014年以后,大量的"韩剧"(韩国电视剧)被引入中国,出现一批"粉丝"。她们把一些长得帅气的年轻的韩国男明星称为"小鲜肉",之后,这个词成为流行语,特指年轻帅气的男性演员。

原来有个形容长得帅的男性的称呼叫"白马王子",这个称呼比"小鲜肉"要有文化,现在还在使用。

与之相同的还有"花美男"等称呼，以及"小鲜肉"的反义词"老腊肉"，也属谑称，这些称呼都比较接地气。

也许是"小鲜肉"这个词多少带有一些宠爱之意，所以近几年争议比较大，尤其是"小鲜肉"类型的年轻男演员演技都比较稚嫩，受到大众的质疑，因此，"小鲜肉"的称呼，这两年已经不招人待见了。

275　"谁家的大爷"也是大爷

网络时代产生了许多新奇的称呼，"大爷"会干出一些糗事，为了避嫌，人们习惯说："这是谁家的大爷？""谁家的大爷"便成了一个泛指的称呼。

"谁家的大爷"是对陌生老人的称呼，它的使用有两种情况。一种是"大爷"在大庭广众之下，干出了糗事，人们会说"谁家的大爷"。另一种是"大爷"身处窘境或困境，如数九寒天，七八十岁的老人穿着破衣烂衫在街头卖菜，人们看着老爷子实在可怜，会感叹"谁家的大爷"。

善良的人出于怜悯之心，在发出"谁家的大爷"的感慨后，也许会对老人慈悲一下，买他的菜，或者给他点钱。

"谁家的大爷"尽管不愿点名道姓，但不管他身处什么境况，也是"大爷"，我们对他应该给予同情、理解和关爱。

276 "志愿者"一定是自愿的

"志愿者",现在是比较受人尊重的称呼。随着"志愿者"人群的不断扩大,这个称呼也变成了"热词"。

"志愿者"也叫义工、义务工作者。这个称呼产生在第二次世界大战之后。当时受战争的影响,社会公共事业出现了资金短缺的问题,为了维持一些社会性服务设施的正常运转,欧洲一些国家出现了自发的不要任何报酬的为社会服务的人群,他们起名叫"志愿者"。

联合国对"志愿者"的定义是:"自愿进行社会公共利益服务而不获取任何利益、金钱、名利的活动者。"

中国对"志愿者"的定义是:"在自身条件许可的情况下,参加相关团体,在不谋求任何物质、金钱及相关利益回报的前提下,在非本职职责范围内,合理运用社会现有的资源,服务于社会公益事业,为帮助有一定需要的人士,开展力所能及的、切合实际的具一定专业性、技能性、长期性服务活动的人。"

"志愿者"一定是自愿和无偿的,如果当一天"志愿者"给几十块钱补助,那就不算"志愿者"了。自愿和无偿才能体现出"志愿者"的价值和意义。

我国目前有"奥运志愿者""环保志愿者""交通志愿者""社区志愿者""文保志愿者"等。2017年12月1日《志愿服务条例》开始实施。每年的12月5日,是国际志愿者日。

277 "男主""女主"是什么"主"

"男主"和"女主",原本是指小说、戏剧、影视作品中的男主角和女主角,以及电台、电视台、文娱演出的男女主持人。

但是后来人们口语中把"男主角""女主角"给简化了,后面的"角"字被省掉,变成了"男主"和"女主"。

现在,"男主"和"女主"已经成了流行语,而且这个称呼的范围进一步扩大,跳出了娱乐圈,人们把一个单位的主要领导、一个事件的中心人物,甚至一个家庭的男女主人,都称为"男主"或"女主"。

不过,"男主""女主"这个称呼的使用范围,仅限于中青年,老年人很少使用这称呼。

278 懂得吃的"吃货"

"吃货"是指喜欢各种美食,并且对吃有所了解的人。

"吃货"最初是贪嘴的人的自我解嘲:"我就是一个吃货。"

年轻人出门吃饭,习惯在网上搜周边美食。这时候,有人以"吃货"的名义,在网上推荐特色餐馆和美食,渐渐地"吃货"成了热词。

"吃货"跟"美食家"有所不同,"美食家"是饮食文化的研究者,不但会吃,还对吃有研究。换句话说,不但是"吃货",还是做学问的人。

"吃货"不做学问，只会"吃"，所以叫"吃货"，还是符合其名的。当然吃本身也是一门学问。

在老北京，"吃货"是一个骂人的词，意思是什么活儿都不会干，只会吃。时过境迁，现在"吃货"居然成了一个可人疼的称呼了。

279 "大哥"的俗称

这儿说的"大哥"，不是父母的长子，家里兄弟姐妹的老大，更不是黑社会的老大，而是社会上对中青年男士的俗称，或者说是通用称呼。

所谓通用称呼，就是大家都可以使用的称呼。例如，您在公共场合，见到三十岁以上的男士，就可以根据他的身份称呼其"大哥"。

现在，"大哥"这个称呼已经取代了"先生""同志""师傅"等通用称呼，在社交中被普遍使用。

当然，"大哥"也不是随意叫的。首先，您要看他的年龄，如果看上去年龄比您大，您叫"大哥"可以。假如年龄比您小，您叫人家"大哥"，那不等于跟人家逗闷子吗？

其次，比您岁数大太多，也不能叫"大哥"。比如您三十多岁，对方是个七十多岁的老爷子，您称呼人家"大哥"，就不合适了。按现在流行的称呼，五十多岁的男士得叫"大叔"或"大爷"。

此外，"大哥"带有几分"江湖口儿"，所以对知识分子和政府机关的公务员等男士，不能称呼人家"大哥"。当然，在正式场合，也要回避使用这个称呼。

280 "大咖"的角色

"大咖"是港台及闽南语，"咖"是角色的意思。"大咖"的本意是大角色，即主角之意。

"大咖"最早是从港台传过来的，主要指歌星、影星等演艺圈的各类明星。"咖"在台湾是个敬语，一个人在某方面取得了不俗的业绩，值得称道，就被称为"咖"，后来又叫"大咖"。

现在，"大咖"已经成为流行语，在某个领域里的成功人士，都可以被称为"大咖"，如"商界大咖""房地产业大咖""电竞大咖"等。

不过，"大咖"这个称呼，在政界、军界、科教卫生领域很少使用，这大概跟他们工作的性质有关。

281 显鼻子显眼的"C位"

"C位"是2018年的流行语，相当于英语的 Carry 或 Center，即核心或中心的意思。

"C位"最早出自《DOTA》《英雄联盟》等网络游戏里，译作 Carry，即核心角色。后来被引入娱乐圈，在合影、海报、舞台表演中，只要处于中心位置，人们便称呼他为"C位"。

"C位"不见得是单位的领导或团队的带头人，而通常是"大咖"级别的位置，比如某个大牌明星或知名专家来单位视察，最后拍集体合影时，肯定大牌明星或知名专家站在"C位"上。

人都想让自己显鼻子显眼，这是很正常的心理，当您手里拿到一张大合影时，第一眼肯定是找自己在哪儿。

当然，谁都希望自己能站在C位上，但是C位就一个呀。都站在那儿，也就不叫C位了。细想C位由应该站的人站，自己站在哪儿也就无所谓了。

282 爱搬杠的"杠精"

"杠精"，最初是网络上的称呼，后来才流传到线下。

所谓"杠精"，就是喜欢跟人抬杠、总是跟人唱反调的人。这种人有时故意持反对的意见，以此来彰显自己聪明，并获得快感。

抬杠，北京人也叫"搬杠"。现实生活中，因为对问题理解的角度不同，抬几句杠，算不上什么事，但是抬杠成了"精"，就要另当别论了。

抬杠的"杠"字，在《说文解字》里的解释是："杠，床前横木也。从木，工声。""杠"原本是家具上的横木。

横木在家具上起着重要的支撑和平衡作用，当然是好词，但后来引申到人这儿，则变成了专横。专横就是自以为是，争强好胜。

"精"字最早出现在战国时期，原义是指从稻秸里脱落出来的米粒。"米"字边上的那个"青"字，表示清洁干净，等于说"精"字是纯洁的好米之义。"精"字多义，其中有精明机灵的意思。

一个是争强好胜，一个是精明机灵。得，这两个字组成的"杠精",自然就有好瞧的了。

我见过一位"杠精"级别的人物,为了一句话跟人家抬杠,唇枪舌剑,一个"杠"抬了一个星期,直到把对方说得拱手告饶,这才鸣金收兵。

"杠精"不但跟别人较劲,有时也跟自己较劲,一件事非弄个水落石出才罢休。

其实,事实胜于雄辩,要想证明自己真有本事,还要用实践成果。所以,有搬杠的时间,多干点儿实事多好。实践证明:世界上好东西多了,搬什么也别搬杠。

283 "二货"怎么就"二"了

"二货",也称"二"。这是带有嘲讽意味的一个称呼。这个"二",是"二百五""二愣子"的简称。

在现实生活中,如果某人总爱犯糊涂,做出的事儿不着调,让人感到荒唐可笑,或者说话办事愣头愣脑,经常冒傻气,就会被人称为有点儿"二",或者直接说这个人是"二货"。

北京人把那些办事不着调、愣愣磕磕的人,叫"二愣子",河南、山东方言叫"二杆子"。还有"二傻"等词,都是对那些经常做傻事愣事、大脑缺根筋的人的称呼。

显然"二货"是一个贬义词,从某种意义上说,也是对某类人的轻蔑,因此当着人的面儿,不能用这个称呼。

不过,"二货"这个称呼,在特殊语境里,带有一种幽默感。

比如在生活中，有的人为了博取别人的同情心，会故意做出一些傻事，甚至自我嘲讽，称自己是"二货"。

当然，这种自嘲只是聊博一笑，您真叫他"二货"，他会脸上挂不住的。

284 "老铁"本来不姓"铁"

"老铁"，最早是网络语言，意思是两个人的关系非常好。

"铁"是北京的流行语。这个称呼最初是20世纪七八十年代，在北京的中学生之间流传起来的。我跟你，或者我跟其他几个人的关系特别好，被说成我们关系特别"铁"。"铁"是坚硬、牢不可破的意思。

后来，"铁"这个形容词，与其他词组合，被扩展成一个称呼。"铁"加上"磁"，变成"铁磁"，就是好朋友、好哥们儿的意思了。

比如，您向人介绍自己的朋友老李，可以这么说："他是我的中学同学，我们是'铁磁'，吃喝不分。"

"铁"和由"铁"引申出来的"铁磁""铁哥们儿""铁姐们儿"等流行语，其实并没有真正流行，仅限于北京的年轻人。

但是到了网络时代，网友把这个词给翻了出来，把关系特别好的朋友，或者忠于自己的"粉丝"叫"老铁"，这个称呼倒广泛流行起来了。

285 "黑客"并不是都黑

"黑客"是从英语 hacker 翻译过来的。"黑客"最初是指 IT 技术的高手,他们精通各种计算机编程和各类操作系统,有的是研究修改计算机产品的专家。

英语 hacker 本身并没有什么褒义和贬义,但有些"黑客"能利用公共通信网络,在互联网的安全没有得到法律保护的情况下,未经对方允许,进入其系统搜集信息,甚至搞一些破坏。

所以,"黑客"的名声伴随着互联网的发展,越来越"黑",以至于到后来,"黑客"名誉扫地,成为通过网络非法侵入他人的计算机系统查看、更改、窃取保密数据或干扰计算机程序的人。

2016年,阿坎·萨塔耶夫执导的美国电影《黑客》公演,这部描写年轻的乌克兰移民扮演"黑客"角色,在网上从事犯罪活动的电影,使人们对"黑客"种种不光彩的行为,又增添了许多怨恨。

其实,大多数"黑客"是安分守己的人,他们是 IT 高手,合法进入系统主要是调试和分析计算机的安全,并不损害他人的利益。为了与那些网络上的搅屎棍"黑客"加以区分,起名叫"白帽黑客",搅屎棍叫"黑帽黑客"。

"白帽黑客"以科研为目的,有自己的协会组织,这些电脑高手还经常进行"黑客"比赛。所以,我们对"黑客"这个称呼,不能一概而论。

286 "美女"和"帅哥"的流行

"美女"和"帅哥",是眼下比较流行的通用称呼。

什么是"美女""帅哥",不用解释了,问题是这两个美丽动人的词怎么成了通用的称呼。

原来在"美女"成为通用称呼之前,人们是使用"小姐"这个称呼的。但歌厅、桑拿房等的服务人员,也被称为"小姐","小姐"的称呼就变了味儿,在公共场合,您再使用"小姐"这个称呼,等于寒碜人了。

那么,在公共场合,怎么称呼年轻的女孩呢?人们想到了"美女"这个词。"美女"符合现在女子的审美需求,当然女孩爱听。叫着叫着,"美女"就成了通用称呼。您现在到任何公共场所,见到陌生女孩都可以称呼"美女"。

跟"美女"匹配的是"帅哥",同样,您现在到任何公共场合,见到陌生小伙子,都可以称呼其"帅哥"。

记得小时候,大人逗我们这些小孩玩,往往手里拿着糖块儿在我们眼前晃着说:"叫声好听的!"谁叫他一声好听的,他就给谁一块糖。

由此看来,谁都喜欢听好听的称呼,这也许就是"美女""帅哥"流行的原因。

287 "土豪"要"豪"得是地方

"土豪"的"土",是土地的意思;"豪",指的是富有钱财。

"土豪"原来是指乡村有权有势的家族和个人,包括农村与官府勾结的恶霸。所以,这是个令人生畏的称呼。

当年,中国农村的"土豪"和"劣绅"是土地革命的对象。您也许知道,那时候中国工农红军提出的革命口号就是:"打土豪,分田地。"革命成功了,农村的"土豪"也被消灭了。自然"土豪"这个称呼也被历史所湮灭。

谁能想到,时过境迁,历史已经翻篇了,有人又从历史的垃圾堆里把"土豪"这个称呼翻了出来。

当然现在的"土豪",是指那些发了财以后喜欢炫富的人。这些人发了财,置豪宅,买豪车,身上是名牌时装,吃的是山珍海味,这种"烧包"的豪气,让昔日的"土豪"都黯然失色。

市场经济,靠个人奋斗发财致富,无可厚非,但是发了财以后,别做"土豪",应该多做慈善事业。亿万富豪邵逸夫、王永庆、霍英东、田家炳等人,为中国的富豪做出了榜样。

这些慈善家虽然是亿万富翁,但生活非常简朴,每日粗茶淡饭,出门也轻车简行。邵逸夫先生出席活动都自带盒饭,但是捐助教育,资助社会公益却慷慨大方,这才是富豪应有的品质。相比那些炫富的"土豪",他们的形象不知要高大多少倍。

现在的"土豪",虽然离开了"土",但"豪"并没发生变化。社会发展到今天,共同富裕已经成为大多数人的理想。因此,人们希望邵逸夫这样的富翁多起来,炫富的"土豪"们少一些。当然,人们压根儿就不想听到"土豪"这样的称呼。

288　不会飞的"菜鸟"

"菜鸟"是可以下菜的鸟儿。从保护动植物的角度说，能下菜的鸟都是人工养殖的，比如，人们喜欢吃的烧鸽子。鸽子是和平的象征，属于保护动物，怎么能吃呢？开始，许多环保人士坚决反对。

后来，养鸽子的人把真相公布，大家才知道人工养殖的鸽子跟鸡鸭一样，可以大规模地繁殖，所以"菜鸟"能吃不必大惊小怪。

不过，这里说的"菜鸟"不但不能吃，也不会飞，因为它是一个流行的称呼。

"菜鸟"最初是网络上的用语，原本是"笨鸟"的意思，通常是指那些业务不熟练、在职场上露怯的生手或新手。

有人认为"菜鸟"是从台湾传到大陆的，因为台湾人把在某方面的实际应用水平比较低的人，叫笨鸟，而笨鸟就叫"菜鸟"。

其实，北京土话，形容一个人笨，往往会说："这人真够菜的。""鸟"也是北京土话，比如一个人做出让人不可思议的恶心事，老北京人会说这个人："这是什么鸟儿呀！"

看来"菜鸟"并不是台湾人的专利，不同的是北京人说"鸟"，要加儿化音。

还有一种情况是不懂装懂的人，也会被人称为"菜鸟"。但这个"鸟"不是真正的"菜鸟"，而是被人误解的"老鸟"。

289　青出于蓝的"后浪"

"后浪",最早是网络上对"90后""00后"的称呼,后来,泛指年轻的一代人,或者说是晚辈、新人。

2020年,一个名为"后浪"的演讲短视频在网上走红,"后浪"这个词很快成为流行语。2020年12月被《咬文嚼字》编辑部评为年度十大"热词"之一。

"后浪"这个词,人们并不陌生,它取自"长江后浪推前浪"。这个词在应用上有积极意义,主要是说青出于蓝而胜于蓝,后浪一直在推着前浪走,一代更比一代强。

但在称呼上,则都有调侃的意味。一是"后浪"从小娇生惯养,没有经过大风大浪,未必能超过"前浪"。

二是有人认为"后浪"锐不可当,但无情无义,忽视"前浪"的重要作用,所以有"长江后浪推前浪,前浪被拍在沙滩上"的说法。

其实,这些都是杞人忧天,"后浪"推"前浪"是大自然的规律,"前浪"再惊涛,也会被"后浪"淹没,所以"前浪"要正视"后浪"的出现,相信他们的力量。

"后浪"作为年轻人的谑称,用的时候要分场合和对象,不能滥用,跟性格内向、说话办事拘谨的年轻人,不适合用这种称呼。

290 "青葱"不能吃

"青葱"原本是形容绿色的样子,韦应物的诗《游溪》里有:"缘源不可极,远树但青葱。"说的就是绿色的景物。

后来有人在网上把不成熟的年轻人,比喻成"青葱"。网络时代,人们喜欢追求新词热词,"青葱"这个称呼不胫而走,逐渐流传,人们把那些处于成长期的青年,统称"青葱"。

"青葱"用绿色代表年轻,意思是看着挺好,但还不成熟,有一种生涩之感。因为有年代感,也有人把年轻时代说成"青葱岁月"的。

第十二章 称呼的忌讳

291　对长辈忌呼其名

名字是伴随人一生的符号。您出门办事,或者到医院看病,或者坐火车乘飞机,人家喊您的名字,这是再正常不过的事了。自然,平时您喊别人的名字也很正常。

但是,对自己的长辈,对上级领导,对要尊敬的人,却不能直呼其名。

"称尊长,勿呼名。"这是《弟子规》里说的规矩。对长者直接叫名字,您就犯了忌。

中国自古以来就有避讳制度,所谓避讳,就是皇帝叫什么名字,全国所有的人就不能再叫了。同时,谁也不能直接叫皇帝的名字。

您如果直截了当地叫了皇帝的名字,不但您的脑袋搬家,连您的父亲也得加上。那会儿治罪动不动就株连九族。

直接叫皇帝的名字,犯了什么罪呢?这个罪名叫"大不敬",清朝的法律《大清律》上写得明明白白,犯"大不敬"这条罪要"斩立决"。逮住就砍头,一点没商量。

您瞧,为叫一个名,脑袋没了。谁不得掂量掂量?

那会儿,不但一般老百姓不能跟皇帝的名字一样,就连菩萨都不能跟皇帝同名。

观音菩萨最早叫观世音菩萨,但唐太宗李世民的名字里,有个"世"字,犯了忌,于是改名叫观音菩萨了。

不光是人名,地名、建筑名跟皇帝的名字一样也不行。您知道故宫(紫禁城)北门叫神武门吧?

其实,它最初叫玄武门。但是康熙皇帝的名字叫玄烨。这还了得?于是这个门,也不能再"玄"了。

您可能会问，我的名字是先起的，他那个皇帝是后当的，难道也得改吗？

必须的！一点儿没商量。不但活着的人要改名，死了的人，跟当朝皇帝同名，您也得回避，写文章时一定要空格，或缺笔，再不然用别的字代替。

现在说唐太宗"李世民"，没事。是呀，唐太宗不就是李世民吗？但这句话，您要是在唐朝的时候说，麻烦了。怎么啦？您脑袋就没了。

因为在有皇帝的时候，皇帝的名字一律不能说。说，脑袋就得搬家。皇帝不能直呼其名，这是有皇帝的封建社会妇孺皆知的规矩。您会问了，那皇帝怎么称呼呀？

不同的人有不同的称呼，比如皇帝身边的近臣跟一般的官员，称呼皇帝就有区别，文武百官称皇帝可以用"圣上""万岁"，近臣可以用"管家""大家"。

那会儿的老百姓没资格，也没机会喊"圣上""万岁"，称呼皇帝只能叫他的年号，如道光皇帝，他的姓名叫爱新觉罗·绵宁，后来改叫爱新觉罗·旻宁，道光是他的年号。

光绪是道光皇帝的孙子，他的姓名叫爱新觉罗·载湉，但一般人就知道他叫"光绪"，其实，光绪是他当皇帝的年号。老皇帝（去世的皇帝），称呼谥号和庙号。

正因为有这样的避讳制度，所以，民间对长辈、对师长、对自己敬重的人，也不能直呼其名。

当然，写文章时也要用讳字，或者中间加敬词。如您的老师叫张有亮，您在写文章时，就要写"张师有亮"或者"张公有亮"。

按中国人的老规矩，除了自己的长辈、老师，以及单位的领导，不能直接叫名字之外，凡是您尊敬的人，包括到您家做客的人，都不能直呼其名。

不直呼其名，那要怎么称呼呢？

长辈好说，爸爸、妈妈、大姨、二婶，该叫什么叫什么。老师也好办，该叫老师叫老师，该叫教授叫教授。

关键是单位领导。比如您在街头巷尾、在饭桌上、在聚会的时候，跟单位的头儿碰了面，不直呼其名，怎么称呼呢？

在大庭广众之下，您直接叫老张老李，感觉欠礼；叫张哥李叔，又觉得俗气。叫什么好呢？其实在这种场合，最好的办法，就是按平时您在单位的习惯来称呼。

292　称呼人别"戴高帽儿"

"戴高帽儿"是一句俗语，意思是有意抬高对方。比如对方是小学老师，唱歌只是业余爱好，而且真实水平也很"业余"，这位却称对方是"艺术大师""音乐天才"。

本来对方的脑袋不大，戴普通的帽子就可以了，这位为了讨好对方，特意准备了一顶又高又大的"帽子"，觉得对方戴上显得体面。其实，您想想那会是什么效果？

当然，给别人"戴高帽儿"也有借机抬高自己的心机，所以给别人"戴高帽儿"，也是为了给自己"戴高帽儿"。

诚然，有时"戴高帽儿"，是为了表示对对方的敬重，用一些恭维的称呼抬高对方，从礼节上讲也无可厚非。

但不可否认，有些人为达到某种不可告人的目的，附庸某些称呼，自吹自擂。

社会上，有些无聊而且也无能的人，为了达到某种目的，喜欢自封，而且希望别人往高了称呼他。

比如，这位只是一个小公司里管理几个人的经理，却希望别人称他是老总或某董；再比如，这位只是一个会写毛笔字的人，却自称是书法家，更有甚者在书法家前头，要加上一个"大"字；等等。

对这种沽名钓誉的做法，我们要保持清醒的头脑，不能随声附和。您跟着乱称呼，等于替他们吹喇叭，毁了自己的名声，何必呢？

对自己崇拜的人表示敬重，也没有必要给对方"戴高帽儿"，称其"大师""泰斗"。

"大师""大家""泰斗"这样的"高帽儿"，别说一般人接不住或不敢接，即便是像季羡林、启功、王世襄这样真正大师级的人物也不敢接，或者说不愿接。

这三位大师级的人物，生前在不同的场合，对别人称他们为"大师"表示坚决反对。您瞧，真正的大师是不喜欢被人"戴高帽儿"的。

所以，您在称呼对方时，要恰如其分，使用"大师""名家"等溢美之词时，一定要慎重，千万别轻易给人家戴这样的"高帽儿"。

说到这儿，您可能会问：对自己敬重的人怎么称呼呢？其实就四个字：恰如其分。

什么叫恰如其分呢？说起来非常简单，比如像季羡林、启功、王世襄这个级别的人，您称他们为"先生""老师"，就可以了。

293　别乱充大辈儿

充大辈儿的事，您在相声里经常能听到。甲说："抬头一看是我爸。"乙赶紧接过话茬儿："哎，是我。"甲当然不干了："你是谁爸呀？"

当然，这种充大辈儿都属于开玩笑、逗闷子，谁也不会当真。

从前，我在工厂上班那会儿，有同事带小孩儿到厂子来玩，调皮的同事见了，有时会开玩笑，让小孩儿叫自己"爷爷"。这种充大辈儿，也属取笑逗乐。

其实，中国人是很在乎辈分的，而且分得特别清楚，忌讳晚辈人充大辈儿。

过去，一般家庭孩子多，有的人家大孩子跟老疙瘩（最小的孩子）能相差三四十岁。大孩子的儿子，比他叔叔（老疙瘩）都大，但他也要乖乖叫叔叔。

按中国人的老规矩，一起工作的同事不管年龄大小，都是平辈。记得我在工厂上班时，我的师傅比我大三十多岁，他的孩子比我都大，已经结婚生子了。一次，他的儿子来工厂找他，这位师傅让他儿子喊我叔叔。

论岁数我比他小好几岁，怎么要叫我叔叔呀？师傅看我诧异，笑道："从我这儿论，就得这么叫。你这是萝卜虽小，长在陂（辈）儿上了。"

这位师傅跟我是同事，可以这么论辈儿，假如换作我，我的儿子见了师傅的儿子，虽然年龄相差很多，也只能叫哥哥，因为他爸跟我是平辈。

其实，充大辈儿并没有什么实际的便宜可占，有人只是满足一下虚荣心，更多的人不是想充大辈儿，而是不懂辈分是怎么排的，所以造成一些误解。

因此，要避免充大辈儿之嫌，在称呼对方之前可以问一下，问清楚你们的辈分关系再去称呼对方。

294　别随意叫"老乡"

中国人是非常重视乡情的。俗话说：老乡见老乡，两眼泪汪汪。古人概括的人生三大幸事是：洞房花烛夜，他乡遇故知，金榜题名时（另有一说是"久旱逢甘雨"）。由此可见老乡在人们心里的位置。

但古人说的老乡，是真正意义上的老乡。所谓真正的老乡，是指一个村或一个乡的人。为什么老乡见老乡透着亲呢？因为一个村的人，才有可能五百年前是一家。

李家庄，或赵各庄，也许最早就是一户姓李的或姓赵的，在这里定了居，经过几十代人的繁衍生息，李姓由一户变成了几百户。这之间，又有若干沾亲带故的外姓人家迁入，于是形成了村落，几个村落又形成了乡。

如此说来，一个村的人往上捯根儿的话，都是一个祖宗。所以老乡又叫"乡亲"。为什么老乡见老乡，两眼泪汪汪呢？原来他们是一脉相承的关系。

但是，我国农村城市化以后，老乡的概念逐渐变了。现在，别说一个县的人能互称老乡，甚至一个省的人，也都可以毫无忌惮地叫老乡。更有甚者，东三省、两湖、两广、陕甘宁地区的人，见了面都敢互称老乡。这么一来,老乡见老乡,不是两眼泪汪汪,而是两眼泪光光了。

历史上,北京是座移民城市,五代以上在北京定居的北京人,几乎没有老乡的概念。五辈人出来混,早在北京落地生根。原籍有老乡,也是八竿子打不着的关系。

所以,北京的老规矩,"盘道"(相互攀关系)时忌讳说老乡。因为您说"咱们是老乡",也不是真正意义上的老乡。

现在也如是,当老乡这个称呼,已经变味的时候,您也就别去计较是不是真正的老乡了。

295　师徒称呼不能乱了辈儿

师父是师父,徒弟是徒弟,一般情况下不会把称呼弄混,但现实生活中,许多师徒关系是相互交错的,这就让人在称呼上感到困惑了。

比如,您拜唱京剧的马先生为师,可他的夫人是您中学老师的女儿,而您的学生又是马先生儿子的老师。您说该怎么称呼马先生的夫人和儿子呢?再比如,李先生是您的同门师兄弟,但他的哥哥又是您师父的中学老师,这又该怎么称呼呢?

现实生活中,这种交错的师徒关系有很多,您要想在称呼上不犯错,或者说不乱辈儿,确实得动动脑子。

怎么才能做到在称呼上不乱辈分呢?首先,要厘清师徒之间的相互关系,但一定要以师徒关系为主线,其他关系为辅线。

其次，要分清对象，师父的位置不能变动。确定了师父的位置，其他人就好称呼了。

比如，前面举例说的马师父的夫人，您不论在什么场合，都必须叫师母，这没有什么可说的，即便是在您的中学老师面前，也要这么叫。

虽然您的学生是马师父儿子的老师，但马师父的儿子却不能称呼您为师爷，只能按岁数大小，称您兄或弟，因为您是他父亲的徒弟，他跟您是平辈儿。

296　什么人可以叫名不叫姓

通常在人与人的称呼里有一个忌讳，那就是不说姓，直接叫名字，例如张志国，只叫志国；李伯晖，只叫伯晖。

假如一个跟您素不相识但知道您姓名的人，见了面直接叫您的名字，您是不是觉得非常别扭？

当然，不是很熟的人，见了面，直呼其名，也是不懂规矩、不懂礼貌的表现。

在现实生活中，有些人是可以直呼其名的，比如您的长辈、您的朋友和同事、您的上级领导，等等，因为跟您非常熟悉，为了体现一种亲近感，是可以直接称呼您的名字的。

自然，您在跟人介绍自己的朋友和同事时，为了表示跟他们走得近，也可以直呼其名。

但需要说明的是，您对自己的长辈、自己的领导、自己尊敬的人，是不能直呼其名的，当然更不能不称呼姓，只叫名字。比如季羡林，叫羡林；侯宝林，叫宝林；李光曦，叫光曦。

有人说，在后面加上"先生"，不就可以表示对他们的尊重了吗？季羡林，叫羡林先生，侯宝林，叫宝林先生。这也不行！

您且记住，自己的长辈、自己的领导、自己尊敬的人，是不能直接称呼名字的。

297　不能逢人都叫"老师"

"老师"这个称呼，是从"教师"这儿引申出来的。最初是辛亥革命以后，新式学堂的学生对教书先生的称谓。后来，教师之间也互称老师，姓张的，叫张老师，姓李的，叫李老师。

当时，学校以外的人，一般不叫"老师"。因为一般人，没有这个资格被称作老师，他们也接不住。

但是到20世纪90年代末，"老师"居然变成了社会上通用的一个尊称。像当年流行叫"师傅"一样，不论对方从事什么行业，也不论对方是男是女，只要比自己年龄大，都叫"老师"。近年来，大有见人就称老师的趋势。

其实，老师这个称谓，是有限定的。从韩愈的《师说》里，我们知道"师者，所以传道授业解惑也。"

按照韩愈的解释，只有"传道、授业、解惑"的人，才有资格被称为老师。给您家修好了电脑、替您把抛锚的汽车拾掇好，您张嘴就叫人家"老师"，这就有点儿过了。

虽然孔夫子在《论语》里说过"三人行,必有我师焉",但他这句话的意思,也不是让您逮谁都叫老师,而是劝您以一种谦逊的态度向人家请教,学习人家的优点和长处。

考证一下现在"老师"这个称呼满天飞的原因,还是跟当年"师傅"大流行是一回事,它只是一个敬称而已。

现实生活中,当您碰到自己敬重的人,往往不知道用什么称呼才能表达自己的尊敬,所以就拣好听的吧。

你用,我也用,用的人多了,慢慢地就成了"通用"。什么东西一旦流行起来,谁也拦不住了。

但是,称呼也有规矩,不能乱叫人。见着小区门口的保安大叔,您叫他"老师",他接得住吗?他肯定也觉得别扭。

这里没有褒贬之意,仅就称呼而言,称呼对方,一定要看人家的身份、职业、年龄等。

所以,"老师"这个称呼,您不能乱叫,当然逢人就叫"老师"的这种做法,也不符合称呼的老规矩。

298　称呼"老"要有分寸

"老"字在甲骨文里,是一个手里拿着拐杖的老人形象。这个字是会意字,古人认为拄拐杖是人老的标志。

人活到多大岁数,可以说自己老了呢?古代人是有标准的,《礼记·曲礼》中说:"七十曰老。"许慎在《说文解字》中,印证了这种说法:"老,考也,七十曰老。"

难道只有到了七十岁，才能称为老人吗？也不尽然，唐代的大诗人杜甫在诗里说："人生七十古来稀。"那会儿，能活到七十岁的人是很少的。

这一说法在《管子·海王》中也得到了证明："六十以上为老男，五十以上为老女。"您瞧，我们现在实行的退休制度，在古人那里找到了依据。

其实，随着现代人生活水平和生活质量的提高，城市人口的平均寿命普遍提高了，比如2020年，上海、北京的人均寿命，已经超过了八十岁，两座城市的百岁老人也都有两三千。城市晨练的人群中，七八十岁欢蹦乱跳的司空见惯，可见单从年龄上认定谁"老"，似乎也会被打脸。

"老"在称呼上，往往体现着一种敬意，所以，不是任何人都有资格称"老"的，只有德高望重、资历深厚的人才能被人们尊为"老"。比如中国共产党在延安时，把五位资深的老革命家徐特立、吴玉章、谢觉哉、董必武、林伯渠尊为"五老"。大家见了徐特立，就直接称呼他"徐老"。

人们将在文化艺术领域年龄大的名家，尊为"老"。比如李苦禅是著名画家，大家见了他，都习惯叫他"李老"；季羡林是著名作家，大家见了他都叫他"季老"；等等。

既然"老"是尊称，而且只有德高望重的大家才可以称"老"，所以，在社交场合，您在使用这个"老"字时，要把握好分寸，不能见了岁数大的人都称老。

见到杨振宁先生，您可以称"杨老"。见到看门的李大爷，您称他"李老"，就显得滑稽了。您直接称呼他李大爷或李爷爷，不是挺好吗？没必要非搬出那个"老"字。

299　碰头好儿怎么称呼

碰头，就是碰面。碰头好儿，就是人们见了面，打招呼问好。

中国人的碰头好儿，一般分为两类：一类是点头好儿，一类是道好问安。

点头好儿，就是见了面，彼此微笑一下点点头，就算是问好了。这种问好的人双方，也被叫作"点首之交"。

由于彼此不熟悉，或是半熟脸，连名字都叫不上来，碰面点点头，也是一种礼仪。

道好问安则不同了。因为彼此非常熟，甚至还是老朋友，碰了面，不但要道声好，还要彼此问安。这种道好问安，有两种情况：一种是隔辈，一种是平辈。

隔辈人的碰头好儿，首先晚辈要主动张嘴道好问安，但之前要先叫人（称呼）。

比如您早上一出门，碰上遛早回家的李大爷，您先得叫一声：李大爷！然后再问好。通常晚辈不道好儿，长辈不张嘴。老辈人礼数多，规矩大，没有长辈先给晚辈问好道安的。

平辈人的碰头好儿，一般不用彼此称呼，因为都是熟人，抬头不见低头见，用不着客套。

比如您早晨出门，见到天天在一起打乒乓球的老王，就不用再叫他老王了，直接说："起得够早的。这是上哪儿去了？"这样就可以了。

300　生活中的称呼别用网名

网络时代，几乎人人都有手机，因为现在出门，甭管干什么事都要扫码，离开手机真是一筹莫展。所以，现如今我们不但是公民，还是网民。

当然，网民要有网名，有的人图省事，网名就是自己的姓名，但大多数人上网要单起一个网名。

起网名没有那么多限制，只要不违反网络管理条例，不触犯法律法规，您可以随便起网名。因此，现在的网名五花八门，人们尽可能发挥自己的想象力，起的网名让人眼花缭乱，而且可以随时更换，这充分体现了网络空间的自由度。

通常网名跟自己的姓名不是一回事，因为网络是虚拟空间，您起名再好，也只能在网上用。到了现实社会，则完全不同了，您的姓名只能代表自己，所以您对自己所做的一切事都要负责，所以一定要用真名。

但有些人喜欢新潮，在人际交往中，为了找乐，把在网上的称呼拿到了现实生活中，比如这位李二哥，网上用的名是"李逵转世"。在朋友聚会时，人家介绍他是"李逵转世"，在场的人哄堂大笑。

如果仅仅是为了聊博一笑，倒也无妨，但是要把这个网名用到现实生活中，那可就不是闹笑话的事了。比如发快递用这个名，快递丢了，您拿自己身份证去核对，人家肯定不认。

因此，在现实生活中，必须要用自己的真名实姓，即身份证上面的名字，网名是绝对不能用的，这是基本的生活常识。